KB211899

스프린트

스프린트

세상에서 **가장 혁신**적인 프로젝트 수행법
구글벤처스의 기획실행 프로세스

제이크 냅 · 존 제라츠키 · 브레이든 코위츠

임정욱(스타트업 얼라이언스 센터장) 감수 | 박우정 옮김

김영사

스프린트

1판 1쇄 발행 2016. 10. 14.
1판 12쇄 발행 2024. 4. 1.

지은이 제이크 냅·존 제라츠키·브레이든 코위츠
옮긴이 박우정
감수 임정욱

발행인 박강휘
편집 성화현 | 디자인 길하나
발행처 김영사
등록 1979년 5월 17일 (제406-2003-036호)
주소 경기도 파주시 문발로 197(문발동) 우편번호 10881
전화 마케팅부 031)955-3100, 편집부 031)955-3200
팩스 031)955-3111

값은 뒤표지에 있습니다.
ISBN 978-89-349-7595-3 03320

홈페이지 www.gimmyoung.com   블로그 blog.naver.com/gybook
인스타그램 instagram.com/gimmyoung   이메일 bestbook@gimmyoung.com

좋은 독자가 좋은 책을 만듭니다.
김영사는 독자 여러분의 의견에 항상 귀 기울이고 있습니다.

제이크

내가 마분지로 성을 짓도록 도와준 어머니께
그리고 내가 버스를 잘못 탔을 때 데리러 와준 홀리에게

존

나의 첫 책 100권을 사주신 할아버지 깁에게

브레이든

세상을 탐험하고 더 나은 곳으로 만들라고
격려해주신 부모님께

차례

스프린트 준비하기   34

월요일   72

금요일

이륙

머리말

내가 직장에서 하는 일은… 일을 하지 않는 것이다.

2003년 아내와 나는 첫아이를 낳았다. 육아 휴가를 마치고 사무실에 복귀했을 때, 나는 직장에서 보내는 시간이 가족과 지내는 시간만큼 의미가 있었으면 좋겠다는 생각이 들었다. 그래서 내 습관을 꼼꼼히 돌아보니, 나 스스로 가장 중요한 일들에 노력을 기울이지 않고 있음을 깨달았다.

나는 최적화 작업에 돌입했다. 생산성 관련 책들을 읽었고, 아침에 운동했을 때와 점심 시간에 운동했을 때, 혹은 커피를 마셨을 때와 차를 마셨을 때 언제 더 능률이 오르는지 추적하는 스프레드시트를 작성했다. 첫째 달에는 할 일의 목록을 다섯 가지 종류로 만들어 실험해보기도 했다. 물론 이런 분석을 하는 게 좀 별나긴 하지만, 그 덕분에 나는 좀 더 집중하고 체계적으로 일하게 되었다.

그러다 2007년 나는 구글에 입사했다. 프로세스 마니아들에게 구글은 완벽한 문화를 갖춘 곳이었다. 구글은 제품뿐 아니라 개인, 그리고 팀들이 사용하는 기법도 실험해보라고 권장했다.

구글에서 나는 팀 프로세스를 개선하는 데 매달렸다.(별나다는 건 또 인정) 내가 처음 시도한 방법은 엔지니어 팀들과 브레인스토밍 워크숍을 하는 것이었다. 모든 사람이 큰 소리로 아이디어를 외치는 브레인스토밍은 무척 재미있는 작업이다. 함께 몇 시간 동안 브레인스토밍을 하고 나면 포스트잇이 한 무더기 쌓이고 모든 사람이 뿌듯함을 느낀다.

그러던 어느 날, 한창 브레인스토밍 중인데 한 엔지니어가 불쑥 이렇게 묻는 게 아닌가. "브레인스토밍이 효과가 있다는 걸 어떻게 알죠?" 이 질문에 선뜻 대답할 수가 없었다. 엄연한 진실과 맞닥뜨리니 당혹감이 밀려왔다. 워크숍 참여자들에게 활동이 재미있었는지는 조사한 적은 있지만, 실제 효과를 측정한 적은 없었기 때문이다.

그래서 지금껏 진행했던 워크숍의 결과를 검토해본 나는 문제점 하나를 발견했다. 실제로 구현에 착수하여 성공을 거둔 아이디어들은 목소리가 컸던 브레인스토밍에서 나오지 않았던 것이다. 최상의 아이디어들은 다른 곳에서 나왔다. 과연 어디에서 나왔을까?

사람들은 여전히 본디 하던 방식대로 아이디어들을 떠올리고 있었다. 책상에 앉아 있을 때, 커피숍에서 누군가를 기다릴 때, 혹은 샤워할 때 좋은 아이디어가 찾아왔다. 이처럼 개인적으로 생각한 아이디어들이 더 괜찮았다. 워크숍의 흥분이 가라앉고 나면 브레인스토밍에서 건진 아이디어들은 한마디로 그런 아이디어들과는 경쟁이 되지 않았다.

어쩌면 브레인스토밍을 할 때는 깊이 생각할 시간이 충분하지 않기 때문일 수도 있다. 어쩌면 브레인스토밍이 현실적인 무언가가 아니라 종이에 끼적인 그림들로 끝나서일지도 모른다. 내 방식에 관해 생각하면 할수록 더 많은 결함을 발견할 수 있었다.

그래서 나는, 내가 구글에서 매일 하는 업무와 브레인스토밍을 비교해보았다. 생각해보니 내가 일을 가장 잘했던 때는, 중요한 과제가 주어졌는데 시간이 충분하지 않았을 때였다.

그런 프로젝트 중 하나가 2009년에 있었다. 피터 발시거Peter Balsiger라는 지메일 엔지니어가 이메일을 자동으로 정리하자는 아이디어를 냈다. 이 아이디어('자동분류함Priority Inbox'라는 이름이 붙었다)에 잔뜩 흥분한 나는 애니 첸Annie Chen이라는 엔지니어에게 우리와 함께 작업하면 어떻겠냐고 제안했다. 애니는 그러자고 긍정적으로 대답했지만, 자기에겐 시간이 한 달밖에 없다고 했다. 이 아이디어가 한 달 안에 실현될 가능성을 입증하지 못하면 다른 프로젝트로 옮겨가겠다고 했다. 나는 한 달로는 부족하다는 걸 알았지만, 애니가 워낙 뛰어난 엔지니어였으므로 이 상황을 받아들이기로 마음먹었다.

우리는 한 달을 4주로 나누었고, 매주 새로운 디자인을 내놓았다. 애니와 피터가 프로토타입을 제작하여 각 주가 끝날 즈음에 몇백 명의 사람들을 대상으로 디자인을 테스트했다.

한 달이 다 되어갈 무렵, 우리는 사람들이 이해할 수 있고 사용하고 싶어 하는 솔루션이 무엇인지 알게 되었고, 애니는 계속 남아 '자동분류함' 팀을 이끌었다. 이리하여 우리는 이 정도 디자인하는 데 평소에 들었던 시간 중 일부만 쓰고도 작업을 끝마칠 수 있었다.

몇 달 뒤 나는 스톡홀름으로 날아가 세르주 라샤펠Serge Lachapelle과 미카엘 드루게Mikael Drugge라는 구글러(구글에서 일하는 사람—옮긴이)를 만났다. 우리 세 사람은 웹 브라우저에서 돌아가는 화상회의 소프트웨어와 관련된 한 아이디어를 테스트하기로 되어 있었다. 내가 그곳에 머물 수 있는 시간이 며칠밖에 없었으므로 우리는 최대한 속도를 내어 작업했다. 내가 떠나야 하는 시간이 가까워졌을 무렵, 우리는 쓸 만한 프로토타입을 만들어냈고, 이것을 동료들에게 이메일로 보내 회의에서 사용해보라고 했다. 몇 달이 지나자 회사 전체가 그 프로토타입을 쓰고 있었다.(나중에 이 프로토타입을 다듬고 개선하여 구글 행아웃Google Hangouts이라는 웹 기반 앱으로 출시했다.)

나는 이 두 사례에서 평소의 일상 업무나 브레인스토밍 워크숍 때보다 내가 더 효율적으로 일했음을 알아차렸다. 그 차이는 뭘까?

먼저, 큰 소리로 아이디어를 말하고 설득하는 집단 브레인스토밍과 달리, 이 두 사례에서는 개인적으로 아이디어들을 발전시킬 시간이 있었다. 하지만 시간이 그리 넉넉한 것은 아니었고 마감 시간이 눈앞에 어른거리니 집중할 수밖에 없었다. 평소 일할 때는 지나치게 세부적인 내용까지 생각하거나 덜 중요한 다른 일에 정신이 팔리곤 하는데, 이때는 그럴 여유가 없었다.

또 다른 중요한 요소는 사람이었다. 엔지니어, 제품 관리자, 디자이너들이 모두 한 방에 모여 당면 문제에서 저마다 자신에게 해당하는 부분을 해결했고 다른 사람들의 질문에 바로 대답해줄 수 있었다.

나는 이러한 팀 워크숍에 관해 다시 곰곰이 생각해보았다. 이런 마법 같은 요소들—개인적으로 작업에 집중하기, 프로토타입 제작, 피할 수 없는 마감 시간—을 팀 워크숍에 추가하면 어떨까? 나는 이 워크숍을 '스프린트'라고 부르기로 했다.

나는 첫 번째 스프린트를 위한 대략적인 스케줄을 짜보았다. 정보를 공유하고 아이디어를 스케치하는 데 하루를 쓰고, 그 뒤 나흘 동안 프로토타입을 만들어내는 일정을 잡았다. 이번에도 구글의 팀들은 실험을 환영했다. 나는 크롬, 구글 서치, 지메일, 그 외의 프로젝트에 대해 스프린트를 진행했다.

실험은 흥미진진했고, 스프린트는 효과를 나타냈다. 아이디어들이 테스트되고 구축되어 출시되었으며, 무엇보다 실세계에서 종종 성공을 거두었다. 스프린트는 구글 내에서 팀에서 팀으로, 사무실에서 사무실로 퍼져나갔다. 이 기법에 흥미를 느낀 구글 엑스Google X의 한 디자이너는 구글 애드의 한 팀과 스프린트를 진행했다. 여기에 참여했던 구글러들이 동료에게 이 이야기를 했고, 얼마 지나지 않아 나는 얼굴도 모르는 사람들에게서 스프린트에 관해 듣기 시작했다.

그 과정에서 나는 몇 가지 실수도 했다. 내 첫 번째 스프린트에는 무려 40명이 관여했다. 시작하기도 전에 궤도를 이탈할 수 있을 만큼 많은 숫자였다. 또한 나는 아이디어를 발달시키는 시간과 프로토타입 제작에 할당되는 시간을 조정해나갔다. 너무 촉박하게 진행되는 활동이 무엇인지, 너무 느슨한 활동이 무엇인지 파악했고 그리하여 마침내 딱 적절한 시간을 찾았다.

2년 뒤 나는 빌 마리스Bill Maris를 만나 스프린트에 관해 이야기를 나누었다. 빌은, 구글이 유망한 스타트업에 투자하기 위해 만든 벤처 캐피털인 구글 벤처스의 CEO이자 실리콘 밸리에서 가장 영향력 있는 사람 중 한 명이다. 하지만 그의 소탈한 모습을 보면, 그리 대단한 사람이라고는 짐작하기 어렵다. 그 특별한 오후에 빌은 자신의 트레이드마크가 된 옷차림을 하고 나타났다. 야구 모자와 버몬트에 관해 뭔가가 쓰인 티셔츠를 걸친 채.

빌은 구글 벤처스가 투자한 스타트업Startup(설립한 지 얼마 안 된 신생 벤처기업)들과 스프린트를 진행한다는 아이디어에 관심이 있었다. 스타트업들은 대개 자금이 다 떨어지기 전에 성공적인 제품을 하나 터뜨린다. 스프린트는 이런 기업들이 실제로 제품을 구축하고 출시하는 위험한 과정에 착수하기 전에 자신들이 제대로 가고 있는지 확인해볼 방법을 제시한다. 스프린트를 하면 돈을 벌 수 있고 절약할 수 있다.

하지만 스타트업과의 스프린트를 위해서는 기존의 스프린트 절차를 조정해야 했다. 나는 수년간 개인 생산성과 팀 생산성에 관해 생각해왔지만, 스타트업과 이들의 업무 문제에 관해서는 문외한이나 다름없었다. 하지만 열성적으로 나를 설득하는 빌의 말에, 구글 벤처스가 스프린트를 위해 그리고 나를 위해 안성맞춤인 곳이라고 확신하게 되었다. "지구에서 최고의 기업가들을 찾아 이들이 세상을 더 낫게 변화시키도록 돕는 게 우리의 임무입니다"라는 빌의 말을 거부할 수 없었다.

구글 벤처스에서 나는 3명의 디자인 파트너를 만났다. 그들은 바로 브레이든 코위츠Braden Kowitz, 존 제라츠키John Zeratsky, 마이클 마골리스Michael Margolis다. 우리는 함께 스타트업들과 스프린트를 진행하고 절차를 실험하고 그 결과를 검토하여 개선방법을 찾았다.

이 책에서 소개하는 아이디어들은 우리 팀 전체에서 나온 것들이다. 브레이든 코위츠는 스토리가 중심이 된 디자인 개념을 스프린트 절차에 추가했는데, 이는 개별적인 구성요소나 기술이 아니라 고객의 체험에 초점을 맞춘 색다른 접근방식이었다. 존 제라츠키는 우리가 도착점에서 시작하도록 도와주었다. 그 덕분에 스프린트를 할 때마다 해당 업무에서 가장 중요한 질문에 대한 답을 찾을 수 있었다. 브레이든과 존은 나와 달리 스타트업 및 사업과 관련한 경험을 갖고 있었다. 두 사람은 모든 스프린트에서 더 효과적으로 초점을 맞추고 더욱 현명한 결정을 내릴 수 있도록 절차를 다듬어나갔다.

마이클 마골리스는 각 스프린트를 실세계에서의 테스트로 마무리하자고 권했다. 마이클은 고객 조사 부문을 맡았다. 고객 조사는 계획과 실행에 몇 주가 걸릴 일이었지만, 마이클은 단 하루 만에 명확한 결과를 얻어내는 방법을 알아냈다. 실로 놀랄 만한 발견이었다. 이제 우리가 결정한 솔루션이 정말로 괜찮은지 짐작만 하고 있지 않아도 된다. 각 스프린트가 끝날 때마다 답을 얻을 수 있으니까.

그리고 대니얼 버카Daniel Burka를 빼놓을 수 없다. 대니얼은 두 개의 스타트업을 설립했다가 하나를 구글에 매각하고 구글 벤처스에 합류한 기업가다. 사실 내가 스프린트 과정을 처음 설명했을 때 대니얼은 회의적인 반응이었다. 나중에 대니얼은 "무의미하고 복잡하기만 한 관리 의식 같았다"고 말했다. 하지만 대니얼은 한번 시도해보는 데는 동의했다. "그 첫 번째 스프린트에서 우리는 핵심을 파고들어 단 일주일 만에 야심 찬 무언가를 만들어냈습니다. 나는 스프린트에 완전히 빠져들었죠." 대니얼을 우리 편으로 끌어들이자, 창업자로서 그가 갖춘 경험과 쓸데없는 소리를 참지 못하는 그의 성격이 이 프로세스를 완벽하게 다듬는 데 많은 도움이 되었다.

우리는 2012년에 구글 벤처스에서 첫 스프린트를 진행한 이후, 계속하여 과정을 조정하고 실험해왔다. 처음에 우리는 신속한 프로토타입 제작과 조사 방식이 대량판매 제품들에만 효과가 있을 것으로 생각했다. 의학이나 금융 분야의 전문가들이 고객일 때도 그처럼 신속하게 작업을 진행할 수 있을까?

놀랍게도 이 5일짜리 과정은 매우 탄탄해서 투자자부터 농부, 종양 전문의부터 소기업 소유주에 이르기까지 어떤 고객에서건 효과를 발휘했다. 웹 사이트, 아이폰 앱, 종이로 된 의료 보고서, 최첨단 하드웨어에 적용했을 때도 성공했다. 또한 스프린트는 제품 개발에만 적합한 것이 아니었다. 실제로 우리는 우선순위 설정, 마케팅 전략 수립, 심지어 회사 이름을 짓는 데도 스프린트를 활용했다. 스프린트는 계속해서 팀들을 단결시키고 아이디어에 생명을 불어넣었다.

지난 몇 년간 우리 팀은 업무 프로세스에 관한 우리의 아이디어들을 실험하고 확인해볼 수 있는 더없이 좋은 기회를 누렸다. 구글 벤처스가 투자한 스타트업들과 100건이 넘는 스프린트를 진행했고, 앤 워치츠키Anne Wojcicki(23앤드미 창업자), 에번 윌리엄스Ev Willians(트위터, 블로거, 미디엄 창업자), 채드 헐리Chad Hurley와 스티브 첸Steve Chen(유튜브 창업자) 같은 뛰어난 기업가들과 함께 일하며 배움을 얻었다.

처음에 내가 원했던 것은 평소 직장생활을 효과적이고 의미 있게 하는 것이었다. 나와 내 팀, 우리 고객들을 위해 정말 중요한 일에 집중하고 내 시간을 소중하게 쓰고 싶었다. 10년도 넘게 지난 지금, 스프린트 프로세스는 내가 그 목표를 이루도록 한결같이 도와주었다. 그리고 이 책에서 이러한 스프린트 프로세스를 독자들과 함께 나눌 수 있어 몹시 흥분된다.

다행히 당신은 어떤 당찬 비전이 있어서 지금의 일을 선택했을 것이다. 그리고 당신은, 메시지건 서비스건 경험이건 소프트웨어나 하드웨어건 혹은 이 책에서처럼 하나의 이야기나 아이디어건, 그 비전을 세상에 전하고 싶다. 하지만 비전을 실현하기란 어렵다. 그리고 끝없이 쏟아지는 이메일, 지키지 못한 마감 기한, 하루를 몽땅 다 잡아먹는 회의, 미심쩍은 가정에 따라 계획된 장기 프로젝트들에 휘말려 꼼짝달싹 못 하게 되기란 너무 쉽다.

이런 식으로 일할 필요가 없다. 스프린트는 중요한 문제들을 해결하고, 새로운 아이디어를 테스트하고, 더 많은 일을 더 빨리 끝낼 방법을 제시한다. 또한 그 과정에서 더욱 즐겁게 일할 수 있다. 여러분도 꼭 한 번 시도해보기 바란다.

자, 그럼 일을 시작해볼까.

샌프란시스코에서

제이크 냅 Jake Knapp

서문

2014년 5월의 어느 흐린 날. 존 제라츠키가 캘리포니아 주 서니베일에 있는 칙칙한 베이지색 건물로 걸어 들어갔다. 존은 구글 벤처스가 최근 투자한 새비오크 연구소를 방문하는 길이었다. 미로 같은 복도를 지나 짧은 계단을 올라가자 2B라고 표시된 나무 문이 보였다. 존은 문을 열고 안으로 들어갔다.

첨단기술 업체라고 하면 대개 컴퓨터를 들여다보느라 새빨개진 눈, 〈스타트렉〉에 나옴 직한 홀드덱(홀로그램 시뮬레이션을 체험하는 방—옮긴이), 혹은 일급 기밀인 청사진을 떠올린다. 그러나 오늘날 첨단기술 업체의 사무실은 이런 기대를 하는 사람들에게는 약간의 실망감을 안겨준다. 실리콘 밸리에 있는 대부분의 사무실에 들어섰을 때 보이는 건 기본적으로 책상, 컴퓨터, 커피 컵 들이기 때문이다. 그런데 2B 문 뒤에는 회로기판 더미, 잘라낸 합판, 3D 컴퓨터에서 출력된 플라스틱 뼈대들이 쌓여 있었다. 납땜용 인두, 드릴, 청사진도 보였다. 그렇다. 정말로 일급 기밀인 청사진들이었다. 존은 눈앞에 펼쳐진 광경을 보고 '딱 스타트업처럼 보이는 곳이로군' 하고 생각했다.

그러다 기계 하나가 눈에 들어왔다. 높이는 3.5피트(약 107센티미터), 모양이나 둘레가 주방용 쓰레기통과 비슷한 원통형 기계였다. 반들거리는 흰색 몸통에 바닥은 나팔처럼 벌어졌고 위로 갈수록 우아하게 좁아졌다. 꼭대기에는 작은 컴퓨터 화면이 마치 얼굴처럼 붙어 있었다. 이 기계는 움직일 수도 있었고 혼자서 바닥을 미끄러지듯 돌아다녔다.

"이건 릴레이 로봇이랍니다." 새비오크Savioke의 창업자이자 CEO인 스티브 커즌스Steve Cousins가 소개했다. 청바지와 어두운색 티셔츠를 입은 스티브는 중학교 과학 선생님처럼 열정이 넘치는 모습이었다. 스티브는 자랑스러운 얼굴로 그 작은 기계를 바라보며 말했다. "시중에서 파는 부품들로 바로 이곳에서 만들었죠."

스티브는 릴레이가 호텔의 배달 서비스용으로 개발된 로봇이라고 설명했다. 릴레이는 엘리베이터를 타고 혼자 돌아다니면서 호텔 객실로 칫솔, 수건, 간식 같은 물품을 배달할 수 있었다. 이 작은 로봇은 사람들이 지켜보는 가운데 조심스럽게 책상 의자 주위를 돌더니 전기 콘센트 근처에서 멈추었다.

새비오크('Savvy Oak'로 발음된다)는 세계 수준의 엔지니어, 디자이너로 구성된 팀을 갖추고 있었다. 팀원 대부분은 실리콘 밸리의 유명한 로봇공학 연구소인 윌로 개러지Willow Garage의 전 직원이었다. 이들은 식당, 병원, 양로원 등, 인간의 일상생활에 로봇 도우미를 보급한다는 비전을 공유했다.

스티브는 먼저 호텔을 타깃으로 삼기로 했다. 호텔 업무는 비교적 단순하고 큰 변화가 없지만, 오전과 저녁 시간의 '러시아워' 때면 프런트 데스크에 체크인, 체크아웃, 객실 배달 요청이 쇄도하는 고질적인 문제가 있었다. 이는 로봇이 도움이 되기에 더할 나위 없이 좋은 환경이었다. 이 로봇—완전하게 기능하는 최초의 릴레이—은 다음 달에 근처의 한 호텔에서 진짜 고객에게 실제로 배달 서비스를 하기로 되어 있었다. 칫솔이나 면도기를 잊고 온 고객들을 로봇이 찾아가 도와줄 예정이었다.

하지만 한 가지 문제가 있었다. 스티브와 그의 팀은 손님들이 배달 로봇을 좋아하지 않을까 봐 걱정했다. 로봇이 떡하니 나타났을 때 고객들이 당황하거나 무서워하면 어쩌지? 로봇은 경이로운 기술이지만, 새비오크는 이 기계가 사람들 주변에서 어떻게 행동할지 확신이 서지 않았다.

스티브는 기계가 수건을 배달해주면 섬뜩한 느낌이 들 위험이 너무 크다고 설명했다. 새비오크의 수석 디자이너 에이드리언 카노소에게는 릴레이가 친근하게 보이도록 할 아이디어가 있었지만, 로봇을 실제로 대중에게 선보이기 전에 팀이 내려야 할 결정이 많았다. 로봇이 고객들과 어떻게 커뮤니케이션해야 할까? 과해 보이지 않으려면 어느 정도의 개성을 부여해야 적당할까? "게다가 호텔에는 엘리베이터가 있잖아요." 스티브가 지적했다.

존이 고개를 끄덕였다. "개인적으로 저는 다른 사람들과 함께 엘리베이터를 타면 좀 어색하답니다."

"바로 그거예요." 스티브가 릴레이를 쓰다듬으며 말했다. "사람들 사이에 로봇을 던져놓으면 어떻게 될까요?" 새비오크는 창업한 지 몇 달밖에 안 된 기업이었다. 그동안 새비오크는 디자인과 기술적인 작업에 초점을 맞추어왔고, 수백 개의 호텔을 보유한 호텔 체인인 스타우드Starwood와 시범운영을 하기로 합의를 보았다. 하지만 답을 찾아야 할 중요한 여러 문제가 남아 있었다. 로봇이 제대로 된 서비스를 하려면 반드시 해결해야 할 뿐만 아니라 성패를 좌우할 만한 질문들이었다. 게다가 호텔 시범운영이 시작되기 전까지 불과 몇 주 안에 그 답을 찾아야 했다.

스프린트를 시도하기에 완벽한 상황이었다.

스프린트는 프로토타입을 제작하고 고객과 함께 아이디어를 테스트하여 중요한 문제들에 대한 답을 찾는 독특한 5일짜리 과정이다. 스프린트는 업무 전략, 혁신, 행동과학, 디자인, 그 외 여러 분야의 '최고 히트작'을 어떤 팀에서라도 사용할 수 있게 단계별 절차들을 모아놓은 것이다.

새비오크 팀은 로봇에 관한 수십 가지 아이디어를 검토한 뒤 집단사고에 빠지지 않고 체계화된 의사결정 방식으로 가장 효과적인 솔루션을 선택했다. 단 하루 만에 진짜 같은 프로토타입을 만들었고, 스프린트의 마지막 단계를 위해 표적 고객들을 모집한 뒤 가까운 호텔에 임시 테스트 룸을 마련했다.

사실 우리가 이 이야기에서 천재적인 영웅들이었다고 말하고 싶기는 하다. 우리가 어떤 회사에 몰려가서 눈부신 성공을 불러올 빛나는 아이디어들을 덥석 안겨줄 수 있다면 얼마나 멋질까? 하지만 우리는 천재가 아니다. 새비오크의 스프린트가 효과를 거둘 수 있었던 건 진짜 전문가들, 즉 계속 그 팀에서 일하던 사람들 덕분이었다. 우리는 이들에게 그 일을 끝내는 프로세스를 제공했을 뿐이다.

새비오크의 스프린트는 다음과 같이 진행하였다. 당신이 로봇 공학자가 아니어도 걱정할 필요가 없다. 우리는 소프트웨어, 서비스, 마케팅, 그 외 분야에도 이와 똑같은 스프린트 구성을 적용했다.

먼저 스프린트 팀은 스케줄에서 일주일을 몽땅 뺐다. 월요일부터 금요일까지 잡혀 있던 모든 회의를 취소했고 이메일이 오면 '부재중'이라는 답변이 가도록 설정해두었다. 그리고 "사람들 주변에서 로봇이 어떻게 행동해야 할까?"라는 한 가지 질문에만 완전히 집중했다.

또한 팀은 마감 기한을 정했다. 새비오크는 한 호텔과 스프린트 주간의 금요일에 실시간 테스트를 하기로 약속을 잡았다. 쓸 만한 솔루션을 디자인하고 프로토타입을 만드는 데 남은 기간은 단 나흘이었다.

월요일에 새비오크는 이 문제에 관해 자신들이 알고 있는 모든 것을 검토했다. 스티브는 호텔들이 신앙에 가까울 정도로 철저히 평가하고 관리하는 고객 만족의 중요성에 관해 이야기했다. 시범운영 프로그램에서 릴레이 로봇이 고객 만족도 수치를 끌어올리면, 호텔들은 더 많은 로봇을 주문할 것이다. 하지만 수치가 그대로이거나 떨어져서 주문이 들어오지 않으면, 이제 막 걸음마를 뗀 이들의 사업은 위태로워질 것이었다.

우리는 함께 가장 위험한 요소들을 확인하는 지도를 그렸다. 이 지도를 하나의 스토리라고 생각하라. 손님이 로봇을 만나고, 로봇이 첫 솔을 건네고, 손님이 로봇에게 홀딱 반하는 이야기. 하지만 도중에 로비에서, 엘리베이터에서, 복도에서 로봇과 고객이 처음 상호작용할 수 있는 중요한 순간들이 있다. 그렇다면 우리는 어느 부분에 노력을 기울여야 할까? 스프린트 기간은 단 5일뿐이기 때문에 구체적인 타깃에 초점을 맞추어야 한다. 스티브는 배달 순간을 선택했다. 제대로 배달하면 고객은 즐거워할 것이다. 그러나 배달이 제대로 이루어지지 않으면 프런트 데스크는 당황한 여행객들의 질문에 응대하느라 하루를 다보내야 할지 모른다.

한 가지 중요한 문제가 계속해서 제기되었다. 스프린트 팀은 로봇을 너무 똑똑하게 보이도록 하는 문제에 대해 걱정했다. "C-3PO(《스타워즈》에 나오는 로봇 중 하나—옮긴이)와 월-E 때문에 눈이 너무 높아졌다. 사람들은 로봇이 감정을 느끼고 착착 계획을 세울 뿐만 아니라 희망을 품고 꿈을 꾸길 기대한다. 우리 로봇은 그리 정교하지 않다. 고객이 말을 걸어도 대답하지 않을 것이다. 우리가 사람들을 실망하게 하면 큰일이다."

화요일에 스프린트 팀은 문제를 솔루션들로 바꾸었다. 팀원들은 시끌벅적한 브레인스토밍 대신 각자 혼자서 솔루션을 스케치했다. 디자이너들뿐만이 아니었다. 수석 로봇 엔지니어인 테사 라우도, 사업개발 책임자인 이즈미 야스카와도, CEO인 스티브도 스케치를 했다.

수요일 아침에는 스케치와 메모를 회의실 벽에 붙였다. 아이디어 중 일부는 이번에 새로 떠올린 것들이었지만, 일부는 예전에 나왔었는데 폐기되었거나 깊이 검토하지 않은 것들이었다. 이번 스프린트에서는 전부 32가지 아이디어가 경합을 벌였다.

그렇다면 이 아이디어들을 어떻게 줄일까? 대부분 조직에서 이런 결정을 하려면 몇 주에 걸쳐 회의를 하고 또 이메일이 끝없이 오갈 것이다. 하지만 우리에게 주어진 시간은 딱 하루뿐이었다. 금요일의 테스트가 슬금슬금 다가오고 있었고, 모든 사람이 시간이 많지 않다는 걸 몸으로 느끼고 있었다. 우리는 논쟁을 벌이지 않고 투표와 체계적인 토론으로 신속하고 조용히 결정을 내렸다.

테스트에는 새비오크의 디자이너 에이드리언 카노소가 내놓은 가장 대담한 아이디어도 포함되었다. 로봇의 표정과 배경음으로 삐 소리와 벨 소리를 넣자는 아이디어였다. 또한 스케치에는 가장 흥미로우면서 논란이 많았던 아이디어 중 하나가 끼어 있었다. 바로 기분이 좋으면 로봇이 춤을 춘다는 아이디어였다. 스티브는 "나는 로봇에 그렇게 많은 개성을 넣는 게 아직 불안해요. 하지만 지금은 모험을 해야 할 때죠"라고 말했다.

테사는 "어쨌거나 지금 당장 로봇이 터져버린다면, 우린 언제든 개성을 잔뜩 넣는 걸 자제할 수 있어요"라고 말했다가 우리 표정을 보고는 덧붙였다. "말이 그렇다는 얘기예요. 로봇이 정말로 터져버리진 않을 테니 걱정하지 마세요."

목요일 아침이 밝자 금요일에 있을 실시간 테스트에서 쓸 프로토타입을 준비할 시간이 8시간밖에 남지 않았다. 분명 충분한 시간은 아니었다. 그러나 우리에게는 프로토타입을 시간에 맞춰 완성하기 위한 두 가지 무기가 있었다.

1. 힘든 일은 대부분 벌써 다 해놓았다. 수요일에 우리는 어떤 아이디어를 테스트할지 동의했고, 각각의 잠재적인 솔루션을 상세하게 작성해놓았으므로 오늘은 구현하기만 하면 된다.
2. 지금은 로봇이 향후 호텔에서 실제로 일할 때처럼 저절로 움직일 필요가 없다. 한 객실에 칫솔을 배달한다는 한정된 작업 하나를 제대로 수행하는 듯 보이기만 하면 된다.

테사와 동료 엔지니어 앨리슨 체는 낡아빠진 랩톱과 플레이스테이션 조종기로 로봇의 움직임을 프로그래밍하고 조정했으며, 에이드리언은 커다란 헤드폰을 쓰고 음향효과를 조율했다. 로봇의 '표정'은 아이패드로 모형을 만들어 로봇에 장착했다. 이렇게 해서 오후 5시에 로봇이 준비되었다.

금요일의 테스트를 위해 새비오크는 캘리포니아 주 쿠퍼티노에 있는 스타우드 호텔에서 고객들을 인터뷰하기로 했다. 금요일 오전 7시에 우리는 웹캠 두 대를 강력 테이프로 벽에 붙여 임시변통으로 테스트 객실을 마련했다. 그리고 오전 9시 14분에 드디어 첫 번째 고객이 인터뷰를 시작했다.

첫 번째 고객은 젊은 여성이었다. 테스트를 위한 객실에 들어온 고객이 방의 장식을 살펴보았다. 가벼운 재질의 목조와 중성적 색조로 꾸미고 신형 텔레비전을 갖춘 방이었다. 깔끔하고 현대적이지만, 그리 독특한 부분은 눈에 띄지 않는 평범한 객실이었다. 그렇다면 이 인터뷰는 무엇에 관한 것일까?

그녀의 옆에는 구글 벤처스의 연구 파트너인 마이클 마골리스가 서 있었다. 그는 아직은 테스트 주제를 고객에게 알려주고 싶지 않았다. 마이클은 새비오크 팀의 특정 질문에 대한 답을 찾기 위해 이번 인터뷰 전체를 세심하게 계획했다. 지금 마이클은 이 여성의 여행 습관을 파악하려고 애쓰는 한편, 로봇이 등장했을 때 그녀가 솔직하게 반응하도록 유도하고 있었다.

마이클은 안경을 고쳐 쓰고 그녀의 호텔 이용 습관에 관해 일련의 질문을 던졌다. 여행 가방은 어디에 두나요? 언제 여행 가방을 열죠? 첫

솔을 까먹고 안 가져온 걸 알면 어떻게 하나요?

"글쎄요, 프런트 데스크에 인터폰을 하겠죠?" 마이클은 클립보드에 메모했다. "좋습니다." 마이클은 전화기를 가리키며 권했다. "그럼 인터폰을 해볼까요?" 고객이 버튼을 눌렀고 접수 담당자가 "걱정하지 마세요. 바로 칫솔을 보내드리겠습니다"라고 말했다.

마이클은 고객이 수화기를 내려놓자마자 계속 질문했다. 항상 같은 여행 가방을 사용하나요? 가장 최근 들어 여행 도중에 뭔가를 잊은 적은 언제였나요?

"따르릉." 그때 전화벨이 울렸다. 고객이 전화기를 들자 자동음성 메시지가 흘러나왔다. "칫솔이 도착했습니다."

고객은 별생각 없이 방을 가로질러 가서 손잡이를 돌려 문을 열었다. 다른 방에서는 스프린트 팀원들이 영상 출력 장치 주위에 모여 고객의 반응을 지켜보고 있었다.

"맙소사, 로봇이잖아!" 고객이 외쳤다.

로봇의 반들거리는 입구가 천천히 열리자 그 안에 칫솔이 놓여 있었다. 고객이 터치스크린에 배달 확인을 하는 동안 로봇은 일련의 삐 소리와 벨 소리를 냈다. 그리고 고객이 이번 체험에 별점 5개를 주자 이 작은 로봇은 앞뒤로 왔다 갔다 하며 기쁨의 춤을 추었다.

고객은 "정말 멋져요. 이 호텔에서 저 로봇을 사용하기 시작하면 전 항상 이곳에서만 묵을 거예요"라고 말했다. 그런데 이 고객이 말로 표현하지 않은 부분도 있었다. 바로 우리가 영상으로 본 그녀의 즐거운 미소였다. 그리고 그녀가 하지 않은 일도 있었다. 그녀는 로봇을 대하면서 어색해서 멈추거나 뭔가가 잘 안 되어 낙담한 적이 없었다.

실시간 영상을 보던 우리는 첫 번째 인터뷰에서는 내내 조마조마했다. 하지만 두 번째와 세 번째 인터뷰를 볼 때는 웃고 있었고 환호하기까지 했다. 고객들은 모두 같은 반응을 보였다. 처음 로봇을 보자 열광했고 아무 문제없이 칫솔을 받았으며 터치스크린에 배달 확인을 한 뒤로봇을 보냈다. 사람들은 단지 로봇을 또 보고 싶은 마음에 다시 배달요청을 하고 싶어 했다. 심지어 로봇과 셀카를 찍기도 했다. 하지만 로봇과 대화를 시도한 사람은 없었다.

그날이 끝날 무렵, 화이트보드에는 녹색 체크 표시가 가득했다. 우리가 위험하다고 생각했던 로봇의 개성 —깜빡이는 눈, 음향효과, 그리고 '해피 댄스'— 은 완벽하게 성공했다. 스프린트를 실시하기 전에 새비오크는 로봇에 지나친 기능을 넣는 걸 불안해했다. 그러나 이제 이들은 로봇에 매력적인 개성을 부여하면, 고객 만족을 끌어올리는 비결이될 수 있음을 깨달았다.

물론 모든 세세한 부분이 완벽한 건 아니었다. 터치스크린은 반응이느렸고, 터치스크린에 게임을 넣는다는 아이디어는 전혀 고객의 관심을 끌지 못했다. 이런 결함들은 기술적인 작업의 우선순위를 재조정해야 한다는 뜻이었지만, 아직 수정할 만한 시간이 있었다.

3주 뒤 릴레이는 호텔에서 풀타임으로 근무하기 시작했고 큰 인기를 끌었다. 〈뉴욕타임스〉와 〈워싱턴포스트〉에 이 매력적인 로봇에 관한 기사가 실렸고 새비오크는 첫 달에만 10억 건이 넘게 미디어에 노출되었다. 하지만 가장 중요한 점은 고객들이 릴레이를 좋아했다는 것이다. 여름이 끝날 즈음에는 새 로봇의 주문이 밀어닥쳐 물량을 맞추기 힘들 정도였다.

새비오크는 로봇에 개성을 부여하는 도박을 했다. 하지만 그런 도박을 할 수 있었던 건 위험요소가 있는 아이디어들을 스프린트로 신속하

새비오크의 릴레이 로봇.

게 테스트할 수 있었기 때문이다.

좋은 아이디어의 문제

좋은 아이디어를 찾는 것은 어렵다. 그리고 최고의 아이디어들이라도 실세계에서 성공할지는 불투명하다. 스타트업을 운영하건, 학생들을 가르치건, 큰 조직에서 일하건 마찬가지다.

아이디어를 구현하기도 어렵다. 노력을 집중해야 할 가장 중요한 부분은 무엇이며, 어디서부터 시작해야 할까? 당신의 아이디어가 실생활에서는 어떻게 보일까? 똑똑한 한 사람에게 그 해답을 찾으라고 할까? 아니면 팀원 전체가 브레인스토밍을 할까? 적절한 솔루션을 찾았는지 어떻게 확인할까? 그런 확신이 들려면 얼마나 많은 회의와 논의를 거쳐야 할까? 아이디어를 구현하고 나면 여기에 관심 있는 사람이 있을까?

구글 벤처스의 파트너로서 우리의 임무는 스타트업들이 이런 중요한 질문의 답을 찾도록 돕는 것이다. 우리는 시간당 보수를 받는 컨설턴트가 아니다. 투자자도 아니며, 우리가 투자하는 기업들이 성공해야 우리도 성공할 수 있다. 이 스타트업들이 문제를 신속하게 해결하고 자립하도록 돕기 위해 우리는 최소의 시간으로 최상의 결과를 얻도록 스프린트 과정을 최적으로 조정했다. 무엇보다, 이 프로세스는 모든 팀이 이미 보유하고 있던 사람과 지식, 도구에 의지한다.

스프린트를 통해 스타트업들과 함께 일하면서 우리는 끝없이 돌고 도는 토론을 최대한 단축하고 한 달이라는 시간을 한 주로 압축했다. 스타트업들은 어떤 아이디어가 괜찮은지 알기 위해 최소한의 제품이 출시될 때까지 기다리지 않고, 진짜 같은 프로토타입으로 명확한 데이터를 얻을 수 있었다.

스프린트는 우리 스타트업들에 슈퍼파워를 부여했다. 기업은 비용이 드는 작업에 착수하기 전에 훌쩍 미래로 날아가 완제품과 고객의 반응을 볼 수 있다. 위험요소가 있는 아이디어가 스프린트에서 성공을 거두었을 때의 보람은 엄청나다. 하지만 스프린트에서 아이디어가 실패했을 때는 실망스러워도 투자 대비 효과가 가장 높다. 단 5일간의 작업으로 치명적 결함을 발견한다면, 능률 면에서 최고가 아니겠는가. 이처럼 스프린트는 '힘들이지 않고' 비싼 교훈을 얻는 방법이다.

구글 벤처스에서 우리는 파운데이션 메디신(첨단 암 진단 서비스 업체), 네스트(스마트 가전기기 업체), 블루보틀 커피(커피 업체) 등의 기업들과 스프린트를 진행했다. 새로운 사업의 실행 가능성을 평가하기 위해, 새로운 모바일 앱의 첫 번째 버전을 만들기 위해, 수백만 사용자를 보유한 제품의 개선을 위해, 마케팅 전략을 정하기 위해, 의료검사의 보고서를 디자인하기 위해 우리는 스프린트를 진행했다. 차기 전략을 찾는 투자 은행가들, 자동주행 자동차를 만드는 구글 팀, 중요한 수학 과제를 해야 하는 고등학교 학생들도 스프린트를 이용했다.

이 책은 당신이 업무상 긴급한 질문들에 대한 답을 찾고자 할 때 스프린트를 직접 운영하는 방법을 알려주는 안내서다. 월요일에는 문제를 지도로 나타내고 초점을 맞추어야 할 중요한 부분을 선택한다. 화요일에는 서로 경합을 벌이는 솔루션을 종이에 스케치한다. 수요일에는 어려운 결정을 내리고 아이디어들을 테스트 가능한 가설로 바꾼다. 목요일에는 진짜 같은 프로토타입을 만든다. 금요일에는 진짜 고객을 대상으로 프로토타입을 테스트한다.

이 책에서는 고차원적인 조언을 하기보다 세부적인 요소들을 파고든다. 우리는 당신이 이미 함께 일하고 있는 사람들과 함께 완벽한 스

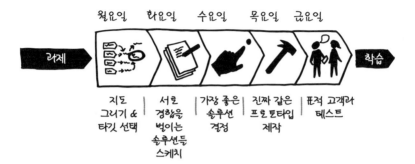

프린트 팀을 구성하도록 도울 것이다. 이 책에서 당신은 중요한 문제(팀의 다양한 의견과 리더의 비전을 최대한 활용하는 방법 등), 그보다는 중요성이 떨어지지만 지켜야 하는 문제(사흘 내내 전화기와 컴퓨터를 꺼야 하는 이유), 그리고 가장 요긴한 문제(점심을 1시에 먹어야 하는 이유)를 배울 것이다. 스프린트를 마칠 때, 출시해도 될 만큼 완벽하고 세부적인 부분까지 구현된 제품이 나오지는 않을 것이다. 하지만 당신은 신속한 진전을 이룰 것이고 자신이 올바른 방향으로 가고 있는지 분명히 알게 될 것이다.

이 책을 읽다 보면 친숙한 기법이 있을 것이고 새로운 기법도 만나게 될 것이다. 린 개발lean development(도요타의 제조방식을 본떠 낭비와 결함 제거, 신속한 개발과 학습에 따른 개선 등의 원칙을 개발에 도입한 방법론―옮긴이)이나 디자인 사고design thinking에 익숙한 사람이라면, 스프린트가 그런 철학을 적용할 실용적 방법임을 알게 될 것이다. 또한 당신의 팀이 '애자일' 프로세스agile process(환경과 고객의 변화에 민첩하고 유연하게 대응하는 방법론―옮긴이)를 사용한다면, 당신은 우리가 정의한 '스프린트'가 그와는 좀 다르지만, 보완적이라고 생각하게 될 것이다. 이런 기법을 처음 들어본다 해도 걱정할 필요가 없다. 그래도 괜찮다. 이 책은 전문가뿐 아니라 초보자들까지 대상으로 했으며, 중요한 기회나 문제, 아이디어를 가지고 있고 무언가를 시작해야 하는 사람이라면 누구든 읽을 수 있다. 이 책에서 소개하는 모든 단계는 우리가 100번 넘는 스프린트에서 실제로 시도하고 수정하고 테스트하고 평가했을 뿐만 아니라 점점 규모가 커지는 스프린트 커뮤니티에서 수집한 정보를 반영하여 다듬은 것들이다. 효과가 없는 단계는 이 책에 넣지 않았다.

이 책의 마지막 부분에는 스프린트를 위해 쇼핑할 물품 목록과 매일의 가이드를 포함한 일련의 체크리스트가 있다. 책을 읽으면서 다 외우려고 애쓸 필요 없다. 직접 스프린트를 운영해보겠다는 각오가 서면, 체크리스트가 당신을 도와줄 것이다. 하지만 스프린트를 시작하기 전에 성공적인 과정이 되도록 주의 깊게 계획을 세워야 한다. 다음 장들에서는 스프린트를 준비하는 방법을 소개하겠다.

스프린트 준비하기

스프린트를 시작하기 전에 먼저 적절한 과제를 선택하고 적임자들로 팀을 구성해야 한다. 또한 스프린트를 진행할 시간을 확보하고 장소도 구해야 한다. 다음 세 장에서는 스프린트를 준비하는 방법을 설명하겠다.

1

과제

2002년, 클라리넷 연주자 제임스 프리먼James Freeman은 연주자의 길을 접고 작은 사업을 시작했다. 그가 차린 것은 바로⋯ 커피차였다.

제임스는 갓 볶은 커피에 흠뻑 빠져 있었다. 그런데 당시 샌프란시스코 지역에서는 봉지에 로스팅 날짜가 적힌 커피콩을 구하기가 하늘의 별 따기만큼이나 어려웠다. 그래서 제임스는 자신이 직접 그 일을 하기로 마음먹었다. 그는 자기 집 헛간에서 정성스럽게 커피콩을 볶은 뒤 캘리포니아 주 버클리와 오클랜드의 농산물 직판장으로 차를 몰고 달려갔다. 그리고 그곳에서 한 잔씩 한 잔씩 커피를 내려 손님들에게 팔았다. 제임스는 정중하고 친절했으며 그가 내린 커피는 더할 나위 없이 훌륭했다.

곧 제임스를 좋아하는 팬들이 생겨났다. 그의 커피차인 '블루보틀 커피^{Blue Bottle Coffee}'역시 사랑받기 시작했음은 물론이다. 2005년 제임스는 드디어 블루보틀 카페를 오픈했다. 샌프란시스코의 친구 집 차고에 마련한 상설 매장이었다. 그 뒤 몇 년 동안 사업이 성장하면서 제임스는 차츰 카페를 늘려나갔고 2012년에는 샌프란시스코, 오클랜드, 맨해튼, 브루클린에까지 지점이 생겼다. 많은 사람이 제임스의 사업이 완벽하다고 생각했고, 블루보틀 커피를 전국에서 최고 커피 중 하나로 손꼽았다. 블루보틀의 바리스타들은 하나같이 친절하고 아는 게 많았다. 게다가 나무 선반, 고상한 세라믹 타일, 군더더기 없이 깔끔한 청명한 하늘빛 로고 등 카페의 인테리어까지 흠 잡을 데가 없었다.

하지만 제임스는 생각이 달랐다. 자기 사업이 완벽하다거나 완성되었다고 생각하지 않았다. 그는 여전히 맛있는 커피를 내리고 고객을 따뜻하게 환대하는 데 열렬한 관심을 기울였고 더 많은 커피 애호가들이 블루보틀을 경험하길 바랐다. 카페를 더 열고 싶었고, 블루보틀 매장으로부터 멀리 떨어진 사람들에게도 갓 볶은 커피를 배달하고 싶었다. 맨 처음 커피차의 시작이 스푸트니크호(최초의 인공위성—옮긴이)의 발사였다면, 다음 단계는 달 탐사선 발사에 가깝다고 해야 하지 않을까.

2012년 10월, 블루보틀 커피는 결국 GV(구글 벤처스)를 포함한 실리콘 밸리의 투자자들에게서 2천만 달러를 유치하는 데 성공했다. 제임스는 그 돈으로 하고 싶은 일들이 많았는데, 가장 분명한 계획의 하나가 바로 신선한 커피콩을 판매하는 온라인 스토어를 만드는 것이었다. 하지만 블루보틀은 기술 업체가 아니었고, 제임스는 온라인 소매에 관한 전문지식이 없었다. 제임스가 만든 카페의 마법을 어떻게 스마트폰과 랩톱으로 옮길 수 있을까?

몇 주 뒤, 어느 화창한 12월 오후에 제임스는 브레이든 코위츠와 존 제라츠키를 만났다. 세 사람은 긴 테이블에 둘러앉아 커피를 마시며 온라인 스토어와 관련해 풀어야 할 숙제를 이야기했다. 온라인 스토어는 블루보틀의 사업에서 중요한 사안이었다. 제대로 된 온라인 스토어를 구축하려면 시간과 돈이 들어가야 했다. 게다가 어디서부터 시작해야 할지 파악하기도 어려웠다. 다시 말하자면 이 문제는 스프린트를 적용하기에 완벽한 후보처럼 보였다. 제임스도 이 점에 동의했다.

세 사람은 스프린트에 누가 참여해야 할지 의논했다. 당연히 블루보틀의 온라인 스토어 구축을 책임질 프로그래머가 빠지면 안 되었다. 여기에 제임스는 블루보틀의 최고운영책임자COO, 최고재무책임자CFO, 커뮤니케이션 관리자도 포함하였고, 고객의 질문과 불만을 처리하는 고객서비스 책임자와 최고경영자까지 포함했다. 블루보틀의 최고경영자는 브라이언 미한Bryan Meehan이었는데, 그는 영국에서 유기농 식료품점 체인을 시작했던 소매 전문가였다. 물론 제임스 자신도 참여했다.

온라인 스토어는 본질적으로 소프트웨어 프로젝트다. 이는 GV의 우리 팀에는 매우 익숙한 프로젝트였다. 그런데 이번 스프린트를 진행할 그룹은 전통적인 소프트웨어 팀과는 영 딴판으로 보였다. 이 사람들은 몹시 바빠 보였는데, 이 스프린트에 참여하다 보면 적어도 일주일이라는 시간을 뺏기게 될 것이다. 그 일주일은 얼마든지 다른 중요한 일을 할 만한 시간이다. 과연 이 스프린트가 이 귀중한 시간을 뺏을 만큼 가치가 있을까?

스프린트 주가 시작되는 월요일 아침, 블루보틀 팀이 샌프란시스코 GV 사무소의 회의실에 모였다. 우리는 먼저 커피 구매자들이 온라인 스토어에서 어떻게 움직이는지 보여주는 도표를 화이트보드에 그렸다. 블루보틀 팀은 신규 고객의 커피콩 구매를 타깃으로 정했다. 신규 고객 확보가 어려웠으므로 제임스는 스프린트의 초점을 이 시나리오에 맞추고자 했다. 블루보틀 카페를 방문한 적도 없고 커피를 맛본 적도 없으며 아예 이름조차 들어본 적이 없는 사람들에게 신뢰를 얻고 또 좋은 경험을 안겨줄 수 있다면, 그 외의 모든 상황은 상대적으로 수월해질 터였다.

이쯤에서 우리는 중요한 문제에 부딪혔다. 바로 "커피를 어떻게 분류할 것인가?"라는 문제였다. 이 시나리오에서 구매자들은 약 열두 종류의 커피콩 가운데 선택하게 되는데, 각 커피가 거의 똑같은 봉지에 들어 있었다. 게다가 오프라인의 블루보틀 카페에서와 달리 온라인 스토어에는 선택을 도와줄 바리스타도 없지 않은가.

처음에는 답이 뻔해 보였다. 소규모의 전문 커피 로스팅 업체부터 스타벅스 같은 거대 주류 기업까지, 소매상들은 대개 아프리카, 남아메리카, 태평양 등 재배 지역에 따라 커피를 분류한다. 따라서 블루보틀도 같은 방식을 이용하면 될 터였다.

그런데 브레이든이 돌발선언을 했다. "솔직히 말할게요." 모든 사람의 눈이 브레이든에게로 향했다. "사실 전 커피에 푹 빠져 있어요. 집에 저울뿐 아니라 갖가지 기구가 다 있을 정도로요." 전자저울은 진정한 커피광을 상징하는 징표다. 집에 저울이 있다는 것은 브레이든이 커피를 내릴 때 물과 커피콩의 무게를 재서 적절한 비율을 실험하고 조절한다는 뜻이다. 우리는 여기서 과학을 이야기하고 있었다. 커피 저울은 1그램의 몇 분의 1까지 잴 수 있을 정도로 정확하다.

브레이든이 미소를 지으며 손바닥을 위로 하고 어깨를 으쓱했다.

"그런데도 저는 지역이 뭘 의미하는지 몰라요." 침묵이 흘렀고 우리는 제임스를 쳐다보지 않으려고 애썼다. 어쨌거나 브레이든의 이 용감한 자백은 제임스에게는 이단처럼 보일 수 있었다.

이윽고 제임스가 말했다. "괜찮아요. 그럴 수도 있죠." 그러자 둑이 무너지듯 고백이 이어졌다. 존과 제이크는 커피 재배 지역 간에 무슨 차이가 있는지 몰랐고, 대니얼 버카 역시 마찬가지였다. 지금까지 우리는 계속 함께 커피를 마셨지만, 우리 중 누구도 이런 쪽에 문외한임을 스스로 인정한 적이 없었다.

그때 블루보틀의 고객서비스 책임자인 세라 지아루소Serah Giarusso가 손가락을 딱 튕기더니 물었다. "카페에 가면 우린 뭘 하죠?" 세라는 바리스타들이 브레이든처럼 커피콩을 사려고 카페에 오지만 어떤 종류를 사야 할지 잘 모르는 고객들을 늘 접할 것이라면서 말을 이었다.

제임스는 천천히, 신중하게 말하는 스타일이었다. 그가 잠시 뜸을 들이더니 대답했다. "이 문제에선 커피를 내리는 기법이 아주 중요해요. 그래서 저는 '집에서 커피를 어떻게 내려서 드세요?'라고 물어보라고 바리스타들을 교육하죠." 제임스는 고객이 케멕스Chemex, 프렌치 프레스French press, 미스터 커피Mr. Coffee 혹은 그 외의 어떤 도구를 사용하는지에 따라 바리스타가 그에 맞는 콩을 추천해줄 수 있다고 설명했다.

"집에서 어떻게 커피를 내려서 드세요?" 브레이든이 한 번 더 되풀이했고, 모두 그 말을 따라 썼다. 제임스는 자신의 비전을 설명함으로써 스프린트를 시작했다. 그의 비전은 온라인 스토어가 카페에서와 마찬가지로 손님을 환대해야 한다는 것이었다. 우리는 뭔가 좋은 걸 발견한 듯한 느낌이 들었다.

다음 날에는 온라인 스토어에 관한 아이디어들을 스케치했고, 수요일 아침이 되자 15개의 솔루션이 마침내 모습을 드러냈다. 고객을 상대로 테스트하기에는 15개가 너무 많았으므로 저마다 마음에 드는 것에 투표해 먼저 범위를 좁혔다. 그런 뒤 의사결정권자인 제임스가 고객과 함께 테스트할 세 가지 스케치를 최종으로 선택했다.

첫 번째 스케치는 말 그대로 웹 사이트를 카페와 일치시키는 접근방식을 적용한 것으로, 나무 선반들이 완벽하게 갖추어진 블루보틀 카페의 실내 모습처럼 보였다. 두 번째 스케치에는 바리스타들이 고객들과 자주 나누는 대화가 반영된 글이 많이 포함되어 있었다. 마지막으로 제임스는 커피 내리는 방식에 따라 커피를 분류하고 "집에서 어떻게 커피를 내려서 드세요?"라는 질문을 컴퓨터 화면에 바로 옮겨놓은 스케치를 선택했다.

제임스는 이렇게 세 개의 아이디어를 선택했다. 그렇다면 이중 어떤 아이디어에 대해 프로토타입(시제품)을 만들고 테스트하는 게 좋을까? 우리가 보기엔 오프라인 카페 모습을 본뜬 웹 사이트를 만들자는 아이디어가 가장 매력적이었다. 블루보틀은 뛰어난 미적 감각으로 이름 높았기 때문에 그에 맞춰 웹 사이트를 만들면, 다른 어떤 곳과도 차별화된 온라인 스토어가 탄생할 것 같았다. 그러니까 이 아이디어는 꼭 테스트해봐야 했다. 하지만 이 아이디어는 하나의 프로토타입에 다른 솔루션들을 함께 구현할 수가 없었다. 게다가 다른 솔루션들 역시 만만치 않게 흥미로워서 쉽게 결정하기가 어려웠다.

결국, 우리는 세 아이디어에 대해 모두 프로토타입을 만들기로 했다. 어쨌거나 지금 당장 실제로 기능하는 웹 사이트를 만들 필요는 없었기 때문이다. 단지 각각의 가짜 온라인 스토어에 대하여, 테스트에서 실제처럼 보이는 몇몇 주요 화면만 있으면 되었다. 우리는 블루보틀의 스프린트 팀과 함께 키노트Keynote 프레젠테이션 소프트웨어로 진짜 웹 사이트처럼 보이는 일련의 슬라이드를 만들었다. 그리고 컴퓨터 프로그래밍은 전혀 하지 않은 채, 약간의 창의력을 발휘하여 이 화면들을 이어 붙여서 테스트에 사용할 프로토타입을 제작했다.

금요일에 스프린트 팀은 고객 인터뷰를 지켜보았다. 고객들은 한 번에 한 명씩 여러 웹 사이트를 돌아다니며 쇼핑했다. 블루보틀의 세 프로토타입도 경쟁 사이트들 틈에 슬쩍 끼어 있었다.(고객들이 이 사실을 눈치채지 못하도록 우리는 각 프로토타입에 가짜 이름을 붙여놓았다.)

테스트가 진행되자 패턴이 나타났다. 모두가 높은 기대를 걸었던 나무 선반으로 장식된 상점, 과연 이 상점은 어떤 반응을 얻었을까? 우리는 그 프로토타입이 멋지다고 생각했지만, 고객들은 달랐다. 그들은 "싼 티 나고" "신뢰가 가지 않는다"고 평가했다. 반면 다른 두 포로토타입은 사정이 훨씬 나았다. "집에서 어떻게 커피를 내려서 드세요?" 디자인은 별 탈 없이 굴러갔다. 우리를 얼떨떨하게 만든 건 '글을 잔뜩 써놓은' 디자인에 대한 고객의 반응이었다. 고객들이 실제로 그 글을 전부 읽어보는 게 아닌가! 게다가 웹 사이트에서 제공한 추가 정보는 커피에 관한 블루보틀의 전문성과 생각을 돋보이게 했다. "블루보틀 사람들은 커피를 아는 사람들이네요"라는 한 고객의 코멘트에서 알 수 있듯이!

제임스와 블루보틀 팀은 이제 스프린트를 신뢰한다. 이들은 블루보틀의 온라인 스토어가 어떻게 작동할지 정의하는 작업에서 큰 진전을 얻었을 뿐 아니라 환대의 원칙도 지켰다고 느꼈다. 그뿐만 아니라 온라인 스토어가 진정한 블루보틀을 체험하는 공간이 될 수 있다고 믿게 되었다.

몇 달 뒤 새 웹 사이트를 연 블루보틀은 온라인 판매가 두 배로 증가했고, 다음 해에는 커피 구독(비용을 내면 전문가가 고객에게 맞춰 엄선한 커피를 정기적으로 배달하는 서비스—옮긴이) 업체를 인수했다. 블루보틀은 팀의 규모를 늘리고 신기술을 도입하여 웹 스토어를 확장했고 나아가 새로운 제품들을 실험하기 시작했다. 블루보틀은 온라인 스토어가 제대로 자리 잡으려면 수년이 걸릴 것을 알았다. 하지만 스프린트를 통해 올바른 궤도를 잡고 첫발을 내디딜 수 있었다.

힘든 과제일수록 스프린트의 효과가 높아진다

몇 개월 혹은 몇 년이 걸릴 프로젝트를 시작할 때—블루보틀의 새로운 온라인 스토어처럼—스프린트가 훌륭한 출발점이 될 수 있다. 하지만 장기적인 프로젝트에만 스프린트가 적합한 건 아니다. 다음과 같은 힘든 상황에도 스프린트는 도움이 될 수 있다.

중대한 이해관계가 걸려 있을 때

블루보틀 커피의 경우처럼 중대한 문제에 직면해 있고 많은 시간과 돈이 필요한 상황일 때. 이런 상황에서 당신은 배의 선장이나 마찬가지다. 스프린트는 전속력으로 전진하기 전에 항해도를 확인하고 올바른 방향으로 배를 조종할 기회가 되어준다.

시간이 충분하지 않을 때

호텔 시범 프로젝트를 위해 서둘러 로봇을 준비해야 했던 새비오크의 경우처럼 마감 기한이 얼마 남지 않은 상황일 때. 이런 상황에서는 적절한 솔루션을 신속하게 준비해야 한다. '전력질주'라는 뜻의 이름에서 알 수 있듯 스프린트는 신속한 진행에 알맞도록 개발되었다.

곤경에 빠졌을 때

어떤 중요한 프로젝트들은 일단 시작하기가 어렵다. 진행 도중 힘이 떨어지는 프로젝트들도 있다. 이런 상황에서 스프린트는 부스터 로켓 역할을 할 수 있다. 즉, 중력의 저항을 이기고 추진력을 얻도록 돕는 새로운 문제해결 방식이 될 수 있다.

스타트업들과 이야기할 때, 우리는 그 기업이 안고 있는 가장 중요한 문제를 스프린트에서 다루라고 권한다. 스프린트를 진행하려면 많은 에너지와 집중이 필요하다. 작은 성과를 노리거나 '하면 좋지만 안 해도 그만인' 프로젝트를 선택하지 마라. 사람들은 그런 프로젝트에 최대의 노력을 쏟지 않는 법이다. 아마 애초부터 스프린트를 위해 일정을 비우지도 않을 것이다.

그렇다면 스프린트에서 다루기에 과하다고 할 만한 프로젝트는 무엇일까? 스프린트는 분명 웹 사이트나 그 외 소프트웨어와 관련한 과제에 효과적이다. 그런데 정말로 크고 복잡한 문제들은 어떠할까?

얼마 전 제이크는 친구이자 그레이코Graco사의 부사장인 데이비드 로David Lowe를 찾아갔다. 그레이코는 펌프·분무기 제조업체로, 소규모 스타트업이 아니라 역사만 해도 장장 90년이 넘는 다국적 기업이다.

그레이코는 조립 라인에서 쓸 새로운 종류의 공업용 펌프를 개발 중이었다. 데이비드는 만약 스프린트를 진행한다면, 이 프로젝트의 위험률을 낮추는 데 도움이 될지 궁금해했다. 새 펌프를 실제로 설계하고 제조하려면 8개월이라는 기간과 수백만 달러의 비용이 들 것이다. 프로젝트가 올바른 방향으로 나아가고 있다고 어떻게 확신할 수 있을까?

제이크는 공업용 조립 라인에 관해서는 문외한이었지만, 호기심에 엔지니어링 팀과의 회의에 참석했다. 회의에서 제이크는 "솔직히 말해서 공업용 펌프는 일주일 만에 프로토타입을 만들고 테스트하기에는 너무 복잡해 보입니다"라고 자기 의견을 밝혔다.

하지만 그레이코 팀은 순순히 포기하지 않았다. 기간을 딱 5일로 제한한다면, 펌프의 새 기능을 설명하는 브로슈어의 프로토타입을 만들어 영업 목적으로 고객을 방문했을 때 테스트해볼 수 있다고 했다. 이런 테스트를 하면 이 제품의 시장성에 대한 답을 얻을 수 있다.

하지만 펌프 자체는 어떠한가? 엔지니어들은 이에 관해서도 아이디어가 있었다. 새 노즐을 3D 프린터로 만든 뒤 기존 펌프에 부착하여 사용 편리성을 테스트하면 된다는 것이었다. 또한 설치 테스트는 케이블과 호스를 근방의 공장으로 가져가서 하면 되고, 조립라인 근로자들의 반응을 구할 수도 있었다. 이런 테스트들이 완벽하지는 않겠지만, 실제로 펌프를 개발하기 전에 드는 중요한 의문점들에 관해서는 답을 줄 수 있을 것이다.

제이크가 잘못 생각했던 것이다. 공업용 펌프는 스프린트를 적용하지 못할 정도로 복잡하지 않았다. 엔지니어 팀은 5일이라는 제약을 받아들였고 각자의 전문기술을 활용해 창의적인 사고를 펼쳐나갔다. 이들은 과제를 중요한 질문들로 나누었는데, 그러자 지름길이 보이기 시작했다.

이 사례에서 알 수 있는 게 뭘까? 바로 스프린트에 부적합할 정도로 큰 문제는 없다는 것이다. 터무니없는 소리처럼 들릴지 모르지만, 여기에는 두 가지 근거가 있다. 첫째, 스프린트는 당신의 팀이 직면한 가장 긴급한 문제들에 초점을 맞추도록 한다. 둘째, 스프린트에서는 완제품의 외양만 만들어도 뭔가를 배울 수 있다. 블루보틀은 웹 사이트가 실제로 돌아가도록 본격적으로 소프트웨어를 개발하고 재고 작업을 시작하기 전에 슬라이드 쇼를 이용하여 웹 사이트 외관의 프로토타입을 만들었다. 그레이코는 판매용 제품을 개발하고 제작하기 전에 브로슈어를 이용하여 영업 상담을 위한 프로토타입을 만들 수 있었다.

먼저 외양을 해결하라

외양은 중요하다. 제품이나 서비스가 고객과 만나는 지점이 바로 외양이기 때문이다. 인간은 복잡하고 변덕스러운 존재라서 고객이 새로운 솔루션에 어떻게 반응할지 예측하기란 사실상 불가능하다. 새로운 아이디어가 실패하는 까닭은 대개 고객들이 그 아이디어를 쏙쏙 잘 이해하고 관심을 기울일 것으로 과신했기 때문이다.

적절한 외양이 만들어지면, 그 기반이 되는 시스템이나 기술을 생각해내는 데 도움이 된다. 또한 외관에 초점을 맞추면, 실제 구현 작업에 들어가기 전에 신속하게 일을 진행하고 중요한 의문점들에 대한 답을 찾을 수 있다. 아무리 큰 과제라도 스프린트에서 도움 받을 수 있는 건 바로 이 때문이다.

2

팀

조지 클루니George Clooney와 브래드 피트Brad Pitt*가 출연한 영화 〈오션 스 일레븐Ocean's Eleven〉은 영화 역사상 최고의 범죄영화 중 하나다. 이 영화에서 조지 클루니가 분한 대니 오션Danny Ocean은 일생일대의 한탕 을 위해 전문 범죄자들을 불러 모은다. 범행 타깃은 대규모 프로복싱 시합이 열리는 라스베이거스의 한 카지노. 카지노 금고에는 1억 5천 만 달러라는 거금이 보관되어 있을 것이다. 성공 가능성은 적고 시간 은 촉박하다. 카지노를 터는 데 성공하려면 복잡한 전략과 갖가지 전 문 기술이 필요한데, 대니가 꾸린 팀에는 소매치기, 폭파 전문가, 심지 어 곡예사까지 끼어 있다. 정말 대단한 영화다.

---

* 원작을 좋아한다면 프랭크 시나트라Frank Sinatra와 딘 마틴Dean Martin.

스프린트는 완벽하게 짜인 이 영화의 강탈 작전과 비슷하다. 당신과 당신 팀은 재능과 시간, 에너지를 최대한 활용하여 압도적인 과제에 착수하고, 앞을 가로막는 모든 장애물을 기지(그리고 약간의 책략)를 발휘해 극복한다. 이를 위해서는 적임자들로 구성된 팀을 꾸려야 한다. 소매치기는 없어도 되겠지만, 리더와 다양한 기술을 갖춘 사람들이 필요할 것이다.

완벽한 스프린트 팀을 꾸리려면 먼저 대니 오션, 즉 결정 권한이 있는 사람이 필요하다. 이 사람을 결정권자라고 부르며, 스프린트를 진행하고 활용하는 데 매우 중요한 역할을 한다. 결정권자는 프로젝트에 대한 공식적인 결정을 내리는 사람이다. 우리가 함께 일한 많은 스타트업에서 결정권자는 대개 설립자나 CEO다. 좀 더 큰 기업에서는 부사장, 제품 책임자, 혹은 팀 리더가 결정권자가 될 수도 있다. 결정권자들은 대부분 문제를 깊이 있게 이해하고 있으며, 종종 올바른 솔루션 발견에 도움이 되는 확고한 의견과 기준을 제시하기도 한다.

블루보틀 커피의 스프린트를 예로 들어보자. 우리는 CEO인 제임스 프리먼을 반드시 스프린트에 참석하게 해야 했다. 스프린트에서 제임스는 블루보틀의 핵심 가치를 이야기했고, 환대라는 기준을 지키는 온라인 스토어를 만든다는 자신의 비전을 팀원들에게 밝혔다. 그리고 그 비전에 가장 맞는 스케치들을 선택했다. 그뿐만 아니라 제임스는 현업 바리스타들이 어떤 훈련을 받는지 알고 있었는데, 이 구체적인 정보는 생각하지 못한 솔루션을 발견하도록 도와주었다.

하지만 의사결정권자들이 중요한 이유는 단지 그들이 전문지식과 비전을 지녔기 때문만이 아니다. 우리는 스프린트에 이들이 참여하도록 해야 하는 또 다른 중요한 이유를 여러 번의 시행착오를 거쳐 알게 되었다. 사실 우리가 초기에 시도했던 스프린트 중 하나는 완전한 실패로 돌아갔다. 죄 없는 사람들을 보호하기 위해 그 회사를 스퀴드 컴퍼니Squid Co*라고 부르자. 죄가 있는 사람들의 이름은 여기서 말해주겠다. 바로 제이크, 존, 브레이든이다. 우리가 일을 망쳤다.

우리는 스퀴드 컴퍼니에서 이 프로젝트에 관여된 사람들을 신중하게 선택하여 스프린트에 초대했다. 딱 한 사람, 스퀴드 컴퍼니의 최고제품책임자CPO인 샘Sam만 빠졌다. 샘은 하필 그 주에 출장이 잡혀 있었기 때문이다. 하지만 다른 사람들은 모두 가능했으므로 우리는 그 주에 스프린트를 진행했다. 스퀴드 컴퍼니의 스프린트 팀은 프로토타입을 만들고 테스트를 진행했다. 그리고 프로토타입이 고객들에게 좋은 반응을 얻자 팀은 실제 제품 구축을 시작할 준비에 들어갔다.

하지만 샘이 돌아오자 프로젝트는 끝이 나고 말았다. 어찌 된 일이냐고? 스프린트에서 도출한 솔루션은 테스트에서 좋은 결과를 얻었지만, 샘은 우리가 애초에 문제를 잘못 선택했다고 생각했다. 팀에는 이보다 더욱 중요한 다른 문제들이 있었기 때문이다.

스퀴드 컴퍼니가 스프린트에 실패한 건 우리 잘못이었다. 우리는 샘의 생각을 추측하려 애썼고, 그 결과 실패했다. 그렇기 때문에 결정권자가 스프린트에 참여하는 것이 중요하다.

---

* 이 책에는 실패한 몇몇 스프린트 사례가 포함되어 있다. 우리는 많은 숙고 끝에 이 사례들과 관련 있는 회사와 사람에 대해서는 가명을 쓰기로 했다. 익명을 쓰면 우리 친구들을 난처하게 하지 않으면서도 무엇이 잘못되었는지 솔직하게 이야기할 수 있기 때문이다. 여러분의 이해를 바란다.

결정권자 한두 명을 참여시켜라

결정권자가 반드시 스프린트에 참여해야 한다. 만약 당신이 결정권자라면 시간을 비워 스프린트에 참여하라. 당신이 결정권자가 아니라면 스프린트에 참여하도록 결정권자를 설득해야 한다. 과연 내가 결정권자를 설득할 수 있을지 걱정스러울지도 모르겠다. 그러나 새로운 프로세스를 위해서는 결정권자 참여가 중요하다. 결정권자가 참여하길 꺼린다면 다음과 같은 이유를 들어 설득해보라.

빠른 진전을 강조한다

스프린트로 얼마나 많은 진전을 이룰 수 있는지 강조한다. 스프린트에서는 불과 일주일 만에 현실적인 프로토타입을 만들 수 있다. 어떤 결정권자들은 고객 테스트에 그리 큰 관심을 보이지 않지만(적어도 눈으로 직접 보기 전까지는), 빠른 결과를 얻을 수 있다는 점은 거의 모든 사람이 좋아한다.

하나의 실험이라고 설명한다

첫 스프린트는 하나의 실험이라고 생각하라. 스프린트가 끝나면 결정권자가 그 효과를 평가하는 데 도움을 줄 수 있다. 일하는 방식을 바꾸길 주저하는 사람 중에는 일회성 실험의 참여에 별 거부감이 없는 이들이 많다.

반대급부를 설명한다

스프린트 주간 동안 못 하게 될 중요한 회의와 업무 목록을 결정권자에게 보여주고, 그중에서 건너뛰거나 미루어도 될 일과 그 이유를 설명하라.

초점이 중요하다

스트린트를 진행하려는 동기를 솔직하게 이야기하라. 평소 당신 팀이 하는 업무가 너무 산발적으로 이루어져서 업무 질이 떨어진다면, 있는 그대로 이야기하라. 스프린트를 실시하면 모든 일을 그럭저럭 하는 대신 한 가지 일을 탁월하게 하게 될 것이라고 설명하라.

결정권자가 스프린트 실시에는 동의하지만 한 주를 통째로 비울 수 없다면, 몇몇 주요 단계에만 참여하게 한다. 월요일에는 스프린트에서 다룰 문제에 관해 자기 견해를 들려줄 수 있고 수요일에는 테스트할 적절한 아이디어를 선택하도록 도울 수 있다. 또한 금요일에도 잠시 참석해서 고객이 프로토타입에 어떻게 반응하는지 보아야 한다.

결정권자가 잠깐씩밖에 참여할 수 없다면 공식적인 대리인이 참여하게 한다. 스타트업들과 진행한 많은 스프린트에서 CEO들은 자신이 참석할 수 없을 경우 결정권자 역할을 대신할 사람을 한두 명 지정했다. 어떤 스프린트에서는 CEO가 디자인 책임자에게 "이 프로젝트에 대한 전권을 부여합니다"라는 이메일을 보내기도 했다. 말도 안 된다고? 그렇긴 하다. 그래서 효과가 있었냐고? 물론이다! 이렇게 공식적인 권한을 이양하자 스프린트를 진행할 때 명확성이 엄청나게 높아졌다. 스쿼드 컴퍼니와의 작업에서는 기대할 수 없었던 명확성이다.

그런데 결정권자가 스프린트가 별 가치 없다고 생각한다면? 결정권자가 잠깐이라도 참여하지 않겠다고 한다면? 잠깐! 이건 중대한 적신호다. 어쩌면 당신은 지금 부적절한 프로젝트를 추진하고 있는지 모른다. 이럴 때는 서두르지 말고 결정권자와 상의하여 더 적절하고 중요한 과제를 찾아라.*

결정권자(1명~2명)를 참여시켰다면 이제 스프린트 팀원을 모을 차례다. 스프린트 동안 날마다 온종일 당신과 함께 일할 사람들 말이다. 스프린트 팀은 월요일에는 서로 협력하여 문제를 이해하고 어떤 부분에 초점을 맞출지 선택할 것이다. 그리고 일주일간 솔루션을 스케치하고, 아이디어들을 비판하고, 프로토타입을 구축하고, 고객 인터뷰를 지켜볼 것이다.

오션스 세븐

지금까지의 경험으로 볼 때 스프린트 팀의 규모는 7명 이하가 가장 적당하다. 인원이 8명이나 9명, 혹은 그 이상이면 진행이 느려지고 모든 사람의 집중력과 생산성을 유지하기가 더 어려워진다. 인원이 7명 이하일 때 만사가 더 순조롭다.(아, 물론 〈오션스 일레븐〉에서는 11명이 한 팀을 이루었다는 걸 알고 있다. 하지만 그건 영화일 뿐이니까!)

그렇다면 누구를 포함해야 할까? 당연히 엔지니어, 디자이너, 제품 관리자 등 제품을 개발하거나 서비스를 운영하는 사람들을 참여시키고 싶을 것이다. 이 사람들은 회사의 제품이 어떻게 작동하는지, 서비스가 어떻게 돌아가는지를 안다. 또한 당면 문제에 관한 아이디어를 벌써 가지고 있을 수도 있다.

하지만 평소 함께 일하는 사람들로만 팀을 구성해서는 안 된다. 스프

---

* 이 규칙에 예외가 있다. 팀원들이 프로토타입과 테스트에서 나온 실제 데이터로 자신들의 입장을 뒷받침할 수 있다고 확신해서 일부러 경영자 참여를 반대하는 때도 있다. 공식적인 결정권자 없이 스프린트를 하기로 했다면, 진행할 때 주의해야 한다. 여러분의 용기에는 박수를 보내지만, 결정권자들은 자신이 참여하지 않은 스프린트에서 나온 결과를 뭉개버리기로 유명하니까.

린트는 여러 분야의 사람들이 섞였을 때 가장 큰 성공을 거둘 수 있다. 전문지식을 갖춘 몇 명의 추가적인 전문가와 함께 솔루션을 실행하는 쪽에서 일하는 핵심 인물들 또한 필요하다.

새비오크와의 스프린트에서 우리는 물론 로봇 기술자, 디자인 책임자 등 예측 가능한 사람들에게서 좋은 아이디어를 얻었다. 하지만 뭐니 뭐니 해도 가장 중요한 기여자 중 한 사람은 이즈미 야스카와Izumi Yaskawa였다. 이즈미는 로봇 개발 팀원은 아니었지만, 사업 개발 책임자로서 호텔이 어떻게 운영되고 로봇에게 원하는 기능이 무엇인지 누구보다 잘 알았다.

블루보틀 커피의 경우, 일반적으로는 웹 사이트 개발에 참여하지 않는 고객 서비스 관리자와 CFO에게서 중요한 통찰력을 얻었다. 그리고 또 다른 스프린트들로는 심장병 전문의, 수학자, 농경 컨설턴트에게서 결정적인 솔루션을 얻었다. 이들의 공통된 특징이 무엇일까? 이들은 전문지식이 깊고 과제에 대한 도전의식이 강했다. 스프린트에는 이런 사람들이 필요하다.

7명(혹은 그 이하)으로 팀을 구성하라

스프린트에 누구를 포함할지 선택하기가 늘 쉬운 건 아니다. 그래서 우리는 당신이 참고할 만한 커닝 페이퍼를 만들었다. 여기에 나열된 역할을 빠짐없이 다 포함할 필요는 없다. 또한 일부 역할은 두세 명 정도 선택할 수도 있다. 단, 여러 분야 사람을 섞는 것이 좋다는 점만 명심하라.

결정권자

당신 팀의 의사결정권자는 누구인가? 아마도 CEO일 것이다. 혹은 이 특별한 프로젝트의 'CEO'일 수도 있다. 결정권자가 스프린트 전 과정에 함께할 수 없더라도 두 번 정도는 꼭 참석하도록 한다. 또한 계속 참여할 수 있는 사람 한두 명에게 권한을 위임한다.

예: CEO, 창업자, 제품 관리자, 디자인 책임자.

재무 전문가

자금이 어디에서 나오는지(그리고 어디로 가는지) 설명할 수 있는 사람이 누구인가?

예: CEO, CFO, 사업 개발 관리자.

마케팅 전문가

당신의 회사가 전할 메시지를 만드는 사람이 누구인가?

예: 최고마케팅경영자CMO, 마케팅 담당자, 홍보 담당자, 커뮤니티 관리자.

고객 전문가

고객과 일대일로 정기적으로 이야기하는 사람이 누구인가?

예: 연구원, 영업, 고객 지원.

기술/실행계획 전문가

당신의 회사가 만들고 고객에게 전달하는 제품을 가장 잘 이해하는 사람이 누구인가?

예: 최고기술경영자CTO, 엔지니어.

디자인 전문가

당신의 회사가 만드는 제품을 디자인하는 사람이 누구인가?

예: 디자이너, 제품 관리자.

'팀'은 흔히 쓰이는 말이지만, 스프린트에서의 팀은 그야말로 진짜 팀이다. 팀원들은 닷새 동안 나란히 앉아 함께 일할 것이다. 금요일이 되면 팀은 하나의 문제해결 기계가 되어 있을 것이고, 과제와 가능한 솔루션들을 다 함께 깊이 이해할 것이다. 스프린트는 이런 협력적인 분위기로 진행되므로 꼭 당신과 의견이 맞는 사람만 포함하지 않아도 된다.

말썽쟁이 끌어들이기

우리는 스프린트를 시작하기 전에 이와 같은 질문을 던진다. "만약 스프린트에 참여시키지 않으면 문제를 일으킬 만한 사람이 누구인가?" 트집을 잡으려고 그저 왈가왈부하는 사람을 말하는 건 아니다. 우리가 말하는 건, 똑똑하긴 한데 강한 반대 의견을 가졌고 스프린트에 참여시키자니 좀 껄끄럽게 느껴지는 사람이다.

이 조언은 어떤 면에서는 방어적이라 할 수 있다. 이런 말썽쟁이를 게스트 형식으로라도 스프린트에 참석시키면 그는 자신이 이 프로젝트에 합류했고 힘을 보탠다는 느낌을 받을 것이다. 하지만 더 중요한 이유는 따로 있다. 말썽쟁이들은 대개 다른 사람들과는 다른 시각으로 문제를 본다. 이들이 문제해결을 위해 내놓는 터무니없는 아이디어들이 간혹 들어맞을 때도 있다. 혹은 그다지 좋지 않은 아이디어라 해도, 반대 견해가 있으면 사람들이 자극을 받아 더 열심히 일하게 된다.

물론 반대자와 얼간이는 종이 한 장 차이지만, 그저 당신과 의견이 맞지 않는 사람이라고 피하는 건 금물이다. 이 책을 끝까지 읽으면, 스프린트 과정이 서로 상충하는 아이디어들을 자산으로 만들어준다는 걸 알게 될 것이다.

스프린트에 참여시키고 싶은 사람들을 꼽다 보면 일곱이 넘을 때가 흔하다. 그래도 괜찮다. 당신의 스프린트 팀이 막강한 팀이 되리란 표시니까! 하지만 이때 당신이 어려운 결정을 해야 하는 건 맞다. 일곱 명에 누구를 포함시킬지 우리가 정해줄 수는 없다. 하지만 최종 팀원에서 제외된 사람들을 어떻게 활용할지 알려줘 결정을 도울 수는 있다.

전문가 추가로 참여시키기

스프린트 팀에 포함할 사람이 일곱 명을 넘는 경우, 최종적으로 제외된 사람들이 월요일 오후에 '전문가'로 잠깐 참석하는 시간을 마련하면 좋다. 그 시간에 이 전문가들은 자기가 아는 것을 팀에 알려주고 의견을 공유할 수 있다.(93쪽부터 '전문가들에게 의견 구하기'에 관해 다루겠다.) 전문가별로 30분 정도면 충분할 것이다. 이 방법은 민첩한 소규모 팀을 유지하면서 다양한 견해를 얻기에 효과적이다.

자, 이제 결정권자, 스프린트 팀원들, 잠깐 참여하여 의견을 나눌 추가 전문가들까지 확보했다. 팀이 모두 꾸려진 것이다. 그런데 하나가 남았다. 바로 스프린트를 진행할 사람이다.

진행자 선택하기

〈오션스 일레븐〉에서 브래드 피트가 분한 러스티 라이언Rusty Ryan은 범행이 진행되게 실행계획을 세우는 인물이다. 스프린트에도 러스티 라이언 역할을 할 사람이 필요한데, 우리는 이 사람을 진행자라고 부른다. 진행자는 시간, 토론, 전체적인 절차를 관리할 책임이 있다. 진행자는 논의 내용을 요약하고 팀원들에게 한 토론을 끝내고 다음 단계로 옮겨갈 때라고 주지하는 등 자신 있게 회의를 이끌어나가야 한다. 진행자는 중요한 역할이다. 그리고 지금 이 책을 읽으며 스프린트를 공부하는 당신이야말로 유력한 진행자 후보가 될 수 있다.

진행자는 한쪽에 치우치지 않고 공정하게 판단해야 한다. 하여 한 사람이 결정권자와 진행자를 동시에 맡는 건 바람직하지 않다. 평소 당신 팀과 일하지 않는 외부인을 진행자로 세우는 방법도 꽤 효과가 있다.

이 책은 진행자뿐 아니라 스프린트에 관심 있는 사람이라면 누구에게라도 똑같이 도움이 되도록 쓰였다. 혹시 진행자를 맡을 예정이라면, 이 책에서 당신은 해당하는 직접적인 내용은 물론, 월요일 아침부터 금요일 오후까지 당신이 팀을 이끌면서 하게 될 다양한 활동 정보를 얻게 될 것이다. 하지만 진행자가 아닌 사람에게도 전부 통하는 이야기들이다.

〈오션스 일레븐〉을 볼 때 가장 큰 즐거움 중 하나는 각 인물이 어떻게 자신의 특기를 활용해 범행을 돕는가이다. 인물마다 특별한 이유가 있어 발탁되었다는 것쯤은 짐작할 수 있지만, 각 인물이 실제로 어떤 일을 하기 전까지는 무엇을 할지 정확히 알지 못한다.

스프린트도 마찬가지다. 배경 정보를 제공하건, 신선한 아이디어를 내놓건, 고객들을 예리하게 관찰하건, 회의실 안의 각 전문가는 저마다 핵심적인 공헌을 하게 될 것이다. 이들이 무슨 말을 하고 어떤 일을 할지 정확히 예측하기란 불가능하다. 하지만 팀이 적절하게 꾸려지면 미처 예상하지 못한 좋은 솔루션이 등장할 것이다.

3

시간과 장소

일반적인 사무실에서의 일반적인 하루는 다음과 같이 흘러간다.

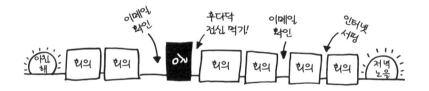

    길고 바쁜 하루지만 꼭 생산적이지는 않다. 갖가지 회의, 이메일, 통화가 우리의 주의를 분산시키고 진짜 업무를 처리하지 못하게 방해한다. 이들 방해요소를 모두 합치면 생산성이라는 흥겨운 피크닉에 갑자기 말벌집이 떨어진 것만큼이나 피해가 막심하다.

    이 방해요소들이 불러오는 손실에 관한 연구도 많다. 조지 메이슨 대학교 연구원들은 사람들이 한창 리포트를 쓸 때 어떤 방해를 받으면 더 짧고 수준 낮은 리포트가 나온다는 걸 발견했다. 또한 캘리포니아 대학교 어바인 캠퍼스 연구원들에 따르면, 사람들이 일하다가 딴 데로 주의를 빼앗기면 본래 하던 일로 되돌아가는 데 평균 23분이 걸린다.(앗, 문자메시지가 왔네? 그럼 나머지 연구들은 이 문자에 답을 보낸 다음 알려주겠다!)

주의가 분산되면 생산성이 떨어지는 건 당연한 이야기다. 물론 이런 식으로 일하고 싶은 사람은 아무도 없다. 우리는 누구나 중요한 일을 해치우고 싶어 한다. 그리고 의미 있는 일, 특히 중요한 문제를 해결하기 위해 창의적인 노력이 필요한 일을 하려면, 중간에 방해받지 않고 일할 충분한 시간이 확보되어야 한다는 것쯤은 다 알고 있다.

스프린트의 가장 큰 장점 중 하나가 이것이다. 스프린트는 일정이 명확하게 정해져 있고 해결해야 할 중요한 하나의 목표를 주기 때문에 자기가 원하는 방식대로 일할 수 있게 해준다. 여러 프로젝트 사이를 오가지 않아도 되고 갑자기 들이닥치는 방해요소도 없다. 스프린트의 하루는 다음과 같이 구성된다.

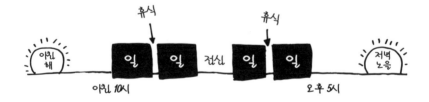

10시에 시작해서 5시에 끝! 그리고 중간에 1시간의 점심 시간이 있다. 보다시피 스프린트 주간에는 업무 시간이 보통 하루에 6시간뿐이다. 적임자들을 모으고 활동들을 체계화하고 방해요소를 제거하면 적정 시간 일하면서도 빠른 진전을 이룰 수 있기 때문이다.

스프린트를 하려면 높은 에너지와 집중력이 필요한데, 스트레스가 쌓이거나 피로하면 그런 노력을 쏟기 힘들어질 것이다. 우리는 스프린트를 10시에 시작하여 모든 사람이 일과 전에 이메일을 확인하고 스프린트에 몰두할 준비 시간을 준다. 또한 사람들이 너무 지치기 전에 일과를 끝마쳐 일주일 내내 생생한 에너지를 유지할 수 있도록 돕는다.

5일이라는 시간 확보하기

스케줄에서 5일을 확보하는 건 꼭 필요한 중요한 요건이다. 스프린트 팀원들은 월요일부터 목요일까지 아침 10시부터 오후 5시까지 같은 방 안에 있어야 한다. 금요일의 테스트는 그보다 좀 더 빠른 9시에 시작된다.

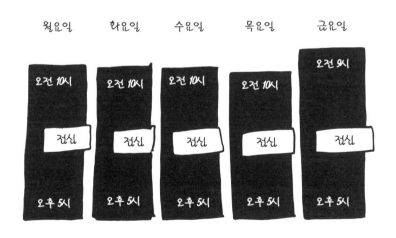

왜 5일이 필요할까? 우리는 기간을 더 줄여 스프린트를 진행해본 적이 있다. 하지만 그렇게 하니 팀원들이 지칠 뿐 아니라 프로토타입을 만들어 테스트할 시간이 나지 않았다. 6주, 한 달, 10일 단위로 해보았지만, 일주일 동안 진행한 것 이상으로 큰 성과를 거두지 못했다. 중간에 주말이 끼어드니 연속성이 떨어졌고, 방해요소와 일을 미루는 습관이 슬슬 나타났다. 그뿐만 아니라 시간이 많아지니 우리가 떠올린 아이디어들에 더 애착을 느끼고 동료나 고객들에게 뭔가를 배우려는 의지가 줄어들었다.

5일이라는 기간은, 초점을 정확하게 맞추고 쓸모없는 논쟁을 배제할 만큼의 긴급한 느낌은 주면서도 동시에 팀원들이 지치지 않은 채 프로토타입을 만들고 테스트할 정도의 여유를 준다. 또한 기업들이 대부분 주 5일 근무라서 5일간의 스프린트를 기존 스케줄에 끼워 넣기 편리하다.

스프린트 팀에는 오전에 한 번의 짧은 휴식 시간(오전 11시 30분 무렵), 1시간의 점심 시간(오후 1시 무렵), 그리고 오후에 또 한 번의 짧은 휴식 시간(오후 3시 30분 무렵)이 주어진다. 일종의 '압력방출 밸브' 역할을 하는 이 시간 동안, 사람들은 머리를 식히고 스프린트 외의 일들을 처리할 수 있다.

스프린트 회의실에서는 모든 사람이 스프린트에서 다루는 과제에 100퍼센트 집중할 것이다. 팀 전체가 랩톱을 닫고 휴대전화도 치워야 한다.

기기 금지 규칙

스프린트에서는 시간이 생명이므로 회의실 안에 어떤 방해요소도 허용하지 않는다. 그래서 우리는 **랩톱, 전화, 아이패드 금지**라는 규칙을 세웠다. 물론 가상현실 헤드셋도 안 된다. 먼 미래에 이 책을 읽는 독자라면 홀로그램 금지다. 과거의 독자들은? 게임보이 금지!

이들 기기는 스프린트에 집중할 힘을 빼앗는다. 이 기기들의 화면을 보고 있으면 회의실에서 벌어지는 일에 관심을 기울이지 못하고, 따라서 팀을 도울 수 없다. 게다가 저도 모르게 '이 일은 재미없어'라는 생각이 들 수 있다.

이들 기기가 없으면 처음에는 불편할 수 있지만, 홀가분한 느낌도 든다. 또한 이 기기들에서 완전히 차단되는 건 아니므로 걱정할 필요가 없다. 중요한 일을 놓치는 사태가 없도록 우리는 이 규칙에 두 가지 예외를 두었다.

1. **휴식 시간에는 기기를 확인해도 된다.**
2. **기기를 확인하기 위해 회의실을 나가도 된다.** 언제든! 이렇게 한다 하더라도 어떤 비판도 없을 것이다. 전화를 걸든, 이메일을 확인하든, 트위터에 글을 쓰든, 무엇이든 해도 괜찮다. 회의실 밖에서 하기만 하면.

또한 특정 목적을 위해 기기를 사용할 때도 있다. 가령 팀원 전체에게 뭔가를 보여줄 때나 목요일에 프로토타입을 만들 때는 기기를 사용한다. 알다시피 우리가 그렇게까지 심술궂은 인간은 아니다.

스프린트는 기기 없이 진행된다는 점을 팀원들에게 사전에 알려야 한다. 물론 언제든 회의실을 나갈 수 있다는 점도 함께 알린다. 이런 식으로 비상구를 마련해놓으면, 바쁜 사람들이 일상 업무를 놓치지 않으면서 스프린트에 참여할 수 있다. 일정이 명확히 정해져 있는 데다 기기 사용을 금지한다는 규칙까지 적용하면 스프린트 팀에는 엄청난 집중력이 생긴다. 그런데 이 시간과 집중력을 최대한 활용하려면 효과적인 작업 공간이 필요하다. 꼭 번쩍번쩍 화려한 곳일 필요는 없지만, 화이트보드는 필요하다.

당신을 더 똑똑하게 해주는 화이트보드

배저 컴퍼니 Badger Co(이번에도 실명은 아니다)의 사무실은 지금껏 우리가 샌프란시스코에서 본 사무실 중 가장 훌륭했다. 소마 SoMa 지역의 번화가에 자리 잡은 리모델링된 사옥은 노출된 목재 빔, 광택 콘크리트, 수많은 유리로 이루어진 근사한 건물이었다. 하지만 이곳에는 한 가지 문제가 있었으니… 바로 화이트보드였다.

일단 화이트보드가 너무 작았다. 너비가 기껏해야 3피트(약 90센티미터)밖에 안 되었다. 게다가 수없이 쓰고 지운 탓에 표면이 희끄무레한 분홍색이었다. 그 위에 뭘 뿌려도 그 거무죽죽한 흔적을 없애지는 못할 것 같았다. 그뿐만 아니라 배저 컴퍼니에는 흔히 업무 공간에서 발견되는 문제점이 하나 더 있었다. 낡을 대로 낡은 화이트보드 마커! 희부연 배경에 희끗희끗한 잉크라니, 가시성이 떨어질 수밖에 없지 않겠는가.

화이트보드가 작으니 일의 진행이 방해를 받았다. 고객들이 배저 컴

64

퍼니의 새 모바일 애플리케이션을 어떻게 발견할지 보여주는 도표 하나를 그리자 벌써 공간이 거의 다 차버렸다. 그런 뒤 배저 컴퍼니의 엔지니어링 책임자가 자사의 구독 계획이 작동하는 방식을 설명하기 시작했다. 계획의 구조가 매우 중요했으므로 브레이든은 화이트보드의 남은 공간에 그 내용을 담으려고 안간힘을 썼다.

하지만 더는 자리가 없었다. 몇 분 동안 브레이든은 맥가이버MacGyver가 되어 여백에 빽빽하게 글을 쓰고 심지어 공책을 찢어 벽에 이어 붙여가며 쓰기도 했다. 그러다 우리는 마침내 회의를 잠깐 중단하자고 요청한 뒤 오피스 디포Office Depot(사무용품 전문 소매업체─옮긴이)로 달려가 포스터 크기의 대형 포스트잇을 샀다. 그러느라 1시간 30분이 소요되었고, 이 일은 우리에게 중요한 교훈을 알려주었다. 스프린트를 시작하기 전에 반드시 화이트보드의 상태를 점검하라!

필기 공간을 더 확보하느라 왜 90분이라는 황금 같은 시간을 써야 했을까? 그 덕분에 우리는 문제를 해결할 때 큰 화이트보드를 사용하면 마법이 일어난다는 걸 알게 되었다. 인간은 단기 기억력은 그리 뛰어나지 않지만, 공간 기억력은 높다. 기록, 도표, 인쇄물 등으로 잔뜩 도배된 스프린트 회의실은 그 공간 기억력을 이용한다. 스프린트 팀에는 회의실 자체가 일종의 공유된 뇌라고 할 수 있다. 우리의 친구이자 디자인 회사 IDEO의 CEO인 팀 브라운Tim Brown은 자신의 책《디자인에 집중하라Change by Design》에서 "프로젝트 자료들을 우리 모두 동시에 볼 수 있으면 파일 폴더나 노트북, 혹은 파워포인트에 그 자료들이 숨겨져 있을 때보다 훨씬 더 쉽게 패턴을 파악하고 창의적으로 연결하는 데 도움이 된다"고 썼다.

대형 화이트보드 두 개를 마련하라

최소한 대형 화이트보드 두 개가 필요하다. 그 정도면 스프린트 활동 대부분을 수행하고 (그래도 화이트보드에 쓴 내용을 사진으로 찍어둔 뒤에 지우고, 다른 내용을 써야 할 것이다) 가장 중요한 기록을 한 주 내내 볼 수 있도록 놔두기에 충분할 것이다. 스프린트 회의실 벽에 화이트보드 두 개가 설치되어 있지 않다면, 다음과 같은 몇 가지 손쉬운 방법으로 필기 공간을 더 확보할 수 있다.

이동식 화이트보드

이동식 화이트보드는 소형과 대형이 있다. 소형은 아래쪽에 낭비되는 공간이 많고 몸을 기대면 흔들린다. 대형이 더 비싸지만, 실제 사용하기에는 편리하다.

아이디어페인트

아이디어페인트Idea Paint는 일반 벽을 화이트보드로 만들어주는 제품으로, 거친 벽보다 매끄러운 벽에서 효과가 더 좋다. 아이디어페인트를 사용할 때는 반드시 벽 전체에 칠하는 게 좋다. 그리하지 않으면 아이디어페인트가 칠해지지 않은 부분에 누군가 실수로 글을 쓰는 건 시간문제다.

종이

화이트보드를 구할 수 없을 땐 종이라도 준비하면 없는 것보다 낫다. 포스터 크기의 포스트잇은 비싸긴 하지만, 배치하기 편하고 실수했을 때 교체하기도 쉽다. 두꺼운 방습지 역시 글을 쓸 수 있는 상당한 공간을 제공하지만, 벽에 붙이려면 적잖은 요령이 필요하다.

이상적으로는 매일 온종일 같은 방에서 스프린트를 진행하는 것이 좋다. 그러나 유감스럽게도 늘 그리할 수 있는 건 아니다. 우리는 많은 첨단기술 업체가 테이블축구 테이블, 비디오 게임, 심지어 음악실까지 마련하면서—다 재미있긴 하지만 실제로는 무용지물에 가깝다—정작 회사의 가장 중요한 프로젝트를 수행할 방은 제공하지 못하는 것에 놀랐다. 스프린트 회의실을 다른 팀과 공유해야 한다면, 이동식 화이트보드를 마련해야 한다. 스프린트 팀의 '공유된 뇌'가 밤사이 깡그리 지워지면 큰일이니까.

전용 회의실이 없어도 이동식 화이트보드를 파티션으로 이용해 임시 공간을 만들 수 있다. 의자와 담요로 요새를 건설하던 어린 시절로 돌아간 것처럼! 그런 뒤 벽에 자료들을 붙이고 가구들을 옮기는 등 효과적인 업무 공간을 만들 준비를 하라.

적절한 용품을 장만하라

스프린트를 시작하기 전에 포스트잇, 마커, 펜, 타임 타이머Time Timer (다음 쪽 참조), 일반 프린터 용지 등, 기본적인 사무용품을 준비해야 한다. 또한 에너지를 유지하기 위해 건강에 좋은 간식도 준비해야 할 것이다. 우리는 선호하는 용품들이 확실하다. 그래서 독자들이 참고할 수 있도록 이 책 끝부분에 쇼핑 목록을 포함해두었다.

마법의 시계

"시간이 얼마나 남았어요?" 1983년 가을, 잰 로저스Jan Rogers는 신시내티 집에 있을 때면 이런 질문을 하루에 열두 번도 더 받았다. 네 살배기 딸 로런Loran이 시간에 호기심이 많은 아이였기 때문이다. 잰은 떠올릴 수 있는 대답은 다 해주려고 애썼다.

"작은바늘이 여기로 갈 때까지."

"알람이 울릴 때까지."

"〈세서미 스트리트Sesame Street〉를 두 번 볼 때까지."

하지만 잰이 어떻게 설명해도 어린 로런은 도통 이해하지 못했다. 잰은 더 효과적인 시계를 찾아 나섰다. 디지털시계, 아날로그시계, 에그 타이머, 알람시계를 시도해보고, 시간이라는 추상적인 개념을 네 살짜리 아이에게 이해시킬 시계를 찾아 신시내티 쇼핑몰들을 샅샅이 뒤졌다. 하지만 그 무엇도 효과가 없었다. 그러나 잰은 '포기 안 해. 필요하면 내가 시계를 만들지 뭐'라고 생각했다. 그리고 그 생각을 실천에 옮겼다.

그날 저녁 잰은 종이와 마분지 더미, 가위를 들고 종이 식탁에 앉아 실험을 시작했다. "그때 만든 첫 번째 프로토타입은 아주 단순했어요. 빨간색 종이접시를 잘라 흰색 종이접시에 끼운 형태였거든요. 완전히 수작업이라 시간이 흘러가는 걸 제가 직접 접시를 돌려서 표현해야 했어요."

로런은 엄마가 만든 이 장치로 드디어 시간 개념을 이해했다. 그리고 잰은 자신이 뭔가 중요한 발견을 했다는 걸 깨달았다. 그녀는 자신의 이 발명품을 '타임 타이머'라고 불렀다. 처음에 잰은 지하실에서 양면 테이프로 부품들을 붙여 타이머를 제작했다. 그리고 느리지만 꾸준히 타임 타이머를 하나의 기업으로 성장시켰다. 현재 잰은 수백만 달러짜리 사업체의 CEO이며, 암스테르담의 유치원에서부터 스탠퍼드 대학교에 이르기까지, 전 세계 교실에서 타임 타이머를 볼 수 있다.

타임 타이머는 단순하고 귀여운 모양의 기기다. 잰의 본디 디자인을 충실히 따라, 시간이 흘러가면 빨간색 원반이 움직인다. 추상적인 시간의 흐름을 생생하고 구체적으로 알려준다. 제이크는 아들의 교실에서 이 타임 타이머를 처음 본 순간 홀딱 반해버렸다. 결국 교사에게 "이걸 어디서 구할 수 있을까요?"라고 묻지 않을 수 없었다. 타이머가 유치원생들에게 효과가 있다면, CEO들에게도 안성맞춤일 것이라고 그는 생각했다. 그리고 그것은 정말로 그랬다.

스프린트를 진행할 때 우리는 타임 타이머로 3분부터 1시간까지 마감 시간을 설정한다. 이렇게 짧은 마감 시간을 정해놓으면 집중력이 높아지고 긴급성을 느끼게 된다. 요즘은 특별한 기기 없이도 시간을 기록하는 방법이 많지만, 타임 타이머는 돈을 들여 장만할 만한 가치가 있다. 타임 타이머는 꽤 큼지막한 기계장치라서, 방 안의 모든 사람이 볼 수 있다. 휴대전화나 아이패드 애플리케이션으로는 이렇게 할 수 없다. 그리고 전통적인 시계와 달리, 시간이 얼마나 남았는지 알고 싶을 때 계산하거나 마감 시간을 기억할 필요가 없다. 시간이 눈에 뻔히 보이면 이해와 토론이 쉬워진다. 이런 이점은 잰의 딸 로런에게 그랬던 것처럼 전문가들로 구성된 팀에도 많은 도움이 된다.

진행자가 타임 타이머를 사용하면 두 가지 추가적인 이점이 따라온다. 첫째, 당신은 진행자의 역할을 잘 파악하고 있는 노련한 사람처럼 보인다. 어쨌거나 이 근사한 시계를 가지고 오지 않았는가! 둘째, 대부분 인정하지 않겠지만, 사람들은 빡빡한 일정을 좋아한다. 일정이 빈틈없이 짜여 있으면 스프린트 과정과 진행자인 당신에게 신뢰가 생긴다.

제이크는 타임 타이머를 소개할 때 다음과 같은 약간의 설명을 곁들인다. 사람들이 한창 말하는 중에 타이머가 울리면 곤란해질 수 있기 때문이다.

"일을 진행하기 위해 저는 이 타이머를 사용할 겁니다. 타이머가 꺼지면 지금 우리가 논의하는 주제를 마무리하고 다음 주제로 넘어갈 수 있는지 확인하라는 뜻이죠. 말하고 있는데 타이머가 울리면 그냥 하던 말을 계속 하세요. 제가 시간을 조금 더 드리겠습니다. 이건 가이드라인이지 화재경보기가 아니니까요."

처음에 타이머를 설정하면 사람들 눈이 휘둥그레지고 혈압이 약간

상승할 수도 있다. 하지만 조금만 기다리시길. 오후쯤 되면 사람들은 타이머에 익숙해질 것이고, 스프린트가 끝난 뒤에는 심지어 타이머를 가져가고 싶을 것이다.

월요일

월요일은 체계적인 논의를 통해 스프린트의 방향을 잡는
날이다. 월요일 아침에는 도착점에서 출발하기 활동을
시작하여 장기적인 목표에 합의한다. 그다음에는 과제를
표현하는 지도를 그린다. 오후에는 회사의 전문가들에게
질문을 던져 그들이 알고 있는 내용을 공유한다.
마지막으로, 타깃을 선택한다. 타깃은 일주일 안에
해결할 수 있는, 야심차지만 관리 가능한 문제여야 한다.

4

도착점에서 출발하기

아폴로 13호 이야기를 모르는 사람은 아마 없을 것이다. 그래도 만약을 위해 설명하자면, 우주비행사들이 아폴로 13호를 타고 달 탐사에 나서지만, 우주선이 폭발하는 사건이 일어난다. 그리하여 가슴 졸이는 귀환 작전이 벌어진다. 1995년에 나온 론 하워드Ron Howard의 영화에서는 우주비행 관제센터 팀이 칠판 앞에 모여 계획을 세우는 장면이 나온다.

흰색 조끼를 입고 머리를 짧게 치켜 깎은 비행관제사 진 크란츠Gene Kranz는 침통한 표정이다. 크란츠는 분필을 집어 들어 칠판에 간단한 도표를 그린다. 파손된 우주선이 외기권에서 달 궤도를 선회해 (바라건대) 지표면으로 되돌아오는 경로를 나타낸 지도다. 지구까지 이틀이 넘게 걸리는 여정이다. 목표는 분명했다. 관제센터는 그 여정의 매 순간

75

비행사들이 올바른 경로에서 벗어나지 않고 살아 있도록 함으로써 전원 무사히 귀환하게 해야 했다.

영화 내내 크란츠는 칠판에 그려놓은 그 목표로 되돌아온다. 혼란에 빠진 관제센터에서 이 간단한 도표는 팀이 적절한 문제에 초점을 맞추도록 돕는다. 관제센터 팀은 먼저 우주선이 더 깊은 우주로 방향을 틀지 않도록 경로를 바로잡았다. 그런 뒤 우주비행사들이 숨을 쉴 수 있도록 고장 난 에어 필터를 교체했다. 그런 뒤에야 안전한 착륙이라는 문제로 관심을 돌릴 수 있었다.

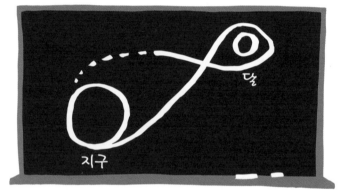

관제센터 칠판에 그린 도표.

스프린트에서 다루기로 선택한 과제와 같은 중요한 문제가 나타나면 당연히 얼른 해결하고 싶은 마음이 들기 마련이다. 시간은 째깍째깍 흘러가고 팀원들이 흥분한 채 들썩거리면, 모든 사람의 머릿속에서 솔루션들이 튀어나오기 시작한다. 그러나 일단 흥분을 가라앉히고 저마다 아는 내용을 공유하여 우선순위를 정하지 않으면 엉뚱한 부분에 시간과 노력을 낭비할 수 있다.

관제센터가 먼저 에어필터를 걱정했다면, 궤도를 수정할 시간을 놓쳐 아폴로 13호가 명왕성 쪽으로 가버렸을 것이다.* 그러나 NASA는 우선적으로 해야 할 일들을 파악하고 정리한 뒤, 솔루션을 찾아 나섰다. 똑똑한 일처리였다. 스프린트도 이런 방식으로 시작된다. 실제로 스프린트 첫날은 계획 수립에 몽땅 바칠 것이다.(다행히 스프린트 회의실에는 산소가 무제한이다!)

월요일은 우리가 **도착점에서 출발하기**라고 부르는 활동으로 시작된다. 스프린트 주간이 끝날 때와 그 이후까지 바라보는 시간이다. 진 크란츠가 지구로의 귀환 경로를 그린 것처럼, 당신의 팀은 기본적인 사항들, 즉 장기적인 목표와 해결해야 할 여러 어려운 질문을 제시하고 정리할 것이다.

도착점에서 출발하는 방법은 타임머신의 열쇠를 건네받는 것과 마찬가지다. 스프린트가 끝날 때 어떤 문제에 대한 답이 나와야 할까? 6개월이나 1년 뒤로 간다면, 이번 프로젝트 결과로 당신의 사업에 어떤 개선이 있어야 할까? 이런 미래의 모습이 분명해 보인다 해도, 월요일에 이를 구체적으로 파악하고 기록하는 시간을 가질 만한 가치가 있다. 먼저 프로젝트의 장기적인 목표부터 다루어보자.

장기적인 목표 설정

논의를 시작하기 위해 팀한테 다음 질문을 던져보라.

"왜 이 프로젝트를 하고 있나요? 6개월, 1년, 혹은 5년 뒤에 우리가 어디

---

* 명왕성이여, 혹시 이 책을 읽고 있나? 우린 아직 자네가 행성이라고 믿는다네.

에 있길 원하죠?"

　이 논의는 30초 만에 끝날 수도 있고, 때로는 30분 동안 이어지기도 한다. 목표에 대한 팀원들의 의견이 상당히 갈리거나 명확하지 않아도 당황하지 마라. 이럴 땐 토론해서 목표를 파악하라. 진행이 지체되면 당장은 불만스러울 수 있지만, 명확한 목표를 도출했을 때 그 만족감과 신뢰감은 일주일 내내 이어질 것이다.

　장기적인 목표 설정이 쉽게 끝날 때도 있다. 블루보틀 커피는 장기적으로 자사가 나아갈 방향을 잘 알고 있었다. 블루보틀의 지향점은 온라인의 신규 고객에게 훌륭한 커피를 제공하는 것이었다. 물론 "온라인에서 더 많은 커피를 판매한다"로 목표를 단순하게 만들 수도 있었지만, 블루보틀은 고객들이 온라인 스토어에서 아주 만족스러운 경험을 할 수 있었으면 하고 바랐고, 기존의 열성 고객들뿐만 아니라 새로운 고객을 확보하고 싶어 했다. 그래서 이러한 야심을 반영하는 장기 목표를 설정했다.

　그러나 어떤 스프린트에서는 장기 목표 설정을 위해 잠깐의 논의가 필요하다. 새비오크는 배달 로봇 릴레이로 하고 싶은 일이 많았다. 이 때 새비오크는 무엇을 목표로 삼아야 할까? 프런트 데스크 직원의 능률 향상? 아니면 가능한 한 여러 호텔에서 로봇을 많이 도입하는 것? 새비오크는 고객에게 초점을 맞추고 싶었고, 호텔들이 추구하는 것과 같은 목표, 즉 고객에게 더 나은 경험을 제공하는 데 중점을 두었다.

　목표는 당신 팀의 원칙과 포부를 반영해야 한다. 목표가 지나치게 거창하다고 걱정할 필요는 없다. 원대한 목표를 세웠더라도 스프린트 절차는 적절한 출발점을 발견하고 목표를 향해 전진할 수 있도록 도울 것이다. 일단 장기 목표를 정했으면 화이트보드의 맨 위쪽에 눈에 잘 띄도록 써놓아라. 그러면 목표는 스프린트 과정 내내 모든 사람이 같은 방향으로 움직이도록 안내하는 신호등 역할을 할 것이다.

자, 이제 마음가짐을 바로잡을 때다. 화이트보드에 장기 목표를 쓰면서 당신은 아마 일이 잘 풀릴 것 같은 낙관적인 기분이 들었을 것이다. 완벽한 미래를 상상했을 수도 있다. 하지만 이제 비관적으로 생각해볼 시간이다. 지금으로부터 1년이 흐른 뒤, 당신의 프로젝트가 완전히 실패로 돌아갔다고 상상해보자. 실패 요인이 뭘까? 당신이 세운 목표는 왜 실현되지 않았을까? 모든 목표 뒤에는 위험한 가정이 숨어 있다. 그리고 그 가정이 검토되지 않은 채 오래 방치될수록 위험은 더 커진다. 스프린트에서 당신은 그 가정들을 발견하고, 이들을 질문으로 바꾸어 답을 찾을 절호의 기회를 얻을 수 있다.

새비오크는 릴레이 로봇이 호텔 투숙객들에게 더 나은 경험을 선사할 것이라고 가정했다. 하지만 똑똑하게도 자신들의 생각이 틀려서 로봇이 서투르게 일하거나 혼란을 불러일으킬 가능성 또한 그려보았다. 그러자 크게 세 가지 질문이 도출되었다. 과연 로봇은 순조롭게 배달할 수 있을까?(대답은 '그렇다'였다.) 고객들이 로봇의 서비스가 서투르다고 생각할까?(대답은 '아니다'였다. 단, 터치스크린이 버벅거리는 경우만 제외하면.) 그리고 마지막은 거의 승산 없어 보이는 질문이었다. 고객들이 어떤 호텔에 투숙하는 이유가 단지 로봇 때문일 수 있을까?(놀랍게도 어떤 사람들은 그럴 것이라고 대답했다.)

목표와 마찬가지로, 이 질문들은 스프린트 과정 내내 솔루션을 찾고 의사결정을 내릴 때 지침이 된다. 당신은 이들 질문을 하나의 준(準)체

크리스트로 삼아 일주일 내내 참조할 것이며 금요일의 테스트 이후에
는 여기에 비추어 평가할 것이다.

스프린트의 핵심 질문 열거하기

두 번째 화이트보드(만약 있다면)에는 스프린트의 핵심 질문들을 적어둔
다. 스프린트 팀원들이 가정과 의문점을 생각하도록 촉진하려면 다음
몇 가지를 생각해보게 하면 된다.

이번 스프린트에서 우리가 답하고 싶은 질문들은 무엇인가?

장기 목표를 달성하기 위해 실현되어야 할 것은 무엇인가?

미래로 날아가 우리 계획이 실패했다고 상상하면 그 실패 원인은 무엇
일까?

이 활동에서 중요한 부분은, 가정과 장애물을 질문으로 바꾸어보는
것이다. 블루보틀 커피는 자사가 보유한 전문지식을 웹 사이트로 옮기
는 방법을 찾을 수 있다고 가정했다. 하지만 스프린트를 실시하기 전
에는 그 방법을 확실히 알지 못했다. 블루보틀의 경우에는 가정을 발
견하고 질문으로 바꾸기가 어렵지 않았다.

Q: 신규 고객을 확보하려면 무엇이 실현되어야 할까?

A: 고객들이 우리의 전문지식을 신뢰해야 한다.

Q: 이를 질문으로 바꾸어 표현한다면 어떻게 될까?

A: 고객이 우리의 전문지식을 신뢰할까?

이처럼 가정을 질문으로 바꾸는 작업이 조금은 어색하게 느껴질 수도 있다. 일반적으로 사람들이 잘 하지 않는 일이지 않은가.(〈제퍼디! Jeopardy!〉 퀴즈쇼에나 출연한다면 또 모를까.) 하지만 이런 잠재적인 문제들을 질문으로 바꾸면 문제를 추적하기가 더 쉬워지고 스케치, 프로토타입, 테스트를 통해 질문에 대한 답을 찾기도 수월해진다. 또한 불확실하게 느껴지던 일(불안한 느낌)이 호기심 가는 일(흥미진진한 느낌)로 미묘하게 변한다.

논의 결과 스프린트의 핵심 질문이 한두 개 정도만 나올 수 있다. 그래도 괜찮다. 혹은 12개를 넘기는 경우도 있다. 그래도 상관없다. 질문목록이 길더라도 어떤 질문이 가장 중요한지 판단하는 문제는 걱정할 필요가 없다. 그 판단은 월요일이 끝날 무렵, 스프린트의 타깃을 설정하면서 하게 될 것이다.

이처럼 도착점에서부터 생각하기 시작하면, 당신은 자기 자신에게 어떤 두려움이 있는지 알게 될 것이다. 중요한 의문점과 미지의 일들은 불안감을 일으킬 수 있다. 하지만 이들을 전부 한곳에 나열해보면 한결 안심이 되고, 자신이 어디를 향하고 있는지, 어떤 문제에 직면하고 있는지 파악할 수 있을 것이다.

5

지도

존 로널드 로웰 톨킨J. R. R. Tolkien이 쓴 《반지의 제왕The Lord of the Rings》
은 수백 쪽짜리 책 3권으로 이루어진 서사 모험소설이다. 이 소설은 저
자가 창작한 언어, 역사, 배경, 방대한 설정으로 가득 차 있다. 놀랍도
록 흥미로운 이야기가 펼쳐지지만 복잡한 것도 사실이다.

솔직히 말해 이 책을 읽다 보면 혼란스럽고 헷갈릴 때가 자주 있다.
하지만 톨킨이 당신을 도와준다. 책의 맨 앞에는 지도가 하나 있는데,
등장인물들이 마운트 둠Mount Doom이나 모리아 광산Mines of Moria 또는
안개 산맥Misty Mountains* 같은 곳을 지날 때면 독자들은 이 지도를 들춰
보면서 사건이 어디에서 벌어지는지, 모든 요소가 어떻게 맞아떨어지

---

* 안개 산맥에 관해 더 알고 싶으면 레드 제플린Led Zeppelin 4집을 들어보시라.

는지 확인할 수 있다.

　월요일에 당신이 그려야 하는 지도 역시 이와 별반 다르지 않다. 이 간단한 지도에 수많은 복잡한 요소가 담겨 있기 때문이다. 다른 점은 중간계 Middle Earth를 돌아다니는 요정과 마법사들 대신 당신 회사의 제품과 서비스를 경험하는 고객들을 보여준다는 것이다. 《반지의 제왕》에 나오는 지도만큼 흥분되고 짜릿하진 않을지 몰라도, 어느 모로 보나 그에 못지않게 쓸모 있는 지도일 것은 분명하다.

　이 지도는 스프린트 과정 내내 매우 중요한 역할을 한다. 월요일이 끝날 무렵에는 이 지도를 이용해 광범위한 과제들을 스프린트에서 다룰 구체적인 타깃으로 좁히게 될 것이다. 또한 나중에 이 지도는 솔루션 스케치와 프로토타입 제작의 체계를 잡아줄 것이다. 지도를 제대로 그려놓으면 향후 활동에서 모든 요소가 서로 잘 맞아떨어지는지 확인하는 데 도움이 된다. 저마다 자신의 단기 기억력을 혹사하지 않아도 될 것이다.

　하지만 이 지도는 《반지의 제왕》에 나오는 지도와 다른 점이 한 가지 있다. 바로 단순하다는 것이다. 아무리 복잡한 업무 과제라도 단어 몇 개와 화살표 몇 개만 이용해 지도를 그릴 수 있다. 이해를 돕기 위해, 매우 복잡한 과제를 간단한 지도로 표현한 플랫아이언 헬스 Flatiron Health를 예로 들어보겠다.

　창밖에는 눈발이 휘날리고 짙은 납빛 구름이 맨해튼의 스카이라인을 덮고 있었지만, 회의실 안은 아늑했다. 우리 네 사람(제이크, 존, 브레이든, 그리고 우리의 연구 파트너인 마이클 마골리스)는 구글 벤처스의 최대 투자처 중 하나인 플랫아이언 헬스와의 스프린트를 위해 뉴욕에 와 있었다. 스프린트를 진행한 장소는 맨해튼에 있는 구글 사무실이었다. 도심의 한 블록 전체를 차지한 전 항만관리청Port Authority 건물에 있는 이 사무실은 구조가 복잡했지만 (제이크는 첫날 세 번이나 길을 잃었다) 우리는 9층에 빈방을 발견하고 벽 한쪽에 책상을 붙인 뒤 화이트보드 주변에 의자들을 둥그렇게 늘어놓았다.

우리는 플랫아이언의 배경에 관해서는 이미 알고 있었다. 플랫아이언은 친구 사이인 냇 터너Nat Turner와 잭 와인버그Zach Weinberg가 세운 회사다. 두 사람은 2000년대에 인바이트 미디어Invite Media라는 광고 기술 업체를 설립하여 구글에 매각한 적이 있었다.

몇 년 뒤 냇과 잭은 다음에 세울 스타트업을 생각하기 시작했고 곧 의료라는 주제를 떠올렸다. 냇과 잭 모두 암과 싸우는 친구와 가족을 두고 있었고, 이 병의 치료가 얼마나 복잡한지 직접 목격한 바였다. 그래서 이 문제에 착안하여, 대규모 데이터 분석을 하면 산더미 같은 의료기록과 검사결과를 정밀하게 걸러냄으로써 의사들이 적시에 적절한 치료법을 선택하게 도울 수 있으리라고 생각했다. 의기투합한 두 사람은 구글을 떠나 플랫아이언 헬스를 설립했다.

이 스타트업의 여세는 대단했다. 플랫아이언은 1억 3천만 달러가 넘는 자금을 확보했고, 업계 선두를 달리는 전자 의료기록 업체를 인수했다. 세계 정상급 엔지니어와 종양 전문의들을 채용했으며 암 전문병원 수백 곳과도 계약을 체결했다. 이제 이들이 암의 결과에 지대한 영향을 미칠 것으로 여겨지는 프로젝트를 시작할 여건은 갖추어졌다. 그 프로젝트란, 바로 임상시험 신청 절차를 개선하는 것이었다.

임상시험은 최신 치료법을 알려준다. 어떤 환자에게는 이 치료법이 목숨을 구할 수 있는 약을 의미한다. 그러나 임상시험은 새로운 약뿐만 아니라 그보다 더 유용한 데이터 또한 제공한다. 모든 임상시험에서 나온 데이터를 수집하고 정리하면, 연구원들이 새로운 치료법과 기존 치료법의 효능을 파악하는 데 도움이 될 것이다.

그러나 미국에서 임상시험에 참여하는 암 환자는 전체의 4퍼센트에 불과했다. 따라서 의사와 연구원들은 나머지 96퍼센트의 암 치료 데이터를 얻을 수 없었다. 이 임상 데이터를 활용할 수 있다면, 암을 더 잘 이해하고 미래의 환자들을 더욱 효과적으로 치료하는 데 도움이 될 텐데….

플랫아이언은 요건에 맞는 사람은 누구라도 임상시험에 참여할 수 있기를 바랐다. 그래서 암 전문병원이 환자에게 맞는 임상시험을 찾도록 돕는 소프트웨어 툴을 만들고자 했다. 그러나 환자와 임상시험을 연결하는 것은 수작업이 필요한 힘든 일이다. 아마도 이것은 임상시험 신청을 정착시키는 데 가장 커다란 걸림돌이 될 것이었다. 일반적인 형태의 암 환자들은 표준적인 치료법의 효과를 재검토하는 임상시험에 참여할 자격이 있고, 희귀병 환자들은 새로운 표적 치료에 참여할 수 있다. 그런데 특이환자들이 매우 많은 데다 임상시험 또한 너무 방대하게 이루어지고 있어서 사람이 추적하기에는 역부족이었다.

스프린트를 시작하기로 한 플랫아이언은 훌륭한 팀을 구성했다. 이 팀의 결정권자는 플랫아이언의 최고의료책임자인 에이미 애버네시Amy Abernethy 박사였다. CEO인 냇은 몇 시간 동안 참여하며 배경을 설명했다. 이번 스프린트에는 플랫아이언의 지도부 중 절반이 참여했고, 그중에는 종양 전문의, 컴퓨터 엔지니어, 그리고 제품 관리자인 알렉스 잉그램Alex Ingram도 끼어 있었다.*

---

* 혹시 몇 명인지 헤아려보았는가? 그래, 맞다. 플랫아이언의 스프린트 팀원은 7명이 넘었다. 7명 이하가 좋다는 건 가이드라인이지 철칙이 아니다.

오전에 우리는 도착점에서 시작하기 활동을 끝냈다. 쉽게 목표("더 많은 환자가 임상시험을 신청한다")를 정했고, 이제 핵심 스프린트 질문을 찾는 작업을 시작했다.

에이미는 "신속성이 중요해요"라고 강조했다. 그녀는 오스트레일리아(에이미가 의학박사 학위를 딴 곳)식 영어와 노스캐롤라이나 주(듀크 대학교에서 암 연구를 했다)의 사투리가 반반씩 섞인 독특한 억양을 구사했다. "당신이 지금 막 암 진단을 받았다고 생각해봐요. 그러면 임상시험들을 일일이 검토하면서 세월을 보낼 수는 없어요. 당장 치료를 시작해야 하니까요."

제이크는 마커 뚜껑을 열고 이 문제를 질문으로 바꾸려고 잠깐 생각에 잠겼다. 그런 뒤 모든 사람이 볼 수 있게 화이트보드에 이렇게 썼다. **해당하는 환자를 충분히 빨리 찾을 수 있을까?**

"병원마다 이미 자체적으로 자리 잡은 절차가 있어요." 이번에는 제품 관리자인 알렉스가 말했다. "이 사람들은 수년간 같은 방식으로 일해왔죠. 우리는 지금보다 훨씬 더 나은 무언가를 제공해야 해요. 그러지 않으면 사람들이 기존 업무 절차를 바꾸려 하지 않을 거예요."

이 말을 들은 제이크가 질문 하나를 더 추가했다. **병원들이 업무 절차를 바꾸려 할까?**

질문들이 다 나오자 우리는 지도를 그리기 시작했다. 마이클 마골리스와 알렉스 잉그램이 암 전문병원 직원들을 인터뷰한 뒤, 에이미의 도움을 받아 임상시험 신청이 어떻게 이루어지는지 우리에게 설명했다.

환자와 임상시험을 연결하기 위해서 의사와 임상연구 간호사들은 빼곡한 요건 목록을 살펴본다. 환자에게 맞는 임상시험을 찾으려면 지금까지의 치료 내용, 혈구 수치, 암세포의 DNA 변이, 그 외에도 수많은 요건이 충족되어야 한다. 암 치료가 더욱 정교해지고 표적 치료가 많이 이루어지면서 이들 요건은 점점 더 구체적이 되었다. "주어진 어떤 임상시험에 대해 자격이 되는 환자가 전국에 몇 명 안 될 수도 있어요. 건초더미에서 바늘 찾는 격이죠."

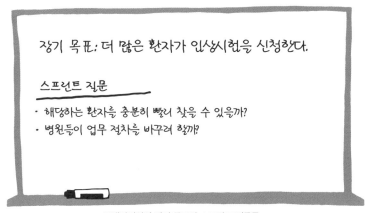

장기 목표: 더 많은 환자가 임상시험을 신청한다.

스프린트 질문

· 해당하는 환자를 충분히 빨리 찾을 수 있을까?
· 병원들이 업무 절차를 바꾸려 할까?

플랫아이언의 장기 목표와 스프린트 질문들.

플랫아이언이 만들려는 시스템은 복잡하고 난해했다. 하지만 한 시간의 토론과 수많은 수정 끝에 우리는 간단한 지도를 그릴 수 있었다.

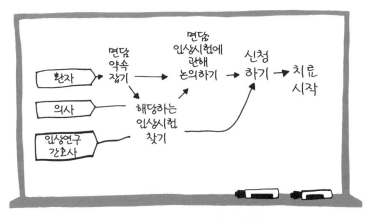

면담
약속
잡기

환자

의사

임상연구
간호사

해당하는
임상시험
찾기

면담:
임상시험에
관해
논의하기

신청
하기

치료
시작

임상시험 신청 절차를 나타낸 플랫아이언의 지도.

지도 왼쪽에는 임상시험 신청과 관련된 사람들을 나열했다. 환자, 의사(치료 결정에 중심적인 역할을 한다), 그리고 임상연구 간호사(간과하기 쉽지만, 임상시험의 이용 가능성에 관해 가장 잘 아는 사람일 수 있다)가 이들이다. 지도는 여기서부터 시작해 환자가 면담 약속을 잡고, 의사와 직원이 환자에게 맞는 임상시험을 찾은 뒤 면담하고, 환자가 임상시험을 신청하여 치료를 시작하는 절차를 보여준다.

그런데 이 간단한 몇 가지 단계 뒤에는 과중한 업무에 시달리는 직원들, 누락된 데이터, 의사소통 부족 등 갖가지 어려움이 도사리고 있다. 에이미가 설명한 것처럼, 임상시험을 제안해야 하는 의사 중에는 자신이 일하는 병원에서 어떤 임상시험이 이루어지는지조차 모르는 이도 많았다. 오후에 우리는 모든 문제와 기회를 살펴보는 시간을 가질 것이다. 지금은 이 지도만 있어도 출발하기에 충분하다.

플랫아이언 헬스가 안고 있는 문제는 복잡하지만, 지도는 지극히 간단하다. 당신 회사의 지도 역시 이처럼 간단해야 한다. 모든 세부사항과 미묘한 차이를 지도에 담을 필요는 없다. 대신 고객이 과정을 밟기 시작해서 끝낼 때까지 거쳐야 하는 주요 단계만 포함하면 된다. 플랫아이언의 경우, 암 진단에서 임상시험 신청까지의 단계들이 포함된다. 두 가지 예를 더 살펴보자.(이 세 가지 지도의 공통점을 발견하는 분에게는 보너스 포인트 증정!) 첫날인 월요일에 새비오크는 로봇공학, 항법, 호텔 운영, 고객의 습관 등에 관한 정보를 정리해야 했다. 다음은 새비오크가 작성한 지도다.

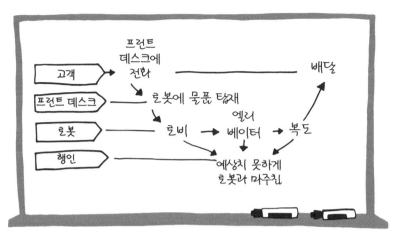

로봇의 배달 과정을 그린 새비오크의 지도.

한편 블루보틀 커피는 첫날에 커피 선택, 고객 지원, 카페 운영, 유통 채널과 관련한 정보를 정리했다. 다음은 블루보틀 커피가 그린 지도다.

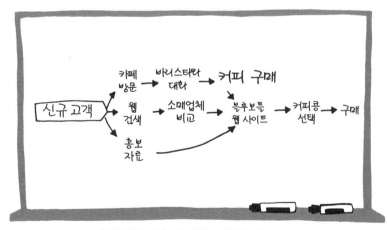

온라인에서의 커피 판매 과정을 그린 블루보틀의 지도.

이 지도들의 공통점이 뭘까? 일단 모두 고객 중심이다. 또한 맨 왼쪽에 핵심 행위자들이 열거되어 있고, 시작·중간·끝을 갖춘 하나의 이야기를 표현하고 있다. 어떤 업무를 다루건 간에 지도가 단순하다는 것도 공통점이다. 이 도표들은 단어, 화살표, 상자 몇 개로만 이루어져 있다. 이제 스프린트에서 그리는 지도가 어떤 모습이어야 하는지 감이 왔을 것이다. 그럼 이제 당신 팀의 지도를 그려보자.

지도 그리기

월요일 아침에 장기 목표와 스프린트 질문들이 정해지면, 곧바로 지도의 초안을 그린다. 지도는 목표를 써놓은 화이트보드에 다음 단계를 따라 그린다.(이 책의 뒤쪽에 체크리스트가 있으니 이 단계들을 외울 필요는 없다.)

1. 행위자 열거하기(왼쪽)

'행위자'는 당신이 구현하려는 이야기에 등장하는 모든 주요 인물을 가리킨다. 대개는 여러 유형의 고객이지만, 때로는 그 외의 사람들이 —예를 들어 영업팀 혹은 정부의 규제 담당자—중요 행위자가 될 때가 있다. 그러면 이들도 여기에 포함해야 한다. 물론 어떨 때는 로봇이 한 자리를 차지하기도 한다.

2. 결말 쓰기(오른쪽)

대개는 이야기의 중간 과정보다 결말을 파악하기가 훨씬 더 쉽다. 플랫아이언의 이야기는 치료로 끝나고, 새비오크의 이야기는 배달로 끝난다. 블루보틀의 결말은 커피 구매다.

3. 단어와 화살표(중간 중간)

지도는 예술작품이 아니라 기능적이어야 한다. 단어와 화살표, 그리고 가끔 상자 정도만 사용해도 충분하다. 전문적인 그림 솜씨가 필요하진 않다.

4. 단순해야 한다

지도에는 5개~15개 정도의 단계만 포함해야 한다. 20단계가 넘어가면 너무 복잡해진다. 지도를 단순하게 유지하면, 팀원들이 상충하는 솔루션에 갇히지 않고 문제의 구조를 파악하고 동의할 수 있다.

5. 도움을 청하라

지도를 그리면서 계속 팀에 물어보라. "이 지도가 맞는 것 같아요?"

지도의 초안은 2분~30분 안에 재빨리 그릴 수 있어야 한다. 이후 문제를 논의하면서 계속 지도를 업데이트하고 수정해야 한다 해도 놀라지 마라. 처음부터 정답을 알 수는 없으니까. 하지만 정답이 아니더라도 어느 지점에서라도 시작은 해야 한다.

―――――――

이 지점까지 왔다면 당신은 이제 중요한 이정표에 도달했다. 장기 목표, 스프린트 질문들, 지도의 대략적인 초안을 잡았고, 스프린트의 기본적인 윤곽을 이미 볼 수 있다. 즉, 금요일의 테스트에서 답을 찾고자 노력해야 할 미지의 문제들, 해결책과 프로토타입의 가닥이 잡힐 것이다. 장기 목표는 동기를 유발할 뿐만 아니라 스프린트를 진행할 때 잣

대 역할을 한다.

나머지 날들의 활동을 돕기 위해 이제부터는 전문가들을 인터뷰해서 여러 문제와 관련한 정보를 더 수집할 것이다. 이 과정에서 더 많은 질문을 추가하고 지도를 업데이트할 것이다. 심지어 장기 목표의 문구를 조정해야 할 수도 있다. 그리고 팀 전체가 인터뷰 내용을 메모하여 화이트보드의 지도를 더욱 깊이 있게 발전시킬 것이다.

월요일 오후는 모든 사람의 지식과 전문기술을 동원하여 하나의 통합된 그림을 만들어내는 시간이다. 다음 장에서는 당신 회사의 전문가들에게서 지식과 경험을 배우는 방법 그리고 거의 마법에 가까운 메모 방법을 설명하겠다.

6

전문가들에게 의견 구하기

당신의 팀은 회사 과제에 관해 많은 것을 알고 있다. 그런데 그런 지식이 여러 사람에게 분산되어 있다. 어떤 사람은 고객에 관해 잘 알고 있고 어떤 사람은 기술이나 마케팅, 업무 등에 빠삭하다. 일반적인 업무를 진행할 때는 팀들 간에 힘을 합쳐 그 모든 지식을 활용할 기회가 없다. 지금부터 소개할 활동에서 하는 일이 바로 그것이다.

월요일 오후는 우리가 **전문가들에게 의견 구하기**라고 부르는 활동에 대부분 할애된다. 스프린트 팀원들, 사내 전문가들, 전문지식을 지닌 외부인 한두 명을 초대해 한 번에 한 사람씩 연이어 인터뷰를 진행한다. 인터뷰하는 동안 스프린트 팀원들은 각자 메모를 한다. 이 인터뷰에서 스프린트의 타깃 선택에 도움이 될 만한 정보를 수집하는 한편, 화요일에 솔루션들을 스케치하는 데 필요한 재료를 모은다.

그런데 굳이 이런 수고를 하는 이유가 뭘까? 스프린트의 다른 많은 단계와 마찬가지로, 우리는 이 단계의 필요성을 큰 실수를 한 뒤에야 깨달았다. 처음에 우리는 책임자들, 주로 CEO나 경영자들과 이야기를 나누면 모든 걸 파악할 수 있을 줄 알았다. 그리 생각하는 것도 무리는 아니었다. 프로젝트에 관해 제일 잘 아는 사람이 바로 결정권자가 아닌가? 음, 하지만 실상은 결정권자도 모든 걸 알지는 못하는 것으로 드러났다. 비록 결정권자 자신이 만사를 훤히 꿰뚫고 있다고 생각한다 해도 말이다.

월러스 컴퍼니(무고한 사람들을 보호하기 위해 이번에도 회사명과 회사가 드러난 말한 세부 내용은 약간 바꾸었다)와의 스프린트에서 우리는 CEO와 최고제품책임자에게서 필요한 정보를 모두 들은 뒤 화이트보드에 지도를 그렸다. 물론 제대로 된 지도가 탄생했다고 자신했다. CEO 역시 "완전히 100퍼센트" 맞다고 말했으니까.

웬디(역시 가명이다)가 회의실로 들어온 건 그때였다. 웬디는 에너지가 넘치는 사람이었다. 셔츠 소매를 팔꿈치까지 접어올린 그녀는 손바닥을 비비며 천천히 왔다 갔다 하면서 말했다.

월러스 컴퍼니의 영업팀 책임자인 웬디는 판매 과정의 여러 단계에서 고객이 어떻게 반응하는지 누구보다 잘 아는 사람이었다. 웬디는 우리가 그린 지도의 한 지점을 가리키며 지적했다. "이 단계에서 사람들은 '월러스 컴퍼니? 난생처음 들어보네요. 당신네 같은 풋내기를 어떻게 믿고 내 계좌번호를 알려주겠어요?'라고 말해요." 웬디는 종이컵의 물을 벌컥벌컥 마시고는 또 다른 곳을 가리켰다. "여기에서 우리는 고객들에게 영업세 등록번호를 요구할 거예요. 그 번호를 외우고 있는 사람은 아무도 없죠. 그래서 서류를 찾으러 캐비닛을 뒤지는 수고를 해야 해요. 신뢰가 안 가는 업체를 위해 그런 수고를 할 사람은 없죠. 이 지점까지 신뢰성 문제를 해결하지 못하면 게임 끝이에요."

이 말을 듣고 모든 사람이 뭔가를 메모했다. 제이크는 화이트보드로 달려가 엄지손가락으로 선 몇 개를 문질러 지운 뒤 웬디가 바로잡아준 내용을 반영했다. 그리고 "이렇게 하면 될까요?" 하고 물어보자 웬디는 시계를 흘깃 본 뒤 제이크가 수정한 부분을 확인했다.

"아, 네." 그녀는 종이컵을 구겨 휴지통에 던지며 말했다. "거의 비슷하군요. 음, 불러주셔서 감사해요." 그녀는 미안해하며 어깨를 으쓱했다. "이제 가봐야 해요."

월러스 컴퍼니의 CEO는 우리가 모든 부분을 다루었다고 확신했다. 그런데 웬디는 우리가 그린 지도의 거의 모든 부분을 바꾸어놓았다. 여기서 당신이 월러스의 CEO가 멍청이라고 생각하는 불상사가 없도록, 웬디가 회의실에 들어오기 전의 지도 또한 정확했다는 것을 말해두어야겠다. 웬디가 개입한 뒤 지도가 더욱 정확해졌을 뿐이다. 웬디는 실제 고객의 상황에 관해 기본적인 사실을 보충해주는 역할을 했다.

모든 걸 아는 사람은 없다

웬디가 우리에게 가르쳐준 교훈은, 중요한 과제에는 미묘한 측면이 많다는 것, 이를 모두 이해하려면 많은 사람에게서 정보를 얻어 통합해야 한다는 것이다. 하나부터 열까지 다 아는 사람은 없다. CEO도 예외는 아니다. 정보는 팀과 회사 전체에 산발적으로 흩어져 있다. 스프린트에서는 이 정보들을 모아서 이해해야 하는데, 이를 위해서는 전문가들에게 물어보는 것이 가장 빠르고 효과적이다.

누구에게 물어볼지 결정하는 데는 약간의 요령이 필요하다. 아마 당신 팀에 누가 적임자일지 벌써 감이 올 것이다. 우리는 다음의 분야별로 최소한 한 명의 전문가를 부르면 효과적이라고 생각한다.

전략

먼저 결정권자와 이야기하는 것으로 인터뷰를 시작하라. 결정권자가 스프린트 전 과정에 함께하지 않는다면, 월요일 오후에는 참여하도록 준비시킨다. 결정권자에게는 다음과 같은 질문을 던지면 유용하다. "이 프로젝트가 성공하려면 어떻게 해야 할까요?", "우리만의 장점이나 기회는 뭘까요?", "가장 큰 위험요소가 뭘까요?"

고객의 소리

고객과 가장 많이 이야기하는 사람이 누구인가? 고객의 입장에서 설명해줄 사람이 누구인가? 웬디와 같은 사람이 고객 전문가의 좋은 예다. 영업팀이건, 고객 지원이나 연구 부문, 그 외 어느 팀에 속하건, 이런 사람들의 통찰력이 중요한 역할을 할 것이다.

일이 어떻게 이루어지는가?

당신 회사 제품의 제작기술을 이해하는 사람이 누구인가? 제품을 만드는 사람, 혹은 디자이너, 엔지니어, 마케팅 담당자 등 아이디어를 실제로 구현하는 사람들을 인터뷰해야 한다. 새비오크는 로봇 기술자들을, 블루보틀은 바리스타들을, 플랫아이언은 종양 전문의들을 인터뷰했다. 재무 전문가, 기술·물류 전문가, 마케팅 전문가도 고려하는 것이 좋다. 우리는 모든 요소가 어떻게 맞물려 돌아가는지 이해하기 위해, 흔히 '일이 어떤 식으로 이루어지는지'를 꿰고 있는 전문가 2명~4명과 이야기한다.

이전의 노력

팀의 누군가는 이미 문제에 관해 상세히 알고 있는 예가 흔하다. 그 사람은 문제와 관련한 해결책이나 실패한 실험 혹은 현재 진행 중인 작업에 관해서도 알고 있을 수 있다. 이러한 기존의 해결책들 또한 검토해봐야 한다. 많은 스프린트 팀이 미완의 아이디어에 살을 붙이거나 실패한 아이디어를 수정함으로써 좋은 결과를 얻었다. 예를 들어, 새비오크는 스프린트를 실시하기 전에도 이미 로봇의 특성을 구성하는 개성을 표현할 아이디어를 거의 모두 가지고 있었지만, 이들을 조합할 기회가 없었다.

이런 전문가들과 이야기하다 보면, 알고는 있었지만 잊었던 것들이 떠오르기 시작하고, 그리하여 생각하지도 못했던 통찰력을 얻게 된다. 또한 이 인터뷰 시간은 장기적으로 또 다른 큰 이점을 제공한다. 스프린트 초기에 전문가들에게 의견을 구하면, 이들은 자신이 결과에 이바지했다는 느낌을 받는다. 그래서 나중에 솔루션을 실행하기 시작할 때면 이 사람들이 당신의 가장 든든한 지지자가 되어줄 것이다.

전문가에게 의견 구하기

각 전문가에게 할당되는 시간은 30분씩이다. 하지만 그 시간을 전부 쓰지는 않을 것이다. 전문가가 인터뷰할 준비가 되면 우리는 다음의 절차를 따른다.

1. 스프린트를 소개한다

전문가가 스프린트 팀의 일원이 아니라면, 스프린트가 무엇인지 설명한다.

2. 화이트보드를 검토한다

전문가에게 장기 목표, 스프린트 질문들, 지도를 살펴볼 시간을 2분 정도 준다.

3. 전문가에게 말할 기회를 준다

당면 과제에 관하여 알고 있는 모든 걸 말해달라고 요청한다.

4. 질문한다

이때 스프린트 팀은 사건을 파헤치는 기자처럼 굴어야 한다. 각 전문가에게 자기 전문 분야에서 지도의 미진한 부분을 채워달라고 요청한다. 그리고 가장 중요한 건, 잘못된 부분을 지적해달라고 요청하는 것이다. 지도에서 불완전한 부분을 발견할 수 있는가? 스프린트 질문 목록에 추가할 것이 있는가? 어떤 기회가 보이는가? 이때는 "왜 그런가요?"와 "그 부분을 좀 더 자세히 말해주세요"와 같은 말이 효과적이다.

5. 화이트보드에 적힌 내용을 수정한다

스프린트 질문을 추가하고 지도를 수정한다. 필요하다면 장기 목표도 업데이트한다. 전문가들이 이곳에 온 이유는 당신이 알지 못하는 것(혹은 잊어버린 것)을 알려주기 위해서다. 그러니 본래 논의 내용을 수정한다고 해서 부끄러워할 필요가 없다.

인터뷰 절차는 이게 전부다. 전문가들이 프레젠테이션 자료를 따로 준비할 필요는 없다. 자료가 이미 있다면 보여줘도 괜찮지만, 지도와 고객에 관해 준비 없이 이야기하는 편이 종종 더 효과적이다. 이렇게 즉흥적으로 논의하라고 하면 좀 불안할 수 있지만, 효과는 있다. 그들이 정말로 전문가라면 당신이 물어봐야 할지조차 모르는 일들을 알려줄 것이다.

전문가들은 수많은 정보를 제시할 것이다. 그런데 그 모두를 어떻게 계속 파악하고 있을까? 화요일에 솔루션을 스케치할 때쯤이면 흥미로운 많은 세부사항이 이미 당신의 단기 기억에서 희미해져 있을 것이다. 화이트보드가 도움이 되겠지만 그것만으로는 역부족이다. 따라서 추가로 기록해야 할 것이다.

모든 팀원이 각자 따로따로 메모했다고 상상해보자. 그래도 괜찮지만, 어떤 흥미로운 점을 한 사람만 관찰했을 때 나머지 사람들은 그 관찰 내용을 이용할 수 없다. 각자 기록한 내용은 저마다의 공책 안에 갇혀 있을 것이다.

자, 이제 당신이 마법사라고 상상해보라. 당신이 마법 지팡이를 획 휘두르자 모든 사람의 공책에서 해당 쪽들이 저절로 뜯겨나가 차곡차곡 쌓인다. 그런 뒤 각 쪽이 조각조각 찢어지더니—이건 마법이란 걸 기억하시라—가장 흥미로운 내용이 적힌 조각들이 훨훨 날아가 모든 사람이 볼 수 있게끔 벽에 찰싹 붙는다. 잘했어, 마법사 양반! 팀원들이 쓴 메모들을 순식간에 정리하고 우선순위까지 정했군.

안타깝게도 우리는 이런 마법은 부릴 줄 모른다. 하지만 팀원 전체가 기록한 내용을 아주 신속하게 정리하고 우선순위를 정하는 기법 하나는 알고 있다.

이 기법은 **어떻게 하면 ~할 수 있을까**How Might We(HMW)라고 부른다. 본디 1970년대에 프록터 앤드 갬블Procter & Gamble에서 개발되었지만, 우리는 디자인 회사인 IDEO에서 이 기법을 배웠다. 먼저 팀원들이 각자 포스트잇을 가지고 한 장에 하나씩 메모한다. 그리고 하루가 끝날 즈음 모든 사람의 메모를 모아 정리한 뒤 가장 흥미로운 메모 몇 가지를 선택한다. 이렇게 눈에 띄는 메모들은 지도의 해당 부분에서 결정할 때 도움이 되고, 화요일에 스케치할 때는 아이디어의 원천이 될 것이다.

먼저 종이에 '어떻게 하면 ~할 수 있을까?'로 시작하는 질문을 쓴다. 예를 들어 블루보틀에서는 "어떻게 하면 카페에서의 경험을 재현할 수 있을까?"나 "어떻게 하면 커피가 신선하게 도착하게 할 수 있을까?" 등을 질문할 수 있다.

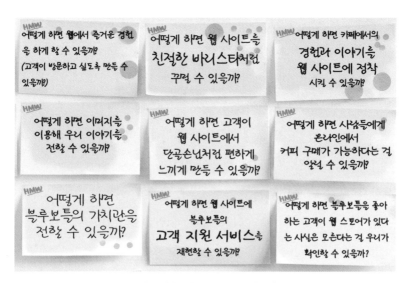

블루보틀 커피의 '어떻게 하면 ~할 수 있을까?' 메모들.

이쯤 되면 약간은 부자연스러운 이런 문구를 만드는 게 어떤 사람*

---

* 꼭 누구라고 밝히지는 않겠지만… 주로 엔지니어들이다. (쿨럭)

에게는 짜증나는 일일 것이다. 어쨌거나 사람들은 대부분 실생활에서 이런 식으로 말하지는 않으니까. 게다가 포스트잇에 쓰라고 하면 좀 바보 같은 짓처럼 느껴질 수도 있다. 이 기법을 처음 배울 때 우리 역시 똑같은 걱정이 들었다.

하지만 막상 이 기법을 시도해보니 결과는 달랐다. 개방적이고 낙관적인 마음으로 문구를 만들다 보면 문제에 갇혀 꼼짝달싹 못 하거나 너무 성급히 솔루션을 속단하지 않으면서 기회와 과제들을 찾게 된다는 걸 알 수 있었다. 그리고 모든 질문이 동일한 형식으로 되어 있어서 벽 한 면을 가득 채운 메모들을 재빨리 읽고 이해하여 평가하기가 편리하다.(이 작업은 오후에 할 것이다.)

'어떻게 하면 ～할 수 있을까?' 메모 쓰기

모든 팀원이 각자 포스트잇[연노란색, 3×5인치(약 7.5×12.5센티미터)] 묶음과 굵은 검은색 마커*를 준비한다. 작은 지면에 굵은 마커로 글을 쓰라고 하면 누구나 간단명료하고 읽기 쉬운 중요한 말만 쓰게 된다.

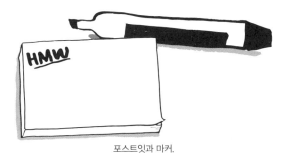

포스트잇과 마커.

---

*   우리는 샤피Sharpie 펜보다 화이트보드 마커를 선호한다. 그 이유는 (1) 더 다용도로 쓸 수 있다. (2) 냄새가 많이 나지 않는다. (3) 제이크에게 샤피 펜을 주면 장담하건대 분명 화이트보드에다 써버릴 것이다.

메모를 쓸 때는 다음 단계를 따른다.

1. 포스트잇의 왼쪽 위에 "어떻게 하면"이라고 쓴다.
2. 기다린다.
3. 흥미로운 이야기를 들으면 질문으로 바꾼다.(머릿속으로)
4. 그 질문을 포스트잇에 쓴다.
5. 그 포스트잇을 떼서 옆에 놔둔다.

이 과정이 끝나면 각자 메모가 좀 쌓일 것이다. 이 메모들은 나중에 정리한다.

처음에는 이 기법이 어색한 게 사실이다. 하지만 우리가 함께 일한 모든 팀은 일단 이 질문들을 써본 다음엔 그 효과를 이해했다. '전문가들에게 의견 구하기'와 '어떻게 하면 ~할 수 있을까?' 활동이 어떤 효과가 있는지 이해를 돕기 위해 실제 인터뷰 일부와 여기서 나온 메모들을 살펴보겠다. 플랫아이언에서 이 단계를 수행할 때 우리는 임상 전략 담당 부사장인 보비 그린Bobby Green 박사를 인터뷰했다. 다음은 15분간 진행한 인터뷰 중 첫 2분을 대강 정리한 것이다.

"자, 보비, 우리 지도에서 빠진 게 있나요?" 제이크가 물었다.

"음, 이 부분을 좀 더 말할 수 있겠네요." 보비는 도표에서 '해당되는 임상시험 찾기' 부분을 가리켰다. "여기에 관해 의사 입장에서 말씀드릴게요."

보비는 3쪽짜리 출력물을 나눠주었다. "이건 임상시험의 기준을 나열한 전형적인 목록입니다. 우리는 환자가 임상시험에 적합한지 판단할 때, 우리가 환자에 관해 알고 있는 정보를 이런 목록과 비교합니다."

각 쪽에는 요건이 빼곡히 들어차 있었다. '18세 이상'부터 시작해 '류카인(GM-CSF)이나 인터페론 알파-2b, 혹은 인터류킨-2를 투여한 뒤 최소한 4주가 지난 사람'에 이르기까지 전부 44개의 요건이 기재되어 있었다. 제이크, 브레이든, 존에게는 무슨 말인지조차 이해하기 어려운 내용이었다. 하지만 한 가지는 확실했다. 바로 목록이 아주 길다는 점이었다.

플랫아이언의 제품 관리자인 알렉스 잉그램은 손에 쥔 출력물을 훑어보더니 "병원들이 환자들의 이런 정보를 전부 가지고 있지는 않죠?"라고 물었다.

보비는 고개를 끄덕였다. "이 기준 중 일부는 전자 의료기록에 들어 있지만 그렇지 않은 항목도 많습니다."

"정보가 의료기록에 없을 때 어떻게 되는지를 상기시켜주세요." 이번에는 플랫아이언의 최고의료책임자인 에이미 애버네시 박사가 요청했다. 그녀는 대답을 아는 게 분명했지만, 다른 사람들이 들으면 도움이 되리라는 것도 알았다.

"음, 그건 때에 따라 다릅니다." 보비가 대답했다. "예를 들어 '심장질환을 방치하고 있지 않은 사람'을 요구하는 임상시험이 많답니다. 꽤 애매한 기준이죠. 아마 이 요건은 최근에 심장마비를 일으키지 않은 환자를 의미할 겁니다. 이런 항목들은 전자 의료기록에서 쉽게 찾을 수 없습니다. 그래서 병원의 누군가가 환자나 담당 심장병 전문의와 직접 이야기를 나눠봐야 합니다. 결국은 종양 전문의가 자신의 판단에 따라 결정해야 할 수도 있고요."

보비는 들고 온 서류들을 테이블에 내려놓았다. "환자가 어느 임상시험에 맞는지 알려면 우리는 10개~20개에 이르는 주관식 질문의 답을 찾아야 합니다. 이 숫자를 매주 새로 병원을 찾는 환자의 수, 그리고 각 병원에서 이루어지는 임상시험의 수에 곱해보세요." 보비는 지친 듯 미소를 지었다. "게다가 종양 전문의들은 이 일이 아니어도 몹시 바쁘죠."

회의실 안 여기저기서 고개를 끄덕였다. 그리고 우리 모두는 포스트잇에 뭔가를 열심히 적었다.

먼저 스프린트 진행자인 제이크는 보비에게 화이트보드의 지도에 관해 물어보면서 인터뷰를 시작했다. 그래서 우리는 모두 이전에 논의했던 내용과 새로운 정보를 쉽게 연결할 수 있었다.

그 뒤 팀원들이 많은 질문을 던졌다. "~을 상기시켜주세요"라는 에이미의 요청은 적절했다. 대부분의 인터뷰에는 팀원들이 예전에 언제 어디에선가 들었던 내용이 포함되기 때문이다. 그래도 상관없다. 이미 들었던 내용을 다시 다루면 사람들의 기억이 되살아나고 새로운 세부사항이 드러난다. 또한 "상기시켜주세요"라고 말하면 전문가들의 긴장을 푸는 데도 도움이 된다. 보비에게는 그럴 필요가 없었지만—그는 사람들 앞에서 말할 때 자신감이 있는 사람이었으니까—이런 식으로 질문하면 얌전하고 말이 없는 사람에게서도 좋은 정보를 끌어낼 수 있다.

이제 메모 쓰기를 이야기해보자. 보비가 제시한 문제들을 요약하면 다음과 같다.

- 환자 선별에 필요한 정보를 의료기록에서 찾기 힘들다.
- 빠진 정보들을 채우려면 시간과 노력이 필요하다.
- 환자, 임상시험, 요건의 수가 압도적일 정도로 많다.

휴, 기운 빠지지 않는가? 하지만 보비가 말하는 동안 플랫아이언 팀은 계속해서 이 문제들을 '어떻게 하면 ~할 수 있을까?'라는 기회로 바꾸고 있었다. 다음은 팀원들이 쓴 메모 중 일부다.

사실 '어떻게 하면 ~할 수 있을까?' 목록을 읽는 것이 문제 목록을 읽는 것보다는 훨씬 더 낫다. 인터뷰가 끝난 뒤 메모들을 전부 벽에 붙여놓고 서로 뭐라고 썼는지 그 내용을 읽어보니 몹시 흥미진진했다. 각각의 메모 모두 문제를 포착하여 기회로 바꾸고 있었기 때문이다.

그뿐만 아니라 각 질문은 여러 다른 방식으로 대답할 수 있었다. 너무 광범위하거나("어떻게 하면 우리가 의료체계를 뜯어고칠 수 있을까?") 지나치게 한정적인("어떻게 하면 로고를 오른쪽 맨 위에 붙일 수 있을까?) 질문은 없었다. 대신 플랫아이언의 '어떻게 하면 ~할 수 있을까?' 메모들은 여러 솔루션을 떠올릴 수 있을 만큼 구체적이었다. 이들 메모는 화요일에 스케치할 때 다양한 아이디어를 떠올리는 데 톡톡히 도움을 줄 것이다.

보비의 인터뷰는 월요일 오후 활동의 정석을 보여준다. 먼저, 팀원들이 그린 지도를 바탕으로 전문가를 인터뷰한다. 그리고 팀원 전체가 각자 들은 문제를 기회로 바꾸어 메모한다. 인터뷰가 끝날 즈음이면 아마 상당한 메모가 쌓일 것이다. 대부분 스프린트에서는 30개~100개의 메모가 나온다. 유감스럽게도 '어떻게 하면 ~할 수 있을까?' 하는 질문 중에는 실제로 활용되지 못하는 것이 많다. 이들 질문이 던지는 기회가 너무 많아서 스케치 작업 때 인간의 부실한 두뇌로는 다 추적하지 못하기 때문이다. 따라서 기회들을 줄여야 한다.

'어떻게 하면 ~할 수 있을까?' 메모들 정리하기

전문가 인터뷰가 끝나면 각자 작성한 '어떻게 하면 ~할 수 있을까?' 메모들을 곧바로 벽에 붙인다. 다음 그림처럼 그냥 되는대로 붙이면 된다.

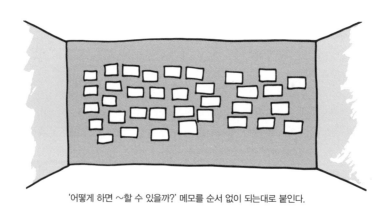

'어떻게 하면 ~할 수 있을까?' 메모를 순서 없이 되는대로 붙인다.

세상에! 엉망진창이군! 그럼 이제 이 메모들을 분류할 차례다. 팀원들이 함께 '어떻게 하면 ~할 수 있을까?' 질문들을 비슷한 주제끼리

한곳으로 모아보자.

이때 어떤 주제를 미리 알고 그에 따라 메모를 분류하는 게 아니라 분류 작업을 하는 과정에서 여러 주제가 나타날 것이다. 예를 들어, 당신이 플랫아이언 헬스 스프린트에 참여했다고 하자. 벽을 살펴보니 전자 의료기록과 관련한 쪽지가 몇 개 눈에 띈다. 그래서 그 쪽지들을 떼서 한곳에 모았다. 빙고! 당신은 주제 하나를 발견한 것이다.

이런 정리 작업을 하면서 각 주제에 이름을 붙이면 유용하다. 그냥 새 포스트잇에 제목을 써서 그룹 위에 붙이면 된다.(우리는 어디에도 해당하지 않는 메모들은 보통 '기타'로 분류한다. 종종 이런 메모 중에서 가장 빛나는 보석이 발견되기도 한다.)

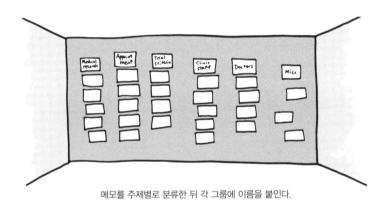

메모를 주제별로 분류한 뒤 각 그룹에 이름을 붙인다.

이 작업은 그냥 놔두면 무한정 계속될 수 있다. 하지만 완벽한 정리가 필요하지는 않다. 10분 정도 작업하면 우선순위 설정이 가능할 만큼 메모들이 정리될 것이다.

'어떻게 하면 ~할 수 있을까?' 메모 투표하기

메모의 우선순위를 정할 때는 점 투표dot voting 방식을 쓰는데, 길고 지루한 논쟁을 피하려고 우리가 선호하는 손쉬운 방법 중 하나다. 이름에서도 알 수 있듯이 점 투표방식은 다음과 같이 진행한다.

1. 각 사람에게 커다란 점 스티커를 2개씩 나눠준다.
2. 결정권자에게는 점 스티커를 4개 준다. 결정권자의 의견이 좀 더 중요하기 때문이다.
3. 모든 사람에게 목표와 스프린트 질문을 다시 읽어보게 한다.
4. 각자 가장 유망하다고 생각하는 '어떻게 하면 ~할 수 있을까?' 질문에 조용히 투표한다.
5. 자신이 쓴 메모에 투표하거나 같은 메모에 스티커를 두 개 다 붙여도 괜찮다.

투표가 끝나면 스티커들이 몰려 있는 몇 개의 메모가 나타날 것이고, 벽 전체의 메모들에 우선순위가 매겨질 것이다.

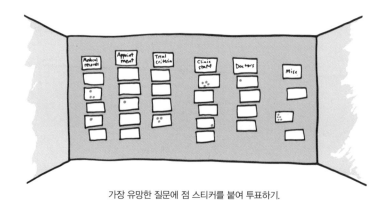

가장 유망한 질문에 점 스티커를 붙여 투표하기.

이제 많은 표를 얻은 메모들을 벽에서 떼서 지도의 알맞은 장소에 붙인다. 대부분의 메모는 지도에 해당하는 단계가 있을 것이다. 플랫아이언의 지도를 다시 살펴보자.

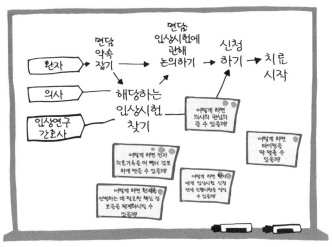

가장 많은 표를 받은 메모들을 붙인 플랫아이언의 지도.

이렇게 정해진 우선순위가 완벽하지는 않다. 찬찬히 생각할 시간이 얼마 없는 데다 때로는 첫 번째 던진 표가 두 번째 표를 결정할 때 편견을 심어주기 때문이다. 하지만 이 방법을 쓰면 꽤 효과적인 결정을 할 수 있다. 또한 월요일의 가장 중요한 활동을 수행할 시간이 남을 만큼 빠른 진행이 가능하다. 그 활동이란 장기 목표, 스프린트 질문들, 지도, 오후에 쓴 메모들을 다시 살펴본 뒤에 남은 스프린트 과정에서 집중할 구체적인 하나의 타깃을 선택하는 일이다.

7

타깃

1948년에 젊은 과학자 마리 타프Marie Tharp는 뉴욕에 와서 컬럼비아 대학교에 자리를 구했다. 이곳에서 마리는 특이한 과제에 착수했다. 바로 대양저(바다와 대양 아래에 있는 지표면)의 상세한 지도를 그리는 일이었다.

마리는 수중음파탐지기의 측정치 수천 개를 공들여서 지도에 꼼꼼하게 표시했다. 측정점 사이에 빈틈이 있었지만, 마리는 지리학과 수학 지식을 이용해 빠진 부분을 계산했다.

지도에 표시하면서 마리는 예상치 못한 무언가를 발견했다. 해저의 외딴 산처럼 보였던 것들이 실은 서로 연결된 하나의 긴 화산 산맥과 깊은 골짜기였다. 이 사실은 연속된 굵은 띠가 수천 마일에 걸쳐 지도에 펼쳐진 데서 바로 알 수 있었다.

지금은 구글 어스Google Earth로 대양중앙해령Mid-Ocean Ridge(오늘날 불리는 이름)을 쉽게 볼 수 있다. 해저 산맥은 대서양에서 짙은 파란색 선으로 등장하여 그린란드 북쪽 바다에서부터 구불구불 이어져 아이슬란드를 지나 남대서양으로 나아간다. 그리고 이곳에 있는 작은 섬인 부베 섬Bouvet Iceland에서 다른 삐죽삐죽한 푸른색 띠와 합쳐져 동쪽의 인도양 쪽으로 이어진다. 이렇게 한 산맥이 계속 다른 산맥과 연결되며 대양에서 대양으로 나아가 지구 전체를 돈다.

이 해령을 처음 발견한 사람이 타프였다. 그녀는 지각이 갈라진 곳에 생기는 거대한 틈이 바로 이 대양저 산맥이라는 가설을 세웠다. 당시는 판구조론—지구 표면을 이루는 판들이 계속해서 움직이면서 대륙이 이동하고 지형이 형성된다는 이론—을 일반적으로 터무니없는 생각으로 여기던 때였다. 하지만 타프의 지도를 반박하기는 어려웠다. 판구조론은 1960년대에 이르자 사실로 받아들여졌다.

월요일이 끝날 무렵, 당신은 마리 타프와 같은 순간을 맞이할 것이다. 타프가 처음부터 대양중앙해령을 찾으려 한 건 아니었다. 하지만 데이터를 정리해서 지도를 그리자 이 해령을 알아차리지 않을 수 없었다. 마찬가지로, 전문가를 인터뷰하고 메모를 정리하고 나면 프로젝트의 가장 중요한 부분이 마치 지각의 틈처럼 지도에서 두드러져 보일 것이다.

월요일에 마지막으로 하는 작업은 스프린트의 타깃 선택이다. 당신 회사의 가장 중요한 고객은 누구인가? 그리고 그 고객이 당신 회사와 함께 겪는 경험에서 가장 중요한 순간은 언제인가? 이 두 질문에 대한 답이 바로 타깃이다.

스프린트의 나머지 부분은 여기에서 결정된 타깃을 중심으로 흘러간다. 일주일 내내 당신은 이 타깃에 초점을 맞출 것이다. 타깃으로 결정된 순간과 사건을 중심으로 솔루션을 스케치하고, 계획을 세우고, 프로토타입을 제작할 것이다.

새비오크는 타깃을 호텔 고객(호텔 직원이 아니라)으로 삼았고 배달 순간(엘리베이터나 로비가 아니라)에 초점을 맞추기로 했다. 다른 상황 역시 중요했지만, 가장 위험하면서도 기회가 큰 부분은 바로 배달이 직접 이루어지는 객실 문이었다. 또한 새비오크는 배달이 제대로 이루어지면 여기서 배운 것을 다른 부분에 적용할 수 있다는 것도 알고 있었다.

블루보틀은 가장 공략하기 어려운 고객, 즉 블루보틀 카페가 금시초문인 데다 직접 맛보지 않은 커피콩은 구매하지 않는 사람들을 타깃으로 삼았다. 이런 사람들에게 블루보틀 커피콩이 구매할 만한 가치가 있다고 설득할 수만 있다면, 기존의 열혈 고객들도 신규 온라인 스토어에 만족하리라 확신할 수 있었다.

그러면 플랫아이언 헬스는 어땠을까? 플랫아이언은 타깃으로 삼을 만한 대상이 많았다. 환자들에게 임상시험이 어떻게 이루어지는지 더 잘 이해시키고 그들을 단순히 실험 대상으로 취급하지 않는다는 점을 주지하는 데 초점을 맞출 수도 있었다. 아니면 환자가 임상시험에 동의한 뒤 거치는 많은 단계를 능률적으로 진행하는 데 노력을 집중할 수도 있었다. 또는 의사들에게 매번 환자들을 면담하기 전에 임상시험 치료를 고려해보라고 상기시키는 메시지를 보낼 수도 있었다. 여러 가능성이 계속 제기되었지만, 결정권자인 에이미가 하나의 타깃을 골라야 했다.

월요일 오후에 우리는 플랫아이언 팀의 주요 전문가들과 이야기를 나누었다. 종양 전문병원에서 25년간 일한 임상간호사 재닛 도네건Janet Donegan이 병원 직원들의 업무를 설명했고, 소프트웨어 엔지니어들(플로이드Floyd, DJ, 앨리슨Allison, 찰리Charlie)은 의료기록 데이터의 세계를 상세하게 알려주었다. 각 인터뷰가 진행될 때마다 스토리가 조금씩 더 명확해졌다.

모든 사람이 우리가 어디에 초점을 맞추어야 할지 의견을 밝혔다. 임상전략 담당 부사장인 보비는 의사들을 위한 도구를 구축하는 것이 가장 좋다고 생각했고, 엔지니어들은 임상연구 간호사에 초점을 맞추길 원했다. 양쪽 주장 다 설득력이 높았다.

늦은 오후가 되자 눈발이 거세졌고 모든 사람의 손에 커피가 들려 있었다. 우리는 모두 화이트보드 주변에 모였고 계속해서 지도를 그리고 수정하는 작업을 반복했다. 가장 우선순위가 높다고 뽑힌 '어떻게 하면 ~할 수 있을까?' 메모들이 지도 위 해당하는 각 단계 옆에 붙어 있었다. 외부인의 눈에는 화살표와 글자, 포스트잇이 마구 뒤섞인 것처럼 보였을 것이다. 그러나 우리 팀이 보기에 그 지도는 아폴로 13호의 비행경로를 표현한 진 크란츠의 도표만큼이나 명확해 보였다.

마침내 스프린트의 초점을 어디에 맞출지 결정해야 하는 시간이 다가왔다. 에이미는 지도에서 타깃이 될 하나의 고객과 순간을 선택해야 했다. 구글 벤처스에서 온 우리는 기나긴 논쟁이 벌어지리라 예상하며 마음의 준비를 하고 있었다. 하지만 제이크가 에이미에게 준비되었는지 묻자 그녀는 고개를 끄덕이며 마커를 집어 들었다. 그러고는 바로 동그라미 두 개를 그렸다.

"바로 여기예요."

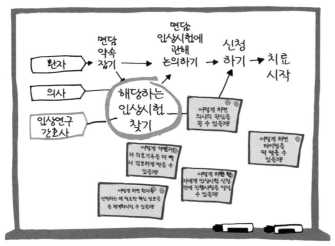

타깃으로 삼을 고객과 순간을 표시한 플랫아이언의 지도.

에이미는 "임상연구 간호사들이 새 환자에게 맞는 임상시험이 있는 지 확인하기 위해 조사하는 때를 타깃으로 정했어요. 이때는 우리가 환자 대부분을 평가할 수 있는, 말하자면 깔때기의 입구 부분이라고 할 수 있어요. 그리고 임상연구 간호사들의 주 업무가 환자에게 맞는 임상시험을 찾는 일이라서 우리 시스템에 대해 의사들보다는 임상연구 간호사의 관심을 얻기가 더 수월할 거예요"라고 설명했다.

회의실 곳곳에서 플랫아이언 팀원들이 에이미의 선택이 당연하다는 듯 고개를 끄덕였다. 우리는 보비를 쳐다보았다. 보비는 그날 오후에 치료 결정을 내리는 의사들에게 초점을 맞추어야 한다고 강력하게 주장했었다. 에이미처럼 보비도 종양 전문의였고, 암 전문병원을 수년간 운영하기도 했다. 그는 이 분야의 경험 있는 전문가였다. 하지만 보비는 자기 생각을 바꾸었다. "의사들의 행동을 바꾸기는 어려워요. 우리 시스템이 처음부터 완벽하진 않을 텐데, 우리가 자칫 실수하더라도 임상연구 간호사들 쪽이 더 너그러울 겁니다."

"적절한 타깃이라고 생각해요." 에이미가 말했다. "임상연구 간호사들이 임상시험에 맞는 환자들을 더 많이 찾도록 우리가 도울 수 있다면 멋진 첫걸음이 될 겁니다."

우리가 스타트업들과 실시한 모든 스프린트에서 가장 복잡한 과제가 바로 임상시험 신청이었다. 하지만 에이미에게 타깃은 마치 대양중앙해령처럼 분명했다. 타깃이 지도에 딱 나타났기 때문이다. 그리고 나머지 팀원들은 별 이의 없이 그녀의 결정을 따랐다.

물론 놀랄 만한 일은 아니었다. 에이미가 우연히 결정권자가 된 건 아니었으니까. 그녀는 깊은 전문지식과 확고한 비전의 소유자였다. 그렇다면 나머지 팀원들은 왜 그렇게 쉽게 동의했을까? 모든 팀원이 온종일 같은 정보를 들었고, 같은 메모들을 보았으며, 같은 지도에 합의했다. 그리고 모든 사람에게 자기 의견을 밝힐 기회가 주어졌다. 월요일 오후가 되자 팀원들은 과제, 기회, 위험을 명확히 알게 되었다. 따라서 타깃 또한 분명히 보였다.

일단 팀원들이 쓴 '어떻게 하면 ~할 수 있을까?' 메모들을 분류해보면, 스프린트의 초점을 어디에 맞출지 결정하기가 더 쉬워질 것이다. 지도에서 뭔가 대단한 일을 할 기회가 가장 많은 곳(그리고 아마도 실패할 위험이 가장 큰 곳)이 바로 우리가 초점을 맞추어야 할 지점이다.

타깃 선택하기

결정권자는 지도에서 타깃이 될 **하나의 고객과 사건**을 선택해야 한다. 결정권자가 무엇을 선택하건 그 타깃에 나머지 스프린트 활동의 초점이 맞추어질 것이다. 스케치, 프로토타입, 테스트가 모두 이 결정을 중심으로 진행된다.

결정권자에게 결정하도록 요청한다

많은 논의와 절차를 거치지 않고 결정권자가 결정할 수 있다면 가장 편하다. 어쨌거나 온종일 논의하고 여러 단계를 밟아왔으니 월요일 오후가 되면 결정권자 대부분은 에이미처럼 쉽게 결정을 내릴 수 있을 것이다. 하지만 때로는 선택 전에 결정권자가 다른 사람들의 의견을 구할 수도 있다. 그러면 신속하고 조용하게 '여론 조사'를 실시하여 팀원들의 의견을 모은다.

여론 조사(결정권자가 도움을 원할 때)

모든 팀원에게 각자 가장 중요하다고 생각하는 고객과 사건을 선택하여 종이에 쓰라고 한다. 모든 사람이 비밀리에 선택을 끝내면, 투표 내용을 지도에 화이트보드 마커로 표시한다. 투표 결과 의견 차이가 크게 나타나면, 이를 논의한다. 이 정도면 결정권자가 참고하는 데 충분할 것이다. 이제 결정권자가 최종 결정을 내린다.

이렇게 해서 일단 타깃이 선정되면 스프린트 질문들을 다시 살펴본다. 일반적으로 한 번의 스프린트로 모든 질문의 답을 찾을 수는 없을 것이다. 하지만 타깃과 연결되는 질문은 분명 하나 이상 있을 것이다. 플랫아이언과의 스프린트에서는 타깃(적절한 임상시험을 찾는 임상간호사들)이 "병원들이 업무 흐름을 바꾸려 할까?"라는 질문과 연결되었다. 우리는 실제 임상연구 간호사들과 함께 솔루션을 테스트함으로써 이에 대한 답을 얻을 수 있길 기대했다.

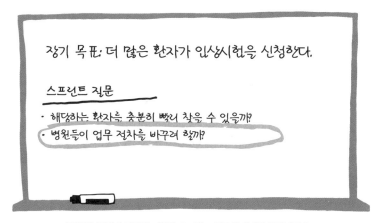

플랫아이언에서 결정한 타깃은 스프린트 질문의 하나와 연결되었다.

월요일 오후에 여러분은 장기 목표와 이를 달성하는 과정에서 답해야 하는 질문들을 확인했다. 지도를 그렸고 스프린트의 타깃을 결정하여 표시했다. 이제 모든 팀원이 같은 정보를 알고 있고, 그 주에 이루어야 하는 목표를 이해했을 것이다. 그다음 해야 하는 일은 솔루션 제시다. 다음 날인 화요일에는 이 활동을 수행할 것이다.

1. 팀원들에게 허락을 구한다

진행을 맡은 사람은, 한 그룹을 관리해야 한다는 점이 걱정될 수 있다. 이런 불안감을 느끼는 건 어쩌면 당연하다. 아주 노련한 진행자라도 긴장하기 마련이다. 게다가 대부분 기업에서는 스프린트 같은 체계화된 회의가 흔하지 않으므로 스프린트 팀원들 역시 이런 개념에 익숙하지 않을 수 있다. 스프린트를 제대로 출발시키려면 어떻게 해야 할까?

한 가지 유용한 방법은 팀원들에게 터놓고 허락을 구하는 것이다.(나는 이 방법을 전 구글 직원이자 우리의 친구인 찰스 워런Charles Warren에게서 배웠다.) 먼저 팀원들에게 앞으로 당신이 진행할 것이고 시간과 절차를 확인할 것이니 다른 사람들은 신경 쓰지 않아도 된다고 말한다. 그런 뒤 "괜찮을까요?"라고만 물어보라.

모든 사람이 이구동성으로 "그럼요!"라고 외치리라 기대하지는 마라. 하지만 당신이 이런 식으로 터놓고 이야기하고 다른 사람들에게 거부할 기회를 준다면(거부하지는 않겠지만) 모든 사람이 역동성을 느끼고 더 나은 기분이 될 것이다. 더 중요한 건 당신 역시 그런 느낌을 받는다는 것이다.

2. 기본 임무: 항상 포착하라

겁주려는 건 아니지만, 진행자에게는 월요일이 가장 바쁜 날이다. 진행자에게는 모든 활동에서 팀을 이끄는 임무 외에도 단순하지만 중요한 책임 하나가 있다. 바로 화이트보드에 핵심 아이디어를 기록하는 일이다. 기업가인 조시 포터 Josh Porter가 즐겨 하는 말처럼 진행자는 "항상 포착하고 있어야 한다."

월요일 내내 진행자의 손에는 화이트보드 마커가 쥐여 있어야 한다. 진행자는 온종일 팀의 논의 내용을 종합하고 정리하여 화이트보드에 기록하게 될 것이다. 대개는 이 책에서 소개하는 활동들을 따라가면 되지만, 모든 상황이 우리 모형과 딱 맞아떨어지지는 않을 것이다. 스프린트를 진행해나가면서 흥미로운 정보 목록을 만들거나 추가적인 도표를 그리는 등, 그때그때 상황에 맞춰 대처하면 된다.

활동을 진행해나가면서 팀에 "이렇게 하면 괜찮을까요?" 혹은 "이걸 어떻게 표현해야 할까요?"라고 물어보라. 또한 논의가 한자리에서 맴돈다면 "이 아이디어를 포착해두고 다음 단계로 넘어갈 좋은 방법이 있을까요?" 하는 식으로 물어봄으로써 논의를 마무리 짓도록 유도할 수 있다.

화이트보드는 팀이 공유한 뇌라는 점을 기억하라. 논의 내용을 화이트보드에 항상 체계적으로 정리해놓으면, 모든 사람이 더 많은 걸 기억하고 머리를 더 잘 굴려서 더 나은 결정을 더 빨리 내리는 데 도움이 될 것이다.

3. 뻔한 질문을 던져라

진행자는 "왜"라는 말을 자주 해야 하고 모든 사람이 이미 답을 알고 있는 질문들을 던져야 한다. 답이 뻔한 문제일지라도 짚고 넘어가면 오해의 위험이 없어지며, 종종 모든 사람이 알고 있지는 않던 중요한 세부사항을 확인하기도 한다.

스타트업과 스프린트를 진행할 때 구글에서 온 우리에게는 이점이 하나 있다. 우리는 그 회사의 업무에 문외한인 외부인이지만, 때때로 우리가 던지는 멍청한 질문이 진짜 문제를 콕 짚을 때도 있다. 스프린트에서 진행자는 이런 외부인처럼 행동해야 할 것이다.

4. 사람들을 돌보라

진행자의 임무는 스프린트를 운영하는 것만이 아니다. 진행자는 팀원들이 집중력과 에너지를 유지하도록 애써야 한다. 이를 위한 우리의 요령 몇 가지를 소개하겠다.

휴식 시간을 자주 가진다

휴식은 중요하다. 우리는 60분~90분마다 10분씩 휴식 시간을 가진다. 그 정도가 사람이 한 가지 일이나 활동에 집중력을 유지하는 시간이기 때문이다. 또한 휴식 시간에는 팀원들이 간식을 먹고 커피를 마실 수 있다. 팀원들이 배가 고프지 않고 카페인 금단 증상이 없어야 활동을 진행하기가 훨씬 편하다.

점심을 늦게 먹는다

점심을 1시에 먹으면 대부분 식당이 붐비는 시간을 피할 수 있다. 또한 하루가 깔끔하게 두 부분으로 나뉘는 효과도 있다. 당신은 오전 10시부터 오후 1시까지 3시간 일한 뒤 다시 2시에서 5시까지 3시간 일하게 될 것이다.

가볍게 자주 먹어라

틈틈이 먹을 수 있는 영양가 있는 간식을 준비하라. 또한 점심을 너무 과하게 먹지 않도록 조심한다. 부리토(토르티야에 콩과 고기 등을 넣은 요리―옮긴이)나 피자, 30센티미터짜리 샌드위치, 뷔페는 피하는 것이 좋다. 점심을 이처럼 과하게 먹으면 오후에 팀의 활력이 현저히 떨어질 수 있다는 건 우리가 시행착오를 겪으며 어렵게 배운 교훈이다.

5. 결정을 내리고 다음으로 넘어가라

스프린트 주간 내내 팀은 크고 작은 결정을 해야 한다. 반드시 내려야 하는 가장 중요한 결정들은 우리가 제시하겠지만(월요일의 타깃, 혹은 수요일에 스케치들을 줄이는 결정 등) 작은 결정들은 상황에 따라 각자 판단해서 처리해야 할 것이다.

결정을 질질 끌면 기운이 빠지고 정해진 시간 계획을 지키지 못할 수 있다. 팀원들이 결정에 별 도움이 안 되는 비생산적인 논쟁에 빠지게 놔두지 마라. 결정이 늦어지거나 분명한 결정이 내려지지 않을 때, 진행자는 결정권자에게 도움을 청해야 한다. 이때 결정권자는 해당 사항에 대한 결정을 내려 스프린트가 계속 진행되도록 해야 한다.

화요일

월요일에 우리는 과제를 정의하고 타깃을 선택했다.
화요일은 솔루션을 생각하는 날이다. 화요일 아침은 기존 아이디어들을 검토하여 조합하고 발전시키는 활동으로 시작한다. 그런 뒤 오후에는 각자 4단계에 따라 스케치를 하는데, 이때 중요한 것은 예술성보다는 비판적 사고다. 여기에서 나온 스케치 중에서 가장 좋은 것들이 향후 프로토타입 제작과 테스트를 위한 설계도가 될 것이다. 화요일은 중요한 날이니 푹 자고 아침밥을 든든히 먹은 뒤 참전하라.

8

조합하고 발전시키기

지금이 1900년대 초라고 상상해보자. 당신은 따뜻한 커피 한 잔을 즐기고 있다. 그런데 사실… 썩 좋다고만은 할 수 없다. 커피 가루가 이에 끼는 데다 맛이 써서 입안에 떫은 기운이 감돌기 때문이다. 카페인이 필요하지 않다면 굳이 마시지 않았을지 모른다. 그 시절에는 커피를 갈아 주머니에 넣은 뒤 끓는 물에 담가 차처럼 우려내서 마셨다. 자칫 커피 맛을 망칠 여지가 많았다. 너무 오래 우려내거나 너무 빨리 망을 빼버릴 수도 있었고 컵 바닥에 찌꺼기가 잔뜩 남을 수도 있었다. 그래서 어떤 사람들은 천으로 된 필터에 커피를 걸러서 마셨는데, 이 필터는 구멍이 너무 많아 씻기가 여간 번거롭지 않았다.

1908년에 멜리타 벤츠Melitta Bentz라는 독일 여성은 찌꺼기투성이의 쓴 커피를 마시는 데 진저리가 났다. 틀림없이 더 좋은 방법이 있으리라고 생각한 벤츠는 아이디어를 찾기 시작했다. 그러다 아들의 학교 공책에 붙어 있는 압지를 떠올렸다. 잉크가 번지지 않도록 물기를 빨아들이는 종이인 압지는 두껍고 흡수성이 좋은 데다 한 번 쓰고 버려도 될 만큼 저렴했다.

영감을 얻은 벤츠는 놋쇠그릇에 못으로 구멍을 낸 뒤 컵 위에 얹고 그 안에 압지를 깔았다. 그리고 갈아놓은 커피를 담고 뜨거운 물을 부었더니 부드럽고 찌꺼기가 없는 커피가 탄생했다. 게다가 용구를 씻기도 간편했다. 이리하여 벤츠는 종이로 된 커피 필터를 발명했다. 100년이 지난 지금도 그녀가 만든 종이 필터는 커피를 내리는 가장 인기 있는(그리고 가장 좋은) 도구의 하나로 남아 있다.

우리는 모두 세상을 바꿀—그리고 동료에게 깊은 인상을 줄—번뜩이는 영감이 찾아오길 바란다. 지금까지 없던 완전히 새로운 무언가를 창조하고 싶어 한다. 하지만 기막히게 멋진 아이디어는 그런 식으로 떠오르지 않는다. 벤츠의 사례에서 알 수 있듯이, 위대한 혁신은 기존 아이디어를 새로운 시각으로 바꿨을 때 이루어진다. 그전에도 사람들은 커피 필터를 썼다. 필터가 천으로 되어 있었다는 점이 달랐을 뿐. 압지는 어떤가? 압지 역시 예전부터 있던 물건이다.

이처럼 기존에 있던 아이디어들을 결합했다고 해서 벤츠가 이룬 성과가 빛을 잃는 건 아니다. 오히려 우리 모두 발명가가 될 수 있다는 희망을 던져준다. 스프린트에서는 벤츠의 사례처럼 아이디어들을 조합하여 발전시키지만, 맹목적으로 베끼지는 않을 것이다.

화요일 아침은 오후에 솔루션을 생각할 때 이용할 수 있는 기존 아이디어들을 찾는 활동으로 시작한다. 먼저 쓸모 있는 여러 구성요소를 찾은 뒤 이들을 이용하여 뭔가 독창적이고 새로운 것을 만든다는 점에서 화요일에 하는 일은 레고 블록 쌓기와 비슷하다.

기존 아이디어를 수집하고 조합하는 한 가지 방법으로 우리는 번갯불 데모Lightening Demos라는 활동을 한다. 번갯불 데모는 팀원들이 다른 제품, 다른 분야, 그리고 회사 내에서 자신이 가장 좋아하는 솔루션을 돌아가면서 3분간 소개하는 시간이다. 이 활동의 목적은 솔루션을 떠올리기 위한 재료를 찾는 것이지 경쟁제품을 모방하자는 것이 아니다. 사실 우리는 동종 업계 제품들을 살펴보는 데서는 그리 큰 재미를 보지 못했다. 오히려 다른 환경의 비슷한 문제에서 최고의 솔루션으로 이어지는 아이디어를 얻은 적은 여러 번 있었다.

블루보틀은 고객이 마음에 드는 커피를 찾을 수 있도록 돕고 싶었다. 하지만 커피콩은 겉보기엔 전부 비슷해서 사진을 올려봤자 큰 도움이 되지 않을 터였다.

그래서 스프린트 팀은 맛, 향, 질감 등 감각적인 부분을 세세하고 효과적으로 묘사하는 방법을 찾고자 옷부터 와인에 이르기까지 갖가지 상품의 웹 사이트에서 아이디어를 찾았다.

결국 가장 유용한 아이디어의 제공자는 한 초콜릿 바의 포장지였다. 캘리포니아 주 버클리에 있는 초Tcho라는 초콜릿 회사의 초콜릿 바 포장지에는 다음 여섯 단어로만 향과 맛을 표현한 원형 도표가 프린트되어 있었다. Bright(밝고 산뜻), Fruity(과일), Floral(꽃), Earthy(흙), Nutty(견과류), Chocolatey(진한 초콜릿). 블루보틀은 이 포장지에서 영감을 얻었으며, 스케치 시간에 어떤 사람이 이를 응용하여 블루보틀 커피콩의 향미를 설명하는 간단한 어휘를 만들었다.

어떤 맛이 날까?
풍부한 맛, 진한 초콜릿 맛, 위안을 주는 맛

이 간단한 설명은 금요일의 테스트와 나중에 구축한 새 온라인 스토어에서 고객들의 좋은 반응을 얻었다. 이 일은 자사의 영역 밖에서 영감을 얻은 좋은 예다.(그리고 초콜릿한테 감사해야 하는 또 다른 이유이기도 하다.)

때로는 자기 조직 안에서 찾아보는 것도 조사 범위를 넓히는 좋은 방법이다. 예전에 기막힌 솔루션이 나오기도 했는데, 때를 잘못 만나 묻혔던 사례가 종종 있다. 스프린트는 이런 아이디어들을 찾아 다시 생명을 불어넣을 최상의 좋은 기회다. 또한 현재 진행 중이지만 완료되지 않은 아이디어들을 찾아봐도 좋고, 폐기된 예전 아이디어들에서도 보석을 찾아낼 수 있다. 예를 들어 새비오크의 스프린트에서는 로봇의 눈을 그린 한 미완성 디자인이 릴레이의 핵심적인 개성이 되었다.

새비오크는 대화할 수 있고 스스로 생각할 수도 있는, 소설에나 나옴직한 로봇에 대한 기대는 피하려고 했다. CEO인 스티브와 수석 디자이너인 에이드리언Adrian은 눈만으로도 감정을 적절히 전달할 수 있다고 확신했다. 그래서 우리는 스프린트의 화요일 아침에 여러 눈을 보면서 한 시간을 보냈다. 영화에 나오는 로봇들의 눈을 관찰했고 만화 속 등장인물들의 눈도 살펴보았다. 그러다가 '바로 이거다' 싶은 눈을 발견했다. 일본 애니메이션 〈이웃집 토토로My Neighbor Totoro〉에 나오는 토토로라는 생물 캐릭터의 눈이었다. 토토로는 말을 하지 않았지만, 차분하고 느린 시선으로 평화로움을 전달했다.

그런데 우리 마음을 사로잡았던 그 눈은 이전부터 새비오크에 있었다. 에이드리언이 스프린트 훨씬 전에 디자인했던 다양한 유형의 눈을 보여주었는데, 그중 한 디자인이 토토로의 평화로움과 로봇에 딱 맞는 단순한 시각적 스타일을 모두 갖추고 있었다. 끔뻑거리는 그 눈은 금요일의 테스트에서 대화 없이도 고객들에게 로봇의 친근함을 효과적으로 전달했다.

이처럼 먼 곳과 가까운 곳 모두에서 기존의 솔루션을 살펴보아야 한다. 그러면 틀림없이 뜻밖의 유용한 아이디어를 찾게 될 것이다.

번갯불 데모

번갯불 데모는 격식 없이 꽤 자유롭게 이루어진다. 다음은 번갯불 데모의 진행 방식이다.

목록 만들기

모든 팀원에게 솔루션을 떠올리는 데 도움이 될 만한 제품이나 서비스를 제안하라고 요청한다.(이런 제품이나 서비스는 즉석에서 생각보다 쉽게 떠올릴 수 있다. 하지만 원한다면 월요일 밤에 과제로 내줄 수도 있다.) 이때 팀원들에게 동종 산업이나 분야 외의 영역에서 생각해보고 사내에서도 찾아보라고 일러준다. 플랫아이언의 스프린트 팀원들은 임상시험 웹 사이트와 DNA 분석 소프트웨어 등 의료 분야의 제품들을 살펴보았다. 그리고 의료 외의 분야에서는 비슷한 문제를 어떻게 처리했는지도 살펴보았다. 이메일 필터링 도구, 할 일을 정리하는 애플리케이션, 프로젝트와 마감 관리 소프트웨어, 심지어 항공사들이 승객에게 운행정보 알림을 어떻게 설정하게 하는지도 레이더에 포착되었다. 그리고 마지막으로 플랫아이언의 엔지니어들이 예전에 착수했지만, 끝맺지 못한 실험적인 프로젝트들도 검토해보았다.

이때 검토하는 모든 것에는 배울 만한 뭔가 좋은 점이 있어야 한다. 형편없는 제품들을 검토해봤자 전혀 도움이 안 된다. 몇 분간 생각해서 가장 좋아하는 한두 제품으로 범위를 줄여야 한다. 그리고 수집한 목록을 화이트보드에 모두 기록한다. 이제 데모를 시작할 시간이다.

3분간의 데모 시행하기

각자 자기가 제안한 제품을 팀원 전체에게 소개하고 장점을 설명한다. 각 제품에 할당된 시간은 3분 정도여야 한다.(궁금한 점이 있으면 랩톱, 전화기, 그 외의 도구를 사용해도 된다. 우리는 모든 사람이 쉽게 볼 수 있도록 이 기기들을 큰 스크린에 연결하곤 한다.)

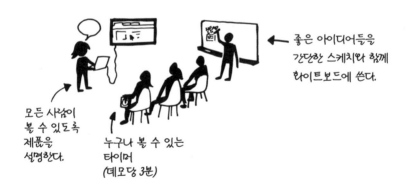

좋은 아이디어들을 간단한 스케치와 함께 화이트보드에 쓴다.

모든 사람이 볼 수 있도록 제품을 설명한다.

누구나 볼 수 있는 타이머 (데모당 3분)

좋은 아이디어 포착하기

3분간의 번갯불 데모는 빠르게 진행되므로 단기 기억력에만 의존했다가는 좋은 아이디어를 놓칠 수 있다. 따라서 "항상 포착하라"는 주문을 잊지 말고 데모를 진행하는 중에도 화이트보드에 아이디어를 기록해야 한다. 데모를 진행하는 사람에게 "이 제품에서 우리에게 도움이 될 중요한 아이디어가 뭘까요?"라고 물어본 뒤 영감을 불러일으킬 만한 요소를 재빨리 그림으로 표현하고 그 위에는 간단한 제목을, 아래에는 출처를 기록한다.

예를 들어, 플랫아이언 스프린트 팀원 중 한 명은 우리가 만들려는 임상시험 연결 시스템에 코멘트를 추가하고 싶을 때 구글 스프레드시트의 코멘트 달기 기능을 참고하면 재밌겠다고 생각했다. 우리는 곧바로 구글 스프레드시트를 시연한 뒤 아이디어('인라인 코멘트 달기')를 쓰고 간단하게 그림을 그렸다.

우리가 본 것

우리가 그린 것

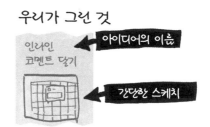

이 기록은 나중에 기억을 되살리기 위한 용도이므로 멋지거나 상세할 필요가 없다. 플랫아이언의 스프린트에서처럼, 번갯불 데모가 끝나면 대개 화이트보드가 아이디어들로 가득 찬다.

플랫아이언은 번갯불 데모에서 흥미 있는 요소를 다수 발견했지만, 결과적으로 그중 대부분을 포기했다. 데모 진행 중에 화이트보드에 기록하면서 어떤 아이디어를 버릴지, 또는 어떤 아이디어들을 조합하여 발전시킬 만한지는 판단할 필요가 없다. 그런 판단은 나중에 스케치할 때 내릴 수 있고, 그편이 에너지가 훨씬 덜 소모된다. 지금은 판단도, 논쟁도 하지 말고 그저 유용하다고 생각하는 건 뭐든 포착하라.

번갯불 데모가 끝날 즈음이면 화이트보드에 10개~20개의 아이디

---

* 스누즈: 알람이 완전히 해제될 때까지 반복적으로 울리는 기능.
** 에버노트Evernote: 메모장 애플리케이션.
*** ancestry.com: 족보를 만들어주고 조상을 찾아주는 인터넷 서비스.
**** 그린하우스Greenhouse: 채용 관리 소프트웨어.
***** 하이라이즈highrise: 인터넷 고객 관리 애플리케이션.
****** 키스메트릭스Kissmetrics: 고객 분석 도구.
******* 트렐로Trello: 프로젝트 관리 소프트웨어.

어가 빼곡히 들어차 있어야 한다. 그 정도면 각 팀원에게 가장 영감을 불러일으킬 만한 것을 포착했다고 확신할 수 있으면서 동시에 스케치를 시작할 때 너무 많은 아이디어에 압도당하지 않을 만한 적당한 숫자다. 플랫아이언의 사례처럼 이들 아이디어의 대부분은 다른 무언가로 발전되지 못하고 버려지겠지만, 한두 개는 훌륭한 솔루션을 떠올리는 실마리가 될 수 있다. 열심히 살펴보라. 그러면 대개는 당신만의 압지를 발견할 수 있을 것이다.

월요일에 그린 지도, 스프린트 질문들, '어떻게 하면 ~할 수 있을까?' 메모들에서 포착한 아이디어들을 결합해도 상당한 재료를 얻을 수 있다. 오후에는 이 재료들을 솔루션으로 바꿀 것이다. 그런데 그 이전에 신속하게 결정해야 할 문제가 하나 있다. 팀원들을 나누어 저마다 문제의 서로 다른 부분을 다룰 것인가? 아니면 모든 사람이 함께 같은 부분에 초점을 맞출 것인가?

블루보틀 커피의 스프린트는 고객들의 커피콩 선택을 돕는다는 구체적인 하나의 타깃이 있었다. 하지만 웹 사이트는 메인 화면, 커피 목록, 쇼핑 카트 등 여러 가지 작은 부분으로 이루어져 있다. 계획을 세우지 않으면 모든 스프린트 팀원이 같은 부분—가령 메인화면—을 스케치하는 바람에 프로토타입 전체에 대한 충분한 아이디어가 나오지 않을 수도 있었다. 그래서 일을 분담하기로 하고 각자 원하는 지점을 선택한 뒤 지도에 표시했다.(다음 쪽 참조)

지도에서 볼 수 있듯이, 인원이 고루 배분되지는 않았지만, 중요한 부분별로 적어도 2개의 솔루션이 나올 만큼 팀원들이 분산되었다.

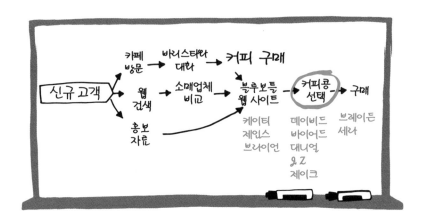

뭉치느냐, 흩어지느냐

문제를 나누어서 다루어야 할지 지도를 꼼꼼하게 살펴보면서 신속하게 토론한다. 타깃이 확실할 때는 다른 과제들을 건너뛰고 팀원 전체가 한 부분에 집중하는 편이 나을 수 있다. 반면 다루어야 하는 부분이 여러 가지라면 분담하는 편이 좋다.

팀을 나누기로 했다면, 가장 쉬운 접근방식은 각자 제일 관심 가는 부분을 써보라고 하는 것이다. 그런 뒤 한 사람씩 차례로 지도 앞으로 가서 스케치할 때 가장 다루고 싶은 부분 옆에 자기 이름을 쓴다. 어떤 부분에는 사람이 너무 많이 몰리고 어떤 부분은 지원자가 충분하지 않을 수 있는데, 이때는 다른 부분으로 생각을 바꿀 사람이 있는지 물어본다.

각자 맡은 부분이 정해지면 이제 점심 시간이다. 준비는 다 끝났고 드디어 솔루션을 스케치할 시간이 됐으니 오후의 활동을 위해 에너지를 든든하게 비축하시라.

그런데 잠깐! "스케치"라고?

9

스케치

블루보틀 커피의 고객 지원 책임자인 세라 지아루소의 얼굴에 불편한 기색이 어렸다. 그녀뿐만이 아니었다. CEO인 제임스 프리먼 역시 눈살을 찌푸리고 있었다.

블루보틀의 스프린트 둘째 날인 화요일 오후, 창으로 햇살이 들어와 카펫에 네모난 그림자가 군데군데 어룽지고, 건물 밖 거리 어디에선가는 경적 소리가 들려왔다. 팀원들을 당황하게 한 범인은 스프린트 회의실 가운데에 놓인 커피 테이블 위에 있었다. 바로 한 무더기의 종이, 12개의 클립보드, 검은색 펜이 가득 꽂힌 종이컵이었다.

흠흠, 누군가가 목청을 가다듬었다. 블루보틀의 커뮤니케이션 관리자인 바이어드 던컨Byard Duncan이었다. 사람들의 눈길이 일제히 쏠리자 바이어드는 멋쩍은 미소를 지었다.

135

"그럼…." 바이어드가 물었다. "그림을 못 그리는 나 같은 사람은 어떻게 하죠?"

화요일 오후는 솔루션을 떠올리는 시간이다. 하지만 브레인스토밍을 하지는 않을 것이다. 서로 언쟁을 벌이지도, 별난 아이디어들이 쏟아지도록 판단을 유보하지도 않을 것이다. 대신 각자 시간을 들여 스케치를 할 것이다.

비록 기술밖에 모르는 샌님들이긴 하지만, 우리도 종이를 이용하여 시작하면 좋다는 것쯤은 안다. 종이는 위대한 평등 장치다. 종이에는 누구든 글을 쓰고, 박스를 그리고, 자기 생각을 다른 사람과 마찬가지로 명확하게 표현할 수 있다. 그림 솜씨가 없더라도(혹은 스스로 그림 솜씨가 없다고 생각하더라도) 겁먹을 필요 없다. 많은 사람은 종이에 펜을 대는 걸 두려워한다. 하지만 누구든(정말로 그 누구든) 뛰어난 솔루션을 스케치할 수 있다.

못 믿겠다고? 그렇다면 블루보틀 커피의 스프린트에서 나온 스케치 중 하나를 살펴보자. '독심술가'로 불린 이 솔루션은 각각의 포스트잇이 블루보틀 웹 사이트의 한 페이지를 표현한다.

'독심술가' 스케치 뒤에 숨은 아이디어는 바리스타가 고객과 이야기하는 것과 같은 방식으로 온라인 스토어를 구성한다는 것이었다. 3개의 틀에서 볼 수 있듯이, 이 솔루션에서는 먼저 고객에게 환영인사를 한다. 그리고 집에서 커피를 어떻게 내리는지 물어본 뒤 알맞은 커피콩을 추천하고 커피 내리는 법을 설명해준다. 이 아이디어에는 복잡한 측면들이 많이 관련되어 있지만, 그림 자체는 간단하고 누구든 그릴 수 있는 상자와 글자들로 이루어져 있다.

나중에 팀원들은 '독심술가' 스케치를 기본으로 하고 다른 스케치들

독심술가 The Mind Reader

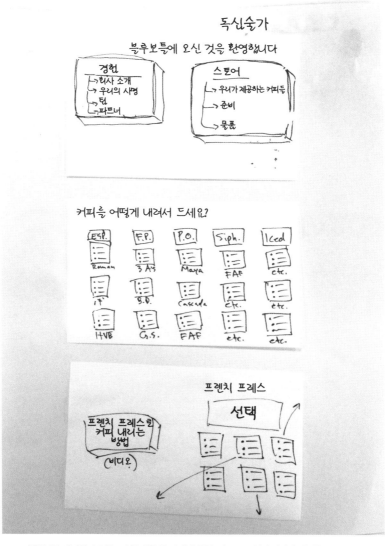

블루보틀 커피의 스프린트에서 나온 한 가지 솔루션. 각 포스트잇이 하나의 화면을 나타낸다.

에서 얻은 세부사항들을 채워 넣어 현실적인 프로토타입을 만들었다.

금요일에 실제 고객들에게 프로토타입들을 보여주었을 때 '독심술가' 솔루션은 눈에 띄게 좋은 반응을 얻었다. 고객들은 웹 사이트를 돌아보면서 커피 품질에 대한 신뢰가 높아졌고 주문하고 싶은 커피콩을 발견했다. 고객들은 이 프로토타입이 경쟁업체들의 웹 사이트보다 "훨씬 낫다"고 표현했고, "블루보틀 사람들은 틀림없이 커피를 아는 사람들이야"라고 말하기도 했다. 이 프로토타입은 금요일의 테스트에서 단연 챔피언이었고 블루보틀이 구축하는 새 웹 사이트의 토대가 되었다.

독심술가 - 프로토타입

"환영합니다."

"커피를 어떻게 내려서 드세요?"

추천

그렇다면 이 솔루션을 스케치한 사람은 누구일까? 디자이너도, 설계사도, 삽화가도 아니었다. 바로 '그림을 그릴 줄 모르는 사람'인 바이어드 던컨이었다.

알다시피 화요일 오후는 스케치 시간이다. 하지만 더 중요한 건 이 시간이 바로 솔루션을 찾는 시간이란 것이다. 수요일에 여러 스케치 중 어떤 것이 가장 좋은지 평가할 때, 또 금요일에 프로토타입을 테스트할 때 진짜 중요한 것은 솔루션의 품질이지 그림의 예술성이 얼마나 뛰어난지가 아니다.

스케치의 힘

당신에게 멋진 아이디어가 하나 떠올랐다고 생각해보자. 몇 주에 걸쳐 그 아이디어만 이리저리 생각한 끝에 당신은 회사에 가서 동료에게 이야기를 꺼내보았다. 그런데… 동료들은 아무 말 없이 멍하니 쳐다보기만 한다. 어쩌면 당신이 제대로 설명하지 못했거나 아니면 타이밍이 부적절했을 수도 있다. 이유가 무엇이건 동료들은 당신이 말한 것을 머릿속에 그리지 못했다. 몹시 실망스러운 상황이 아닐 수 없다. 게다가 상황이 더 악화될 조짐마저 보인다.

상사가 당신의 아이디어에 대안을 제시한 것이다. 그 대안은 상사가 지금 막 떠올렸는데, 당신은 그 아이디어가 심사숙고해서 나온 게 아니고 효과도 없으리란 걸 바로 알아차린다. 하지만 다른 사람들은 전부 고개를 끄덕끄덕하는 게 아닌가! 어쩌면 그 아이디어가 워낙 모호해서 저마다 머릿속에서 자기 나름대로 해석했거나 아니면 상사가 하는 말이니 그냥 지지하는 것일 수도 있다. 어느 쪽이건 게임은 끝났다.

자, 그럼 이제 현실로 돌아와 보자. 이 이야기는 가상의 시나리오지만, 사람들이 추상적인 아이디어에 어떤 결정을 내릴 때 얼마든지 일어날 만한 상황이다. 추상적인 아이디어는 구체적인 세부사항이 없으므로 (당신이 내놓은 아이디어처럼) 과소평가되거나 (상사의 아이디어처럼) 과대평가되기 쉽다.

화요일에 스케치하는 건 재미를 위해서가 아니다. 스케치가 추상적인 아이디어들을 구체적인 솔루션으로 바꾸는 가장 빠르고 쉬운 방법이라고 확신하기 때문이다. 일단 아이디어가 구체적인 모습으로 바뀌면 당신이 지지해달라고 호소하지 않아도 나머지 팀원들이 공정하고 비판적으로 평가할 수 있게 된다. 그리고 무엇보다 중요한 점은 스케치라는 방법을 이용하면 모든 팀원이 혼자서 구체적인 아이디어를 발전시킬 수 있다는 점이다.

함께 혼자 일하기

우리는 사람들이 집단으로 시끄럽게 브레인스토밍을 할 때보다는 혼자 일할 때 더 좋은 솔루션이 나온다는 걸 알고 있다.* 혼자 일할 때는 무언가를 조사하거나 영감을 주는 것들을 찾고 문제에 관해 생각할 시간이 있다. 그뿐만 아니라 혼자 일할 때 따르는 책임감은 종종 최고의 성과를 내도록 우리를 자극한다.

하지만 혼자 일하기는 쉽지 않다. 문제를 해결해야 할 뿐만 아니라 문제를 풀기 위한 전략도 스스로 짜야 하기 때문이다. 중요한 프로젝트와 관련된 일을 하기 위해 자리에 앉아서 뉴스만 읽은 경험이 있는 사람이라면 혼자 일하는 게 얼마나 힘든지 알 것이다.

스프린트에서 우리는 혼자 일하되, 모든 사람이 집중하고 일을 진척시키도록 돕는 구체적인 단계들을 따른다. 각자 혼자서 스케치할 때면

---

* 제이크는 집단 브레인스토밍에서 나타날 수 있는 문제를 시행착오를 거쳐 어렵사리 배웠지만, 많은 연구자들도 같은 결론을 얻었다. 그 하나의 예가 1958년에 예일 대학교에서 이루어진 한 연구다. 이 연구에서는 동일한 문제를 놓고 개인이 혼자 해결할 때와 집단이 브레인스토밍할 때를 비교했는데, 그 결과 개인들이 압도적인 우세를 보였다. 개인들이 더 많은 솔루션을 내놓았을 뿐 아니라 더 뛰어나고 독창적인 솔루션이라는 평가를 받은 것이다. 꼴좋게 됐군, 집단 브레인스토밍! 그럼에도 불구하고… 반세기가 지난 오늘날에도 사람들은 여전히 집단 브레인스토밍을 한다. 혹시 '브레인스토밍'이란 단어가 머릿속에 쏙 들어오기 때문이 아닐까?

깊이 생각할 시간이 주어질 것이다. 팀원 전부가 동시에 혼자서 일하면 모두 함께 브레인스토밍을 할 때 나타날 수 있는 집단사고(응집력이 강한 소규모 의사결정 집단에서 대안 분석이나 이의 제기를 억제하고 합의를 쉽게 이루려는 심리적 경향—옮긴이)에 빠지지 않고 서로 경쟁하는 아이디어들을 생각해낼 것이다.

화요일에 하는 스케치는 스프린트의 나머지 단계들을 진행하는 연료가 될 것이다. 수요일에는 모든 스케치를 비판하여 가장 좋은 것들을 선택할 것이다. 목요일에는 선택된 스케치들을 프로토타입으로 바꾼다. 그리고 금요일에는 아이디어들을 고객과 함께 테스트할 것이다. 그림 몇 개를 연료로 삼아 먼 거리를 주행해야 하므로 어쩌면 우리가 레오나르도 다빈치의 공책에서 튀어나온 듯한 천재적인 작품을 기대한다고 오해할 수도 있다. 하지만 전혀 그렇지 않다. 스케치의 힘을 올바로 이해하기 위해, 블루보틀 스프린트에서 나온 몇 가지 솔루션을 더 살펴보자.

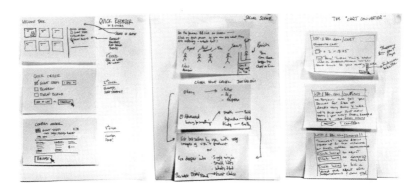

블루보틀 커피 스프린트에서 나온 세 가지 솔루션 스케치.

이 사진에서 볼 수 있듯이, 스케치들은 상세하긴 하지만 예술작품은 아니다. 각 스케치는 주로 단어와 상자로 이루어져 있고 가끔 졸라맨이 등장할 뿐이다. 그리고 평범한 프린트 용지와 평범한 포스트잇에 평범한 펜으로 그려져 있다.

실로 간단하지 않은가? 그렇다면, 오케이, 준비는 다 갖추어졌다. 펜을 집어 들고 위대한 솔루션 그리기에 나서자!

하하, 농담으로 해본 소리다. 사실 종이의 흰 여백을 대하면 언제나 주눅이 들기 마련이다. 그래서 우리는 생산성 전문가인 데이비드 앨런 David Allen에게서 영감을 얻어 이 절차를 여러 단계로 나누었다. 앨런은 자신의 저서 《쏟아지는 일 완벽하게 해내는 법Getting Thing done》에서 하기 벅찬 일을 다루는 영리한 전략을 제시했다. 앨런은 과제를 한 덩어리의 활동('세금 납부')으로 생각하지 말고, 그 일을 진척시키기 위해 실제로 해야 하는 첫 번째 행동('납세 고지서 모으기')을 찾는 것이 비결이라고 썼다.

4단계 스케치

처음 스프린트를 운영하기 시작했을 때 제이크는 본인이 가장 성공적으로 일했던 예를 재현하려고 애썼다. 제이크의 경우, 시간을 들여 중요 정보를 검토하는 작업으로 '시동을 건' 뒤 종이에 디자인을 시작하고 이 디자인을 여러 가지로 변형하여 검토한 다음 찬찬히 상세 솔루션을 만들 때, 업무 효과가 가장 높았다. 그리고 제이크는 일을 미루는 데는 세계 챔피언급이었기 때문에 빠듯한 마감 기한을 정해놓았을 때 가장 능률이 올랐다.

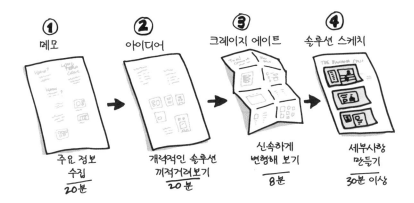

① 메모　주요 정보 수집　20분

② 아이디어　개략적인 솔루션 끼적거려보기　20분

③ 크레이지 에이트　신속하게 변형해 보기　8분

④ 솔루션 스케치　세부사항 만들기　30분 이상

4단계 스케치에는 이 중요한 요소들이 모두 포함된다. 먼저 목표, 기회, 회의실에서 수집했던 영감을 주는 것들에 관해 20분 동안 기록하면서 '시동을 건다'. 그런 뒤 개략적인 아이디어를 써보는 데 또 20분을 쓸 것이다. 그다음은 대안을 생각하고 검토하여 신속하게 스케치하는 크레이지 에이트crazy 8s 단계다. 그리고 마지막으로 30분 넘게 시간을 들여 솔루션을 스케치할 것이다. 이 스케치에는 적절한 하나의 개념과 자신이 생각해낸 모든 세부사항을 담는다.

1. 메모

이 첫 번째 단계는 누워서 떡 먹기다. 우선 모든 사람이 회의실을 돌아다니며 화이트보드를 보면서 메모한다. 이 메모들은 지난 24시간 동안 나온 '최고 히트작'들이다. 이 메모들을 살펴보는 것은 본격적으로 솔루션에 몰두하기 전에 기억을 되살리는 한 방법이다.

먼저 장기 목표를 베껴 쓴 뒤 지도, '어떻게 하면 ~할 수 있을까?' 질문들, 번갯불 데모에서 기록한 내용을 살펴보면서 쓸모 있어 보이는 것은 뭐든 메모한다. 그 과정에서 새로운 아이디어가 떠올라도 괜찮고

143

메모가 깔끔하지 않아도 상관없다. 어차피 이 메모를 볼 사람은 당신 뿐이니까.

메모 시간은 20분. 이 시간 동안은 랩톱이나 전화기로 참고 자료를 자유롭게 찾아봐도 된다. 때때로 오전의 번갯불 데모에서 보았던 무언가를 다시 확인하고 싶을 수도 있고, 자사 제품이나 웹 사이트에서 구체적인 세부사항들을 조사하고 싶을 수도 있다. 목적이 무엇이든 간에 이 시간에는 드물게 기기 금지 규칙이 해제된다. 예전에 나왔던 아이디어들을 재검토하는 것도 잊어서는 안 된다. 그런 아이디어들이 가장 효과적인 솔루션이 될 수 있다는 걸 명심하시라.

메모 시간이 끝나면 랩톱을 덮고 전화기를 꺼야 한다. 그리고 자신이 쓴 내용을 20분 동안 검토하면서 눈에 띄는 메모에는 동그라미를 친다. 이 메모들이 다음 단계에서 도움이 될 것이다.

2. 아이디어

이제 모든 사람에게 한 더미의 메모가 생겼을 것이다. 지금부터는 아이디어를 생각하는 모드로 바뀌어야 한다. 이 단계에서는 각자 글, 제

목, 도표, 무언가를 하는 졸라맨 등 뭐든 자기 생각을 나타내는 것들로 종이 한 장을 채워서 아이디어를 대략 표현할 것이다.

아이디어들이 정리가 안 되거나 불완전해도 상관없다. 메모와 마찬가지로 이 종이들 역시 팀 전체와 공유하지 않는다. 그냥 '연습장' 정도로 생각하면 된다. 이 작업을 하는 데 틀린 방법이란 없다. 생각하고 종이에 무언가를 쓰고 있는 한, 당신은 제대로 하는 것이다.

당신의 아이디어는 이런 식으로 표현될 수 있고 또는 다른 모습일 수도 있다.
당신이 무언가를 쓰고 있는 한, 당신은 제대로 하고 있는 것이다.

아이디어를 생성하는 데 20분을 쓰고 나머지 3분 동안 이를 검토하여 가장 좋아하는 아이디어들에 동그라미를 쳐라. 다음 단계에서는 가장 유망한 아이디어들을 다듬을 것이다.

3. 크레이지 에이트

크레이지 에이트는 각자 가장 효과적이라고 생각하는 아이디어를 8분 만에 8가지로 변형하여 재빨리 스케치하는 활동으로, 속전속결로 진행

145

한다. 이 활동을 하면 처음 생각했던 적절한 솔루션을 더 발전시키거나 적어도 대안을 고려하게 된다.

오해를 방지하기 위해 한 가지 짚고 넘어가자면, 크레이지 에이트에서 '크레이지'는 아이디어의 성격이 아니라 속도를 말한다. 구피(엉뚱이)가 되라는 전통적인 브레인스토밍의 조언은 머리에서 지워버려라. 우리는 당신이 좋은 아이디어들—당신이 효과적일 것이라 믿고 목표를 달성하는 데 도움이 되는 아이디어—에 초점을 맞추고 수정하여 확장하는 데 이 시간을 이용하길 바란다.

팀원들은 각자 편지지 크기의 종이 한 장을 앞에 두고 크레이지 에이트를 시작한다. 먼저 종이가 8칸으로 나뉘도록 세 번 접는다. 그리고 타이머를 60초로 맞춘 뒤 '시작'을 누르고 스케치를 시작한다. 칸마다 60초의 시간이 주어져서 8분 동안 8개의 스케치를 해야 하므로 빨리빨리 진행해야 한다. 그림이 어수선해도 괜찮다. 메모와 아이디어와 마찬가지로 크레이지 에이트의 결과물 역시 다른 팀원들과 공유하지 않을 것이다.

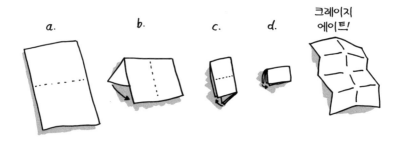

이 활동은 한 아이디어를 여러 가지로 변형하여 스케치하면 가장 효과적이다. 아이디어 중에서 가장 마음에 드는 것을 골라 스스로 물어보라. "이걸 하기 위한 또 다른 좋은 방법이 있을까?" 그리고 더는 다

른 방법이 생각나지 않을 때까지 계속 변형한 뒤 그 결과물을 검토하여 새로운 아이디어를 선택한다. 그리고 이 아이디어를 또 변형하기 시작한다.

크레이지 에이트는 글을 쓰기에도 좋은 시간이다. 아이디어에 단어나 마케팅 문구 혹은 그 외의 글이 포함되어 있으면, 크레이지 에이트 시간에 표현을 다듬을 수 있다. 다음 단계에서 알게 되겠지만, 글쓰기는 흔히 솔루션 스케치의 가장 중요한 구성요소다.

블루보틀 커피 스프린트에서 나온 크레이지 에이트의 결과물.
각 칸은 문구("핸드 푸어 커피" vs. "푸어 오버 커피"), 탐색 과정, 페이지 구성 등에 관한 실험을 보여준다.

크레이지 에이트 활동은 때로는 뜻밖의 아이디어로 이어진다. 그래서 사람들은 자기 아이디어를 바라보는 여러 새로운 방법을 깨닫게 될 수 있다. 반면 이 활동이 그리 생산적이지 않다고 느낄 수도 있다. 때로는 첫 번째 아이디어가 실제로 가장 좋은 아이디어이기 때문이다. 어느 쪽이건 크레이지 에이트 활동은 여러 대안을 검토하도록 돕는다. 그리고 본 시합에 대비한 훌륭한 준비운동 역할을 한다.

스타트업인 무브 루트Move Loot의 창업자들과 스케치하는 구글 벤처스 팀.

4. 솔루션 스케치

우리가 줄곧 "걱정하지 마세요, 이건 당신 말고는 아무도 안 볼 테니까"라고 말한 걸 기억하는가? 하지만 지금부터는 아니다. 솔루션 스케치란 각자 가장 좋은 아이디어를 종이에 상세하게 옮기는 활동이다. 각 스케치는 당면 과제를 어떻게 풀 것인지에 대한 저마다의 의견이 담긴 하나의 가설이다. 이 스케치는 나머지 팀원들이 검토할 뿐 아니라 평가까지 할 것이다! 따라서 심사숙고해서 표현해야 하며 상세하고 이해하기 쉬워야 한다.

각 스케치는 고객이 당신 회사의 제품이나 서비스와 상호작용할 때 보게 되는 것을 3개의 포스트잇에 표현한 스토리보드다. 제품과 서비스는 스냅사진이라기보다 영화 쪽에 가까우므로 우리는 이런 스토리보드 형식을 좋아한다. 고객들은 한 정지화면에 등장했다가 다음 정지화면으로 사라지는 게 아니라 한 장면에서 배우들처럼 돌아다닌다. 따라서 당신의 솔루션은 고객의 동선에 딱딱 맞추어 움직여야 한다.

우리는 보통 3칸으로 된 스토리보드를 사용하지만, 예외가 있다. 때때로 어떤 스프린트는 고객이 하는 경험의 한 부분에만 초점을 맞춘다. 홈페이지, 의료 보고서의 첫 번째 페이지, 사무실 로비 혹은 책 표지 등이 그 예다. 당신의 팀이 다루는 과제가 '한 장면'만으로 이루어져 있다면, 세부사항을 좀 더 보여줄 수 있도록 한 페이지 전체를 스케치하고 싶을 수도 있다.

어떤 포맷을 사용하건 다음 몇 가지 규칙을 명심해야 한다.

1. 따로 설명하지 않아도 이해할 수 있어야 한다

수요일 아침에는 각자의 스케치를 모든 사람이 볼 수 있도록 벽에 붙일 것이다. 스케치를 보기만 해도 무슨 뜻인지 알 수 있어야 한다. 당신의 아이디어가 처음으로 평가받는 장이 이 스케치라고 생각하라. 스케치로 표현된 아이디어를 아무도 이해하지 못한다면, 더 다듬어봤자 그리 나아지지 않을 것이다.

2. 익명으로 해야 한다

스케치에는 이름을 쓰지 않는다. 그리고 모든 사람이 같은 종이와 같은 펜을 사용해야 한다. 스케치에 이름을 쓰지 않아야 수요일 아침에 모든 스케치를 평가할 때 서로 비판하고 가장 좋은 아이디어를 선택하기가 훨씬 더 쉬워질 것이다.

3. 그림이 서툴러도 괜찮다

스케치가 근사할 필요는 없지만(상자, 졸라맨, 단어들만 있어도 괜찮다) 상세하고 신중해야 하며 내용이 완성되어 있어야 한다. 되도록 깔끔하게 표현해야 하지만, 그림 솜씨가 없는 사람이라도 걱정할 필요는 없다. 단….

4. 글은 중요하다

우리는 갖가지 산업 분야의 스타트업들과 스프린트를 해왔는데, 매번 놀라울 정도로 일관된 점이 한 가지 있었다. 바로 글의 중요성이었다. 효과적인 글은 종종 단어들이 화면 대부분을 차지하는 소프트웨어와 마케팅에서 특히 필요하다. 하지만 올바른 단어의 선택은 어떤 매체에서나 중요하다. 따라서 스케치 안에 들어가는 글에 신중하게 신경 써야 한다. 로렘 입숨lorem ipsum(텍스트 공간에 임의로 넣는 의미 없는 글—옮긴이)을 이용하거나 "이곳에 글이 들어갈 것입니다"라는 뜻으로 구불구불한 선만 그려놓아서는 안 된다. 글은 당신의 아이디어를 설명하는 데 일등공신 역할을 할 것이다. 따라서 실질적이고 효과적인 글을 써넣어야 한다.

5. 귀에 쏙 들어오는 제목을 붙여라

스케치에는 작성자의 이름이 들어가지 않으므로 제목을 써야 한다. 나중에 여러 솔루션을 검토하고 선택할 때 제목으로 서로 구분하고 관리할 것이다. 또한 제목은 솔루션 스케치에 담긴 핵심 아이디어에 주목하게 하는 하나의 방법이기도 한다.(바이어드 던컨은 재미를 주면서도 고객이 원하는 완벽한 커피를 찾아준다는 아이디어도 강조하기 위해 '독심술가'라는 제목을 붙였다.)

자, 승객 여러분, 이제 종이를 준비하십시오. 메모들과 아이디어, 크레이지 에이트의 결과물을 살펴본 뒤에 펜의 뚜껑을 여십시오. 안전벨트를 착용하시고 좌석 등받이를 바로 세워주시기 바랍니다. 테이블은 똑바로 세워 잠그십시오. 이제 당신의 솔루션 스케치가 곧 이륙하겠습니다.

"헨리 포드"

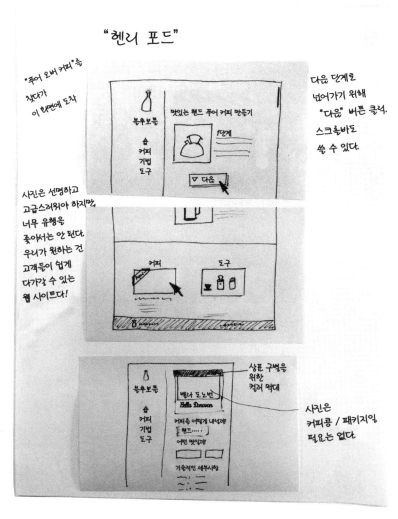

"푸어 오버 커피"를
찾다가
이 화면에 도착

사진은 선명하고
고급스러워야 하지만,
너무 유행을
좇아서는 안 된다.
우리가 원하는 건
고객들이 쉽게
다가갈 수 있는
웹 사이트다!

다음 단계로
넘어가기 위해
"다음" 버튼 클릭.
스크롤바도
쓸 수 있다.

사진은
커피콩 / 패키지의
펴요는 없다.

블루보틀 커피 스프린트에서 나온 솔루션 스케치. 이 아이디어가 어떻게 실행되는지 이해하기 위해 만화책을 보듯 위에서부터 아래까지 메모들을 읽어보라. 제일 위 칸에서 고객은 커피 내리는 방법을 읽고, 두 번째 칸에서는 추천받은 커피콩으로 연결되는 링크를 누른다. 그리고 세 번째 칸에서는 커피콩의 세부사항을 알게 된다.

헨리 포드, 가깝고 개인적인

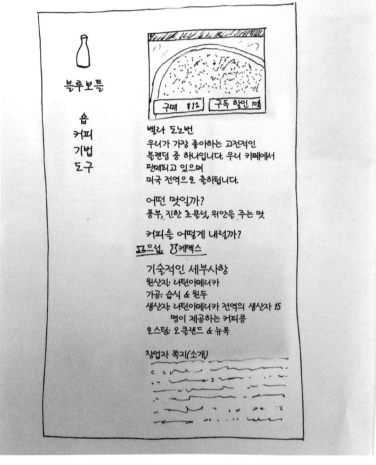

블루보틀 커피의 스프린트에서 나온 동일한 솔루션 스케치를 종이 한 장으로 나타낸 버전.
스토리보드 대신 페이지 전체에 온라인 스토어의 한 화면을 상세하게 묘사했다.

모든 사람이 각자 하나씩은 솔루션을 스케치해야 한다. 몇몇 사람이 영감이 너무 충만하다면 한 개 이상 스케치해도 괜찮지만, 지나치게 많이 해서는 안 된다. 스케치가 늘어나면 수요일에 이들을 검토하고 줄이는 데 더 많은 수고가 필요하기 때문이다. 그뿐만 아니라 우리는 스케치를 검토할 때 처음 몇 개에서는 가장 효과적인 평가가 이루어지는 편이지만, 10개~12개가 넘어가면 반응이 약해진다는 걸 알게 되었다. 모든 사람이 스케치 하나를 마무리 짓는 데 30분이면 충분할 것이다.

모든 사람이 스케치를 끝내면 한곳에 모은다. 당연히 스케치들을 들춰보고 싶겠지만, 그런 마음은 꾹 눌러라. 당신은 스케치들을 딱 한 번만 보게 될 것이다. 처음 볼 때의 신선한 시각이 필요하니 수요일까지 기다리기 바란다.

금요일에 테스트를 진행할 고객을 찾아라

우리는 월요일이나 화요일이면 금요일에 있을 테스트에 참여할 고객 찾기 작업을 시작한다. 이 말은 한 사람이 스프린트 외에 추가적인 일을 해야 한다는 뜻이다. 일주일에 걸쳐(하지만 실제로 드는 시간은 하루에 한두 시간이다) 테스트에 가장 적합한 사람을 가려내고 선정하고 뽑아야 하는데, 이 일은 진행자가 아닌 사람이 맡는 것이 가장 좋다. 안 그래도 진행자는 상당히 바쁘기 때문이다.

테스트에 적절한 고객을 찾는 방법으로는 두 가지가 있다. 고객을 쉽게 찾을 수 있는 업종이라면 크레이그리스트Craigslist(미국을 기반으로 한 온라인 벼룩시장―옮긴이)를 이용하고, 고객을 찾기 어려운 때는 인맥을 이용한다.

크레이그리스트를 이용해 고객 모집하기

테스트에 딱 맞는 고객을 모집하기 위해 우리는 대개 크레이그리스트를 이용한다. 황당한 소리처럼 들릴 수 있다는 건 인정한다. 하지만 효과는 있다. 우리는 이 방법으로 새비오크와 블루보틀 커피, 그 외 수십 개에 이르는 기업들의 테스트에 딱 맞는 참여자들을 발견했다. 비결은 많은 사람의 관심을 끌 수 있는 일반 광고를 게재하는 것이다. 이 광고는 적격자를 가려내는 설문조사와 연결되고, 설문에 참여한 사람 중에서 우리가 타깃으로 하는 고객을 찾는다. 가장 먼저 해야 하는 일은 광고 문구를 작성하는 것이다. 이때 당신이 무엇을 테스트하는지, 어떤 유형의 고객을 찾는지가 드러나지 않도록 주의해야 한다. 우리는 잠재적인 고객들의 관심을 끌기 위해 약간의 사례나 사은품—보통 100달러짜리 상품권—을 제시한다. '기타 일거리' 섹션에 다음과 같은 내용으로 광고를 게재해보자.

8월 2일, 100달러를 받을 수 있는 고객 조사 인터뷰(샌프란시스코)

8월 2일 목요일, 샌프란시스코에서 60분짜리 고객 조사 인터뷰를 계획하고 있습니다. 본 설문에 선택되어 인터뷰를 마친 참가자에게는 100달러짜리 아마존 상품권을 드립니다. 관심 있으신 분은 짧은 설문지를 작성해주세요. 여기를 클릭.

보다시피 이 광고는 커피, 로봇, 커피 로봇 등 어떤 것도 해당할 수 있다. 대도시에서 이런 일반 광고를 내면 수백 명의 지원자를 모을 수 있다. 따라서 적절한 선별 과정을 거치면 당신의 스프린트에 딱 맞는 5명을 발견할 수 있을 것이다.

설문지 만들기

이제 이번 인터뷰에 관심 있는 사람들이 작성할 간단한 설문지를 만들어야 한다. 적임자를 찾으려면 적절한 질문을 던져야 한다. 먼저 당신이 원하는 고객의 특징을 써본 뒤, 이들 특징을 설문지를 이용해 발견할 수 있는 어떤 기준으로 바꾼다. 또한 당신이 제외하고 싶은 특징(예를 들어 당신의 업종에서 경험이 너무 많은 사람)에 대해서도 같은 작업을 한다.

블루보틀 커피는 '커피를 마시는 식도락가'를 인터뷰하길 원했다. 이런 고객을 발견하기 위해 우리는 다음과 같은 측정 기준을 적용했다. 하루에 적어도 한 잔의 커피를 마시는 사람, 음식 관련 블로그나 잡지를 읽는 사람, 일주일에 적어도 한 번 식당에서 식사하는 사람. 우리는 집에서 커피를 내려 마시지 않거나 어쩌다 한 번씩만 커피를 마시는 사람은 제외했다.

이제 각 기준에 대해 질문을 만든다. 이때 질문에 '정답'이 드러나지 않도록 주의해야 한다. 상품권을 얻고 싶어서 이 조사의 의도를 파악하려는 사람도 있기 때문이다. 예를 들어, 사람들에게 식당에 가는지 물어보는 대신 "보통 일주일에 몇 번 외식합니까?"라고 묻는다. 또한 음식 관련 블로그를 보는지 묻지 말고 "정기적으로 특정 주제의 블로그나 잡지를 읽고 있습니까?"라는 식으로 질문을 작성한다.

□ 스포츠

□ 음식

□ 뉴스

□ 커피

□ 칵테일

□ 육아

□ 원예

□ 자동차

각 예에서 우리 머릿속에는 '정답'이 있지만, 설문지를 작성하는 쪽은 답을 예측할 방법이 없다.

이런 식으로 기준을 질문으로 바꾼 뒤 설문지를 만든다. 우리는 항상 구글 폼을 사용한다. 설문지를 만들기 쉬울 뿐 아니라 참여자들의 답안을 구글 스프레드시트로 바로 옮겨 분류하고 필터링하기 편리하기 때문이다.

설문지가 준비되고 크레이그리스트에 광고가 올라가면 답안지들이 밀려들어오기 시작할 것이다. 그러면 설문 결과들을 꼼꼼히 검토하여 당신의 기준에 맞는 고객을 선택한다. 그런 뒤 수요일 오후에 이 사람들과 연락을 시작해 금요일의 인터뷰 일정을 잡는다.

크레이그리스트는 당신의 회사를 잘 모르는 고객을 발견하는 데 놀라울 정도로 효과적이다. 하지만 기존 고객들이나 흔치 않은 직업을 가진 '찾기 어려운' 전문가들을 발견하려면 어떻게 해야 할까? 이런 사람들을 찾으려면 다른 전략이 필요하다.

인맥을 통해 고객 모집하기

대개 기존 고객들을 발견하는 건 아주 쉽다. 당신에게는 이미 그 고객들과 접촉할 방법이 있을 것이다. 예를 들어 이메일 뉴스레터, 매장 내 포스터, 트위터, 페이스북이나 당신 회사의 웹 사이트를 이용할 수 있다.

'찾기 어려운' 고객들 역시 사실 찾기가 그리 어렵지는 않다. 왜냐고? 만약 종양 관련 기업이라면 당신은 이미 종양 전문의들을 어느 정도 알고 있을 것이다. 금융 업체라면 금융 쪽에서 일하는 사람들을 알고 있을 것이다. 다른 업종도 마찬가지다. 영업팀이나 사업개발팀의 도움을 받아 고객과 접촉할 수도 있다. 이런 방법이 여의치 않을 때는 전문 협회, 커뮤니티, 학생 단체에 연락해보거나 개인적 인맥을 이용할 수도 있다. 2011년에 한 스프린트에서 식당 매니저들을 인터뷰했을 때 우리는 지역 식당 협회의 회원 관리자에게서 도움을 받았다.

찾기 어려운 고객을 찾건 기존 고객들을 찾건 또는 크레이그리스트로 광범위한 대상 중에서 참여자를 모집하건, 공통된 부분은 인터뷰 후보자들이 당신의 선별 기준에 맞아야 한다는 것이다. 인터뷰 대상이 5명뿐이므로 적임자를 뽑는 것이 중요하다.

금요일의 테스트에서 얼마나 좋은 데이터를 얻는지에 따라 스프린트 전체의 성과가 달려 있다. 따라서 고객 모집을 맡은 사람이 누구든 신중하게 임해야 한다. 이 작업은 보이지 않는 곳에서 이루어지지만, 팀 활동 못지않게 중요하다. 설문지 샘플과 그 외의 온라인 자료를 보려면 thesprintbook.com을 참조하기 바란다.

수요일

수요일 아침이 되면 한 무더기의 솔루션이 쌓여 있을
것이다. 뿌듯하긴 하지만, 한편으로는 문제도 있다.
그 모두에 대해 프로토타입을 만들고 테스트할 수
없기 때문이다. 당신에게는 하나의 탄탄한 설계도가
필요하다. 수요일 오전에는 각 솔루션을 비판하고 장기
목표 성취에 가장 도움이 될 만한 것이 무엇인지 결정할
것이다. 그리고 선택된 스케치들에서 중요한 장면을 엮어
스토리보드를 만들 것이다. 스토리보드는 프로토타입을
만들기 위한 단계별 설계도라고 할 수 있다.

10

결정

당신은 아마 이런 회의를 알고 있을 것이다. 자꾸만 옆길로 새면서 끝도 한도 없이 이어져 시간을 잡아먹고 진을 빼는 회의. 그 누구도 만족못 하는 결정으로 마무리되는 회의. 하지만 그보다 더 나쁜 건 아무 결정도 내리지 못하고 흐지부지 끝나는 회의다. 인류학자는 아니지만, 우리는 사무실에서 수많은 인간 군상의 행위를 관찰했다.(그리고 그런행위에 가담하기도 했다.) 우리 인간은 보통 이런 식으로 언쟁을 벌인다.

물론 과장이 섞여 있지만, 그리 심한 비약은 아니다. 당신은 이런 식

으로 오락가락하는 논쟁을 알 것이다. A가 솔루션을 하나 내놓으면, 나머지 사람들이 이를 비판한다. A가 세부사항을 설명하려고 하면 B가 새 아이디어를 내놓는다.

인간은 단기 기억력에 한계가 있고 의사결정에 쓸 에너지도 한정되어 있어서 이런 식의 논쟁이 이어지면 짜증이 나기 마련이다. 한 가지 대안에서 다른 대안으로 갑자기 건너뛰면 중요한 세부사항들이 머릿속에 남아 있기 어렵다. 반면 한 아이디어를 놓고 너무 오래 질질 끌면 질려버린다. 제빵 대회에서 심사위원이 애플파이를 먹고 배가 가득 차면 다른 빵들을 먹고 싶은 마음이 싹 달아나는 것처럼.

모든 사람의 견해를 다 활용하고 싶을 때는 일반적으로 이런 고투의 시간을 견딜 수밖에 없다. 하지만 스프린트에서는 아니다. 우리는 수요일을 한 번에 한 가지 일을 하는 날, 그리고 그 일을 잘하는 날로 잡았다. 우리는 솔루션들을 한꺼번에 평가하고 한꺼번에 비판한 뒤 한꺼번에 결정을 내릴 것이다. 말하자면 이런 식이다.

수요일 오전의 목표는 프로토타입으로 만들 솔루션을 결정하는 것

이다. 이 결정을 내릴 때 우리의 모토는 "부자연스럽지만 효과적인"이다. 스프린트 팀은 정처 없이 흘러가는 언쟁 대신 정해진 절차에 따라 논의할 것이다. 이런 방식은 사회적으로 어색하긴 하지만, 논리적이다.〔당신이 영화 〈스타트렉〉의 스팍Spcok(모든 결정을 오로지 논리에 의해서만 내리는 인물—옮긴이)이 된 것처럼 느껴진다면 성공이다〕. 이 절차는 팀원들의 전문지식을 최대한 활용하고 인간의 장점과 단점을 수용해 가능한 한 쉽게 최상의 결정을 내리도록 설계되었다.

수요일의 활동을 설명하기 위해 또 다른 스타트업을 소개하겠다. 현재는 업무용 소프트웨어를 만드는 회사지만, 첫 출발은 달랐다. 이 회사의 첫 제품은 글리치Glitch라는 비디오 게임이었다.

글리치는 멀티플레이어 게임인데 전투를 하지 않는 특이한 게임이었다. 이 게임은 전투 대신 참가자들에게 그룹별로 협력하고 문제를 풀고 이야기를 나누도록 독려했다. 유감스럽게도, 우리 사회가 그렇듯이 말이지만, 선한 행위를 강조하는 이 별난 게임은 많은 사용자를 끌어들이지 못했다.

글리치가 대박을 터뜨리지 못할 게 분명해졌을 때, 이 회사는 이상한 행보를 보였다. 다른 게임을 만들거나 회사 문을 닫는 대신 곁다리 프로젝트, 즉 본디 사내용으로 쓰려고 개발했던 메시징 시스템에 눈을 돌린 것이다. 이 기업의 창업자인 스튜어트 버터필드Stewart Butterfield는 이 메시징 시스템이 다른 기업에서도 효과적으로 쓰일 것 같은 예감이 들었다. 그래서 이 시스템에 슬랙Slack이라는 이름을 붙여 세상에 내놓았다.

이렇게 해서 세상에 선보인 슬랙은 기술 업체들의 혼을 쏙 빼놓았다. 출시한 지 1년이 지났을 무렵 6만 개가 넘는 팀에서 50만 명이 넘는 사람이 매일매일 슬랙을 사용할 정도였다. 업무용 소프트웨어 분야에서 들도 보도 못 한 놀라운 성과였다. 슬랙이 자사 제품이 역대 가장 빠른 속도로 성장한 비즈니스 애플리케이션이라고 자평했을 때 언론도 고개를 끄덕였다.

슬랙은 눈부신 속도로 성장하고 있었지만, 어느 팀에서와 마찬가지로 과제도 뒤따랐다. 그중 하나가 고속 성장을 유지하는 일이었다. 슬랙을 도입한 많은 팀은 대개 새로운 소프트웨어를 써보는 걸 좋아하는 기술 업체들이었다. 그런데 세상의 기술 업체 수는 한정되어 있다. 성장 속도를 유지하려면 모든 업종에 슬랙을 효과적으로 설명할 수 있어야 했다. 슬랙은 표면적으로는 단순한 업무용 메시징 애플리케이션이지만, 그 아래에는 좀 더 복잡한 이야기가 깔려 있다.

슬랙이 그처럼 폭발적인 인기를 끈 이유는 팀의 일하는 방식을 바꾸어놓았기 때문이다. 일반적으로 팀이 처음 슬랙을 쓴 건 팀원들끼리 인스턴트 메시지를 보내기 위해서였다. 그러다 팀들은 종종 이메일을 버리고 이것만 사용하기 시작했다. 하지만 슬랙은 단지 일대일 메시지 송수신을 위한 애플리케이션이 아니었다. 한 팀이 슬랙을 사용하면 모든 팀원이 대화방에 소속되어 있어 집단적인 커뮤니케이션이 가능했다. 얼마 가지 않아 슬랙은 일의 진행 상황을 점검하기 위한 회의와 전화를 대체했다. 팀원들은 슬랙을 이용해 프로젝트를 관리했고 회사 전체가 하는 일들을 놓치지 않고 파악했다. 또한 다른 소프트웨어들과 서비스들을 연결하여 모든 기능을 한곳으로 모았다. 슬랙은 모든 업무의 중추가 되었고, 그 덕분에 능률이 올라가고 유대감이 높아져 일이 즐거워졌다. 〈뉴욕타임스〉(슬랙을 도입한 곳의 하나)의 한 기자가 "나라 반대편에 있는 동료와도 가까이 있는 것처럼 느껴지니까 일이 재미있다고 생각될 정도였다. 이건 일하는 데 큰 강점이다"라고 말한 데서도 이를 알 수 있다.

그런데 이러한 슬랙의 이야기, 즉 슬랙이 어떻게 친숙하면서도 색다르고 더 나은 서비스를 제공하는지 설명하기란 쉬운 문제가 아니었다. 특히 새로운 고객들로 시장을 확장하려 하자 이 문제는 더 어려운 과제로 대두했다.

이 문제를 해결하는 책임은 새로운 제품 관리자로 슬랙에 들어온 메르시 그레이스Merci Grace에게 돌아갔다. 잠재 고객들에게 슬랙을 효과적으로 설명하는 방법을 찾는 것이 그녀 팀이 맡은 임무였다. 메르시는 스프린트를 이용해 시작하기로 했고, 구글 벤처스가 슬랙의 한 투자자였기 때문에 그녀는 우리에게 함께해달라고 요청했다.

슬랙의 스프린트 팀은 메르시, 두 명의 디자이너, 엔지니어, 마케팅 담당자로 구성되었고, 여기에 구글 벤처스에서 온 몇 명이 가세했다. 수요일 아침까지 모든 활동이 정해진 일정대로 착착 진행되었다. 12개 정도의 솔루션 스케치가 나왔고, 유리벽에 이 스케치들을 파란색 마스킹 테이프로 붙여놓았다.

우리는 조용히 회의실을 돌아다니며 다른 사람들의 아이디어를 처음으로 보았다. 어떤 스케치는 슬랙을 사용하는 한 유명 회사의 사례를 설명했고, 어떤 스케치에는 만화영화 비디오가 담겨 있었다. 가이드 투어 형식으로 슬랙을 소개한 스케치도 있었다. 슬랙을 설명하기 위한 12개의 아이디어가 서로 다 다르고 모두 잠재력이 있어서 결정하기 힘들어 보였다.

다행히 곧바로 선택해야 하는 건 아니었다. 그 대신 우리는 이 아이디어들 중에서 각자 흥미롭다고 생각하는 부분 옆에 점 스티커를 붙였다. 몇 분이 지나자 거의 모든 스케치에 점들이 모여 있는 부분이 생겼다. 이 침묵의 검토 시간이 끝난 뒤 우리는 함께 모여 한 번에 하나씩 스케치에 관해 의견을 나누었다. 우리는 스티커가 많이 모인 부분에 초점을 맞추어 이야기했고 타이머를 사용해 신속하게 논의를 진행했다.

스케치를 다 검토하는 데에는 한 시간이 채 걸리지 않았다. 그러고 나서 사람들은 최종 투표를 하기 위해 분홍색 점 스티커를 손에 쥐었고, 몇 분간 고심한 끝에 프로토타입을 만들고 테스트하고 싶은 스케치에 조용히 스티커를 붙였다.

짧은 논의가 이어진 뒤 이제 결정권자인 메르시와 CEO인 스튜어트 (자기 의견을 알리려고 잠깐 참여했다)에게로 패가 넘어갔다. 두 사람은 분홍색 스티커들을 살펴보고 잠시 생각한 뒤 자신의 '슈퍼의결권'을 행사했다. 이리하여─정처 없이 이어지는 언쟁도, 자기 아이디어에 대한 지지 호소도 없이─결정이 내려졌다.

슬랙 스프린트에서는 신규 고객들에게 제품을 설명하기 위한 솔루션이 12개 정도 나왔다. 모두 자기 아이디어가 효과를 발휘할 수 있다고 믿었고 그 이유를 한 시간 동안 떠들 수도 있었다. 하지만 각 아이디어를 논의하는 데에 한 시간씩만 써도 뚜렷한 결론을 얻지 못한 채 하루가 훌쩍 지나가버릴 수 있었다.

그래서 우리는 그런 자유 토론 대신 효과적인 비판과 의사결정의 장을 조성했다. 그 결과 오전이 끝날 즈음에는 이미 우리가 테스트하고 싶은 아이디어들을 결정할 수 있었다.

끈적끈적 결정

우리는 스프린트에서 가능한 한 효과적인 결정을 내리는 방법을 다듬는 데 몇 년을 보냈다. 그리하여 나온 것이 다음 다섯 단계다. 그런데 우연히도 이들 각 단계는 모두 끈적이는 물건과 관련이 있다.

1. **미술관**: 솔루션 스케치들을 마스킹 테이프로 벽에 붙인다.
2. **히트 맵**Heat map : 모든 솔루션을 조용히 살펴본 뒤 흥미 있는 부분에 스티커를 붙인다.
3. **스피드 비판**: 각 솔루션에서 가장 스티커가 많은 부분을 신속하게 논의하고 포스트잇에 중요한 아이디어를 기록한다.
4. **여론 조사**: 각자 하나의 솔루션을 선택하여 점 스티커를 붙인다.
5. **슈퍼의결권 행사**: 결정권자가 최종 결정을 내린다. 짐작했겠지만, 이때도 스티커가 활약한다.

단지 흥미를 불러일으키려고 스티커나 포스트잇을 사용하는 건 아니다. 스티커를 사용하면 지루하고 기나긴 언쟁을 벌이지 않고도 각자의 의견을 정하고 표현할 수 있다. 또한 포스트잇을 이용하면 단기 기억력에 의존하지 않고 중요한 아이디어를 기록해둘 수 있다.(스프린트를 위한 쇼핑 목록은 이 책 끝부분의 체크리스트를 참고하라.)

물론 이 다섯 단계를 적용하는 데는 더 많은 이유가 있는데, 이에 관해서는 각 단계를 다루면서 설명하겠다. 이제 '끈적끈적 결정'이 어떻게 진행되는지 살펴보자.

1. 미술관

첫 번째 단계는 간단하다. 수요일 아침에 회의실에 들어왔을 때는 아직 솔루션 스케치들을 본 사람이 아무도 없다. 우리는 모든 사람이 각 스케치를 충분히 오래 살펴보길 바라는 마음에서 파리의 루브르 박물관에서 아이디어를 하나 훔쳐왔다. 바로 스케치들을 벽에 거는 것이다.

구체적으로 말하면, 우리는 마스킹 테이프로 스케치들을 벽에 붙인다. 이때 미술관에 걸린 그림들처럼 스케치 사이사이에 간격을 두고 한 줄로 길게 붙여야 한다. 이렇게 간격을 띄우면 사람들이 서로 흩어져 각 스케치를 찬찬히 검토할 수 있다. 내용에 따라 대략적인 시간 순서대로 붙이는 것도 좋은 방법이다.

2. 히트 맵

당연히 모든 사람이 자기 솔루션을 제시하고 그 뒤에 숨은 근거를 설명할 기회를 공정하게 얻어야 한다. 음… 그러는 게 당연하겠지만, 우리는 그렇게 하지 않을 것이다.

아이디어를 설명하면 여러 폐단이 뒤따른다. 자기 아이디어를 언변 좋게 주장하거나 카리스마가 강한 사람이 있으면, 듣는 사람의 마음이 그쪽으로 쏠리기 쉽다. 또한 아이디어와 그걸 낸 사람을 연결하거나 ("제이미는 늘 좋은 아이디어가 있는 사람이야.") 심지어 그 아이디어가 무엇에 관한 것인지 알기만 해도 편견이 생길 수 있다.

아이디어를 낸 사람이 자신의 평범한 아이디어에 관해 멋들어진 주장을 펼치거나 이해하기 힘든 아이디어를 그럴싸하게 설명하는 건 어렵지 않다.

하지만 현실에서 아이디어를 낸 당사자가 영업 현장에 나가 고객에게 그 아이디어를 설명하고 설득하지는 않을 것이다. 스프린트에 참가한 전문가들에게 곧바로 와 닿지 않는 아이디어라면 고객들에게도 마찬가지일 가능성이 크다.

히트 맵 활동을 하면 사전 정보 없이 스케치를 접했을 때 처음 받은 느낌을 최대한 활용할 수 있다. 그러니 스케치들을 보기 전에 모든 사람에게 작은 점 스티커를 나눠주라.(각자 20개~30개) 그런 뒤 각자 다음 단계를 따른다.

1. 말은 하지 않는다.
2. 솔루션 스케치 하나를 살펴본다.
3. 마음에 드는 부분 옆에(그런 부분이 있다면) 스티커를 붙인다.
4. 가장 흥미가 가는 아이디어들에 2개~3개의 스티커를 붙인다.
5. 걱정거리나 질문이 있으면 포스트잇에 써서 스케치 아래에 붙인다.
6. 다음 스케치로 가서 이 과정을 반복한다.

스티커를 붙이는 데 제약이나 규칙은 없다. 자신이 그린 스케치에 붙여도 되고, 스티커를 다 쓴 사람에게는 더 주어도 된다. 이 활동이 끝나면 다음과 같은 모습을 보게 될 것이다.

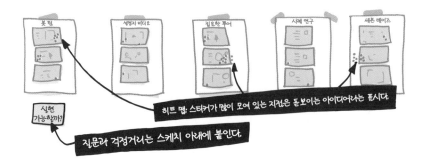

날씨를 표현하는 히트 맵처럼, 스케치 위에 모인 이 점들이 '히트 맵'을 이루어 어떤 아이디어가 사람들의 흥미를 끄는지 한눈에 보여준다. 간단한 활동이지만, 다음 내용에서 알 수 있는 것처럼 히트 맵은 '끈적끈적 결정'의 토대가 된다.

이 활동은 빨리빨리 진행되므로 모든 스케치를 한꺼번에 단기 기억에 담아두는 게 가능하다. 그리고 스티커를 무제한으로 붙일 수 있어서 뭘 선택할지 고심하느라 진이 빠지지도 않을 것이다. 히트 맵은 돋보이는 아이디어들을 발견하는 유용한 방법이고, 의사결정을 위해 머리를 워밍업하기에도 좋다.

하지만 히트 맵에는 한계점이 있다. 히트 맵은 사람들이 왜 어떤 아이디어를 좋아하는지는 알려주지 못한다. 또 당신이 스케치의 의도를 이해하지 못했을 때 설명해주는 게 아니라서 스케치를 이해하려면 팀원들과 논의해야 한다. 그러려면 당연히 소리 내어 이야기가 오가야 하는데, 이것은 우리가 화요일 아침부터 대체로 피해오던 방법이다. 이 점을 잊지 않았길 바란다.

소리 내어 이야기를 나누는 건 위험하다. 인간은 사회적 동물이라서 토론하고 논쟁하려는 타고난 충동이 힘을 받으면, 시간이 물 흐르

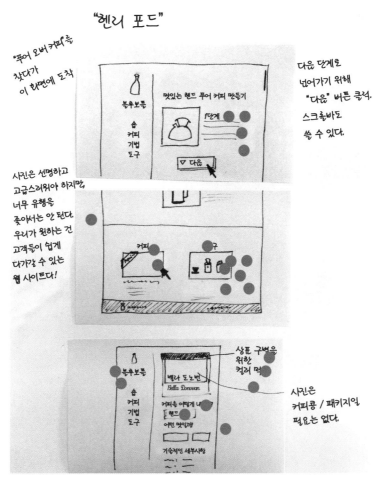

"헨리 포드"

"푸어 오버 커피"를
찾다가
이 화면에 도착

다음 단계로
넘어가기 위해
"다음" 버튼 클릭.
스크롤바도
쓸 수 있다.

사진은 선명하고
고급스러워야 하지만
너무 유행을
좇아서는 안 된다.
우리가 원하는 건
고객들이 쉽게
다가갈 수 있는
웹 사이트다!

상표 구별을
위한
컬러 띠.

사진은
커피콩 / 패키지일
필요는 없다.

히트 맵 스티커들이 붙은 솔루션 스케치.

듯 지나가버린다. 우리는 사람들의 단기 기억력에 심한 부담을 주거나 귀중한 시간을 낭비하고 싶지 않다. 그래서 다음 단계에서는 팀원들이 소리 내어 논의하겠지만, 당신은 정해진 대본에 따라 논의를 진행할 것이다.

3. 스피드 비판

각 솔루션 스케치를 논의하고 돋보이는 아이디어를 기록하는 시간이다. 논의는 정해진 체계에 따라 진행할 것이고 시간 제한을 둘 것이다. 이렇게 하면 처음에는 불편하고 떠밀리는 느낌을 받을지 모른다. 또 모든 단계를 따라가기가 벅찰 수도 있다.(당신이 제대로 하고 있는지 의심이 가면 책 뒤쪽의 체크리스트를 이용하라.) 하지만 요령을 익히는 데 많은 시간이 걸리지는 않을 것이다. 일단 이 활동을 해보면 당신의 팀은 아이디어를 분석하는 효과적인 도구를 얻게 될 것이고, 아마 다른 회의에서도 이 방법을 사용하게 될 것이다.

스피드 비판 시간에는 사회자가 몹시 바쁘므로 다른 누군가가 자원해서 서기를 맡아야 한다. 벽에 붙여놓은 각 스케치를 검토할 때 돋보이는 아이디어를 서기가 포스트잇에 기록할 것이다. 이 메모들은 여러 용도로 쓰인다. 일단 이 메모들은 팀원들이 솔루션을 표현할 때 쓰는 공통용어가 될 것이다. 또한 이렇게 메모하면 모든 팀원은 다른 사람들이 자기 아이디어를 주의 깊게 들어준다는 느낌을 받아서 토론이 더 신속하게 진행된다.

이 활동은 다음과 같이 진행된다.

1. 솔루션 스케치 주위에 모두 **모인다.**
2. **타이머를 30분으로 설정한다.**
3. **진행자가 스케치를 해설**한다.("고객이 비디오를 재생하려고 클릭하고 있네요. 그런 뒤 세부사항이 나온 페이지로 넘어가는군요…….")
4. **진행자가 스티커가 많이 붙은, 돋보이는 아이디어들을 지적한다.**("만화영화 비디오에 스티커가 많이 붙어 있네요…….")

5. **돋보이는 아이디어** 중에서 진행자가 놓친 것이 있으면 **팀원들이 지적한다.**

6. 서기가 **돋보이는 아이디어들을 포스트잇에 쓴 뒤** 스케치 위에 붙인다. 각 아이디어에 '만화영화 비디오' 혹은 '한 번에 가입하기'처럼 간단한 이름을 붙인다.

7. **걱정거리와 질문을 검토한다.**

8. **스케치 작성자는 마지막까지 침묵을 지킨다.**("스케치를 그린 사람이 나와서 우리가 놓친 부분을 말해주세요!"라고 할 때까지.)

9. 이제 **스케치를 그린 사람이 팀원들이 발견하지 못한 아이디어들을 설명하고** 질문에 답한다.

10. 다음 스케치로 넘어가서 이 단계들을 반복한다.

스포트라이트를 받는 자랑스러운 솔루션을 제시한 당사자는 비판이 끝날 때까지 목소리를 내서는 안 된다. 이런 독특한 방법을 쓰면, 시간을 절약할 뿐만 아니라 했던 쓸데없는 소리를 반복하지 않으면서도 솔직한 논의가 이루어질 수 있다.(스케치 작성자가 자기 아이디어를 설득하려 들면 나머지 팀원들은 그 아이디어를 비판하거나 부정적인 의견을 제시하기 힘들어질 것이다.)

각 스케치의 검토 시간은 3분으로 유지하려고 노력하되 약간의 융통성은 두어야 한다. 한 스케치에 좋은 아이디어가 많으면 2분 정도 더 시간을 주어서 전부 다 포착한다. 반면 스케치에 스티커가 거의 붙어 있지 않고 작성자도 설득력 있는 설명을 하지 않으면 모두를 고려해 빨리 다음 스케치로 넘어간다. 아무도 좋아하지 않는 스케치를 힐끗어 봤자 아무 도움이 안 된다.

진행자: 스티커가 많이
모인 부분을 가리키며
해설한다.

서기: 돋보이는
아이디어들을
포스트잇에 기록한다.

모두가 볼 수
있는 타이머
(한 솔루션당 3분)

팀원들:
돋보이는 아이디어들을
지적한다.

명심하라. 스피드 비판 시간에 우리가 얻고자 하는 결과는 유망한 아이디어들을 기록하는 것뿐이다. 어떤 아이디어가 프로토타입에 포함되어야 하는지 입씨름할 필요가 없다. 그런 논의는 나중에 할 것이다. 즉석에서 새로운 아이디어들을 떠올리려고 노력해서도 안 된다. 그냥 각 솔루션에서 돋보이는 부분을 적기만 하면 된다.

스피드 비판 시간이 끝나면 모든 팀원이 유망한 아이디어들과 그 세부 내용을 이해하게 될 것이다. 또한 논의 내용이 다음 그림처럼 벽에 가시적으로 정리되어 있을 것이다.

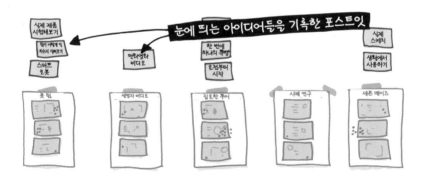

눈에 띄는 아이디어들을 기록한 포스트잇

스피드 비판 시간에 진행자는 빠른 결단을 내려서 팀원들이 계속 다음 논의로 넘어가도록 도와야 한다. 진행자는 심판이자 해설자이지만, 이 활동을 재미있게 진행해야 한다. 어쨌거나 솔루션들이 흥미로울 것이고 가장 좋은 아이디어들에 초점이 맞추어지므로 분위기는 긍정적일 것이다.

4. 여론 조사

정치 문외한들을 위해 말해두자면, 여론 조사는 한 집단의 의견을 알고자 할 때 쓰이는 구속력 없는 투표다.(바람이 부는 방향을 가늠하려고 지푸라기를 똑바로 세워보는 것처럼) 스프린트에서의 여론 조사도 같은 역할을 한다. 여론 조사는 팀원 전체가 자기 의견을 표현하는 쉬운 방법이다. 이 투표는 구속력이 없으며, 결정권자에게 약간의 조언을 해주는 한 방법으로 생각하면 된다. 그 절차는 간단하다.

1. **모든 사람에게 한 표씩 준다.**(커다란 점 스티커를 붙여 자기 의사를 밝히는데, 우리는 분홍색 스티커를 좋아한다.)
2. 모든 사람에게 **장기 목표**와 **스프린트 질문들**을 상기시킨다.
3. 잠재력이 크지만 **위험성이 있는 아이디어들에 대해서는 조심**하라고 주의를 준다.
4. 타이머를 10분으로 맞춘다.
5. **각자의 선택을 비밀리에 써본다.** 스케치 전체를 선택할 수도 있고 스케치 안의 한 아이디어를 고를 수도 있다.
6. 시간이 다 되거나 모든 사람이 선택을 끝내면 **스케치에서 자신이 선택한 부분에 스티커를 붙인다.**
7. **각자 왜 그 부분을 선택했는지 간단하게 설명한다.**(한 사람당 약 1분 동안)

177

어디에 표를 던질지 판단을 도와줄 힌트는 많이 있다. 앞 장에서 우리는 각 솔루션에 머릿속에 잘 들어오는 제목을 붙이라고 했다. 여론 조사를 할 때 그 제목들이 히트 맵과 스피드 비판 시간에 나온 포스트 잇의 메모들과 함께 여러 옵션을 더 쉽게 비교하고 평가하도록 도와줄 것이다.

지금까지 인간의 한계를 여러 번 이야기했지만, 이런 종류의 결정에서는 인간의 뇌가 빛을 발한다. 회의실 안의 모든 사람에게는 저마다 전문지식과 수년간 쌓아온 지혜가 있다. 스피드 비판을 하는 동안 단기 기억에 입력된 내용을 토대로 이들의 정교한 뇌는 딱 한 가지 일에 집중할 수 있다. 토론을 관리하지도, 의견을 피력하지도, 스케치가 무엇에 관한 것인지 기억하려고 애쓰지 않아도 된다. 그냥 당신의 전문지식을 동원해 현명한 결정을 내려라. 우리의 뇌는 그런 결정을 내리는 데 굉장히 뛰어나다.

팀원들은 몇 분 동안 조용히 어디에 투표할지 생각한다. 그런 뒤… 빙고! 이제 스티커를 붙인다.

그런 다음 각자 왜 여기에 표를 던졌는지 간략하게 설명한다. 결정권자는 그 설명을 유심히 들어야 한다. 이제부터 모든 의사결정 권한이 결정권자에게 주어질 것이기 때문이다.

솔직하게 결정하라

여러 사람이 함께 모여 일할 때면 합의를 이룰 수 있을지 걱정이 되기 시작하고 모든 사람이 찬성하는 결정을 내리려고 노력한다. 이는 사람들이 선하기 때문이기도 하고 집단의 응집력을 높이고 싶어서이기도 하다. 또한 민주적인 결정이 주는 만족감도 어느 정도 영향을 미칠 것이다. 흠, 민주주의는 국가를 다스리는 훌륭한 시스템이다. 하지만 스프린트에서는 설 자리가 없다.

이 책의 앞부분에서 우리는 스퀴드 컴퍼니와의 스프린트에서 결정권자를 참여시키지 않은 실수를 이야기했다. 그 몇 주 뒤에는 오스트리츠 컴퍼니Ostrich Co.라는 회사와 스프린트를 진행했는데,* 결정권자와 관련해 이미 학습한 바가 있었으므로 이 회사의 설립자이자 CEO인 오스카Oscar가 스프린트 전 과정에 참여했다.

수요일에 오스트리츠 컴퍼니가 아이디어들을 선택해야 하는 시간이 다가오자 오스카는 "알다시피 이건 우리 모두 함께 결정해야 하는 문제예요"라고 말했다. "우리는 한 팀이니까요." 그 말에 모두 뿌듯해져서 투표했다. 팀이 선택한 솔루션은 오스카가 가장 마음에 들어 했던 솔루션이 아니었지만, 금요일의 테스트에서 좋은 결과를 얻었다. 이렇게 오스트리츠 컴퍼니의 스프린트는 성공적으로 끝났다. 아니, 2주 뒤에 우리가 오스카와 이야기를 나누기 전까지 적어도 우리는 그렇게 생각했다.

"그게 말이죠…." 오스카가 겸연쩍은 표정으로 뒤통수를 긁적였다. "이 문제를 좀 더 생각해봤거든요. 그리고… 음… 다른 방향으로 가기

---

* 무고한 이들을 보호하기 위해 이름과 세부사항은 바꾸었다.

로 했답니다.”

“어찌 된 건지 제가 맞혀볼까요?” 존이 대꾸했다. “스프린트에서 당신이 가장 마음에 들어 했던 아이디어로 가기로 했군요?”

“음, 그렇습니다.”

오스카는 스프린트에서 동지애를 위해 자기 뜻을 꺾었다. 팀이 결정을 내리게 하고 싶었기 때문이다. 하지만 팀이 선택한 아이디어는 그가 제일 마음에 들어 했던 아이디어가 아니었다. 나중에 프로토타입 제작과 테스트가 끝난 뒤 그는 평소 의사결정 방식으로 되돌아갔고, 지금 오스트리츠 컴퍼니는 오스카가 선택했던, 테스트하지 않은 다른 아이디어로 방향을 틀었다.

그렇다면 이 경우에 일을 망친 사람이 누구일까? 단지 오스카만의 잘못은 아니다. 스프린트에 참여한 우리 모두에게 책임이 있었다. 오스카가 자기 권리를 양보하도록 우리가 놔두었기 때문이다. 우리는 오스트리츠 컴퍼니에서 솔직하게 결정하라는 교훈을 얻게 되었다. 결정권자를 스프린트에 부르는 데는 그럴 만한 이유가 있다. 그리고 지금은 그 어떤 순간보다 결정권자가 자기 일을 해야 하는 때다.

물론 결정권자를 참여시키기가 쉽지는 않다. 우리가 이야기를 나눠본 많은 스타트업의 CEO는 회사와 팀을 위해 올바른 결정을 내려야 한다는 압박을 느끼고 있었다. 스프린트에서는 이런 결정권자들의 의사결정을 돕는 자료를 많이 제시한다. 상세한 스케치돌, 축적된 메모들, 그리고 지금 막 완료한 여론 조사에 이르기까지, 결정권자들에게 필요한 모든 것이 주어져야 한다.

5. 슈퍼의결권

이제 최종 결정을 내리는 시간이다. 각 결정권자는 3개의 슈퍼의결권 스티커(표에는 결정권자의 이니셜이 적혀 있다)를 받을 것이다. 그리고 어떤 아이디어건 결정권자가 표를 던진 아이디어가 최종적으로 선택되어, 그것으로 프로토타입을 만들고 테스트하게 될 것이다.

결정권자는 여론 조사에서 가장 많은 표를 얻은 아이디어를 선택할 수도 있고 여론 조사 결과를 무시할 수도 있다. 표를 여러 아이디어에 나누어 던질 수도 있고 하나에 표 3개를 다 줄 수도 있다. 기본적으로, 결정권자가 원하는 대로 어떤 식으로든 해도 괜찮다.

이때도 결정권자에게 장기 목표와 스프린트 질문들(아직 화이트보드에 그대로 적혀 있어야 한다!)을 한 번 더 상기시켜주는 것이 좋다. 이렇게 해서 결정권자가 표를 던지면 마침내 이번 주의 가장 어려운 선택이 끝난다. 그 결과는 아마 다음과 같은 모습일 것이다.

181

결정권자의 선택을 받은 스케치들(혹은 스케치 하나일 수도 있다!)이 자랑스러운 승리자가 된다. 이제 이 아이디어들을 기반으로 프로토타입을 만들고 금요일에 테스트하게 될 것이다. 우리는 슈퍼의결권 스티커를 받은 승리자들을 한곳에 모이게 한 다음, 그림처럼 벽의 스케치들을 재배치한다.

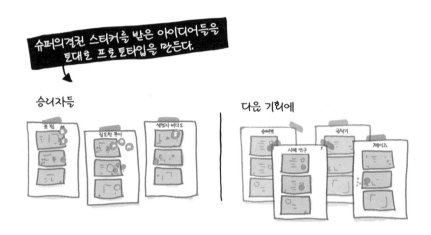

슈퍼의결권 스티커를 받지 못한 스케치들은 승리자는 아니지만, 그렇다고 패자도 아니다. 이 스케치들은 '다음 기회에 검토할 아이디어들'이다. 수요일 오후에 프로토타입의 계획을 세울 때 이 아이디어들을 검토할 수 있고 다음 스프린트에서 활용할 수도 있다.

이와 같은 의사결정 과정이 완벽하지 않다는 것은 짚고 넘어가야겠다. 때로는 결정권자가 중대한 실수를 저지르거나 좋은 아이디어가 선택받지 못하는 때(적어도 첫 번째 스프린트에서는)도 있다. 하지만 '끈적끈적 결정'은 완벽하진 않더라도 꽤 효과적이고 신속하다는 장점이 있다. 이러한 신속성은 스프린트의 더 큰 목표, 즉 금요일의 테스트에서 실세계의 데이터를 얻는다는 목표 달성에 도움이 된다. 궁극적으로 최상의 결정을 끌어내는 것은 그 테스트에서 얻는 데이터일 것이다.

이렇게 솔루션들이 선택되고 나면 아마 모든 사람이 한숨을 돌릴 것
이다. 어쨌거나 스프린트에서 가장 중요한 결정이 내려졌다! 참가자
모두에게 자기 의견을 밝힐 기회가 있었고, 모두 이 결정을 어떻게 내
리게 되었는지 이해하고 있다. 또한 이런 안도감과 더불어, 프로토타
입을 구성할 요소들이 확인되어 눈에 딱 보이니 흥분이 될 것이다.

하지만 아직 한 가지 장애물이 더 남아 있다. 결정권자 1명당 3장의
표를 주는데 결정권자가 2명일 때는 최대 득표한 스케치가 하나 이상
나올 수 있다. 이 스케치들이 서로 상충하는 내용이라면 어떻게 할까?
하나의 프로토타입 내에 공존할 수 없는 아이디어들이라면? 그 답은
다음 장에서 찾아보도록 하자.

11

혈투

슬랙의 창업자이자 CEO인 스튜어트 버터필드는 '봇 팀'이라는 스케치를 유심히 살펴보았다. 이 스케치는 신규 고객이 자기 팀에 '봇(컴퓨터가 제어하는 캐릭터로, 메시지를 보내고 간단한 질문에 답할 수 있다)'에 관해 설명하려고 애쓰는 과정을 담고 있었다. 스튜어트는 고개를 끄덕이며 까슬까슬한 턱을 긁적거렸다. 그런 뒤 마지막 분홍색 스티커를 이 스케치에 붙였다. 이렇게 해서 슈퍼의결권 행사가 끝났다.

스튜어트는 우리에게 '봇 팀' 스케치가 예감이 좋다고 말했다. 잠재고객들은 업무에 슬랙을 이용하면 어떨지 잘 상상하지 못했다. 스튜어트는 '봇 팀' 스케치에서 제시한 시뮬레이션을 사용하면 이런 고객들이 곧바로 감을 잡을 수 있으리라고 예상했다.

여러 스타트업을 설립한 기업가인 스튜어트는 감이 좋기로 명성이

자자했다. 글리치가 인기몰이에 실패한 뒤에는 슬랙을 세워야겠다는 직감을 좇아 성공을 거두었고, 10년 전에는 사진 공유 서비스인 플리커Flickr를 만들어야겠다는 직감에 충실했다. 그런 스튜어트가 '봇 팀' 스케치를 보고 예감이 좋다고 말하니 당연히 우리는 그 말에 솔깃했다. 하지만 제품 관리자인 메르시는 로봇이라는 가짜 팀이 고객들에게 혼란을 줄 수 있다고 걱정했다. 게다가 이 아이디어를 기술적으로 제대로 구현하려면 족히 4개월~6개월이 걸릴 수 있다는 점도 지적했다.

메르시 역시 신뢰할 만한 사람이었다. 그녀는 슬랙에 합류하기 전에 자신의 소프트웨어 업체를 세운 적이 있는 노련한 기업가였다. 그리고 이 프로젝트의 책임자로서 결정권자 역할로 스프린트에 참여했다. 메르시는 스튜어트와 다른 스케치에 자신의 스티커를 붙였다. 그녀가 선택한 것은 슬랙의 인터페이스를 단계별로 설명하는 솔루션인 '끈질긴 투어'였다.

이처럼 결정권자들의 의견이 갈리자 문제가 생겼다. '봇 팀'과 '끈질긴 투어'를 동일한 프로토타입에 함께 구현할 방법을 찾을 수 없었기 때문이다. 하나의 웹 사이트에 이 둘을 다 넣으면 설명이 너무 많았다. 좋은 아이디어가 두 개가 있고 이 둘을 결합할 방법이 없을 때 합당한 방법은 단 하나, 혈투뿐이다!

수요일 아침에 스프린트 팀은 '끈적끈적 결정'을 통해 가장 유망한 스케치들을 뽑을 것이다. 하지만 슬랙의 경우처럼 공존할 수 없는 스케치 두 개(혹은 심지어 셋)가 뽑히면 어떻게 할까? 결정권자에게는 3장의 표가 있으니까 이러한 충돌은 언제든 일어날 수 있다. 언뜻 보면 이 상황이 골칫거리 같아 보일 수 있다. 하지만 사실은 큰 횡재라고 할 수 있다.

두 개의 상충하는 아이디어가 있을 땐 굳이 둘 중 하나를 선택할 필요가 없다. 대신 두 가지 모두 프로토타입을 만들어 금요일의 테스트에서 각 프로토타입이 고객들에게 어떤 반응을 얻는지 볼 수 있다. 프로토타입들은 의자로 서로를 후려치는 프로 레슬링 선수들처럼 직접 맞붙어 싸울 것이다. 우리는 이런 유형의 테스트를 '혈투'라고 부른다.

이런 테스트를 하면 여러 대안을 동시에 검토할 수 있다. 슬랙의 경우 이것은 '끈질긴 투어'와 '봇 팀'이라는 두 개의 프로토타입을 만들어야 함을 의미했다. 스프린트 덕분에 슬랙은 단 5일 만에 데이터를 얻어 결정을 내릴 수 있었다.(과연 누구의 예감이 옳았는지는 뒤에서 알려주겠다.)

물론 항상 '혈투'를 벌일 필요는 없다. 때로는 여러 솔루션이 뽑혀도 서로 잘 맞는 때가 있다. 새비오크에서 로봇의 특성과 관련해 뽑힌 솔루션들—음향효과, 조사, 행복한 댄스—은 전부 하나의 프로토타입에서 공존할 수 있었다. 우리에겐 로봇이 하나뿐이었으므로 실로 다행스러운 일이 아닐 수 없었다.

최종 선택된 솔루션들을 하나의 결과물에 결합할 수 있다고 판단되면 굳이 '혈투'를 벌일 필요가 없다. 그 대신 이들 솔루션을 전부 집어넣어 문제해결을 위한 최상의 프로토타입을 만들어라. 이러한 올인원 접근 방식 역시 이점이 있다. 이때는 프로토타입이 더 길고 상세해질 것이다.

혈투냐, 올인원이냐

선택된 솔루션이 하나 이상일 때, '혈투'를 벌일 것인지, 솔루션들을 하나의 프로토타입에 결합할 것인지 짧은 시간 안에 팀원 전체가 함께 논의한다. 어떤 형식으로 갈 것인지에 관한 이런 결정은 일반적으로 쉽게 내려진다. 결정이 힘들 때는 항상 결정권자에게 판단을 요청할 수 있다.

'혈투'를 하기로 했다면 작은 문제가 하나 더 있다. 같은 제품에 대한 두 개의 프로토타입을 고객에게 보여줄 경우, 당신이 시력 검사관처럼 보일 위험이 있다. "어떤 버전이 더 마음에 드세요? A? B? A? B?"*

다행히 이런 애매한 상황을 해결할 쉽고 재미있는 방법이 있다. 바로 가짜 브랜드를 만드는 방법이다. 각 프로토타입에 다른 이름을 붙이고 외양을 달리하면 고객들은 이들을 분리해서 생각할 수 있다.

슬랙 스프린트에서 우리는 한 프로토타입에는 슬랙이라는 상표를 썼지만, 다른 프로토타입에는 가짜 이름을 붙여야 했다. 그런데 '아크메Acme'나 '크라운 팬츠Clown Pants' 따위의 이름을 붙이면 고객들이 이 프로토타입을 진지하게 받아들이지 않을 게 분명했다. 이런 이름보다는 슬랙의 진짜 경쟁제품처럼 보이는 이름이 필요했다. 스프린트 팀은 몇 가지 대안을 검토한 뒤 '개더Gather'라는 이름을 선택했다. 실제 존재하는 제품은 아니지만, 마치 진짜 그런 제품이 있는 것처럼 들리기에 딱 좋은 이름이었다.

블루보틀 커피도 온라인 스토어에 관한 여러 아이디어를 테스트할 때 이와 비슷한 과제에 부딪혔다. 블루보틀은 진짜 커피 업체처럼 보일 가짜 상표명을 지어야 했다. 그리하여 나온 것들이 '린든 앨리 커피Linden Alley Coffee', '텔레스코프 커피Telescope Coffee', '포팅 셰드 커피Potting Shed Coffee'였다.

그런데 가짜 상품명을 짓는 일이 재미있긴 하지만, 자칫 시간 도둑

---

* 시력 검사관에게 무슨 문제가 있다는 뜻은 아니다. 우리는 시력 검사관님들을 사랑합니다!

이 될 수 있다. 이 과정을 신속하게 끝내기 위해 우리는 다목적 브레인
스토밍 대신 '기록하고 투표하기 Note-and-Vote'라는 방법을 사용한다. 그
방법은 다음과 같다.

기록하고 투표하기

스프린트를 진행하다 보면 팀원들에게서 정보나 아이디어를 모은 뒤에
결정해야 하는 때가 있을 것이다. '기록하고 투표하기'는 이런 결정을
쉽게 내리는 방법이다. 이 방법은 10분 만에 끝낼 수 있고, 가짜 상품명
부터 점심 먹을 곳까지 갖가지 사안을 결정하는 데 매우 편리하다.

1. 각 팀원에게 **종이 한 장과 펜**을 준다.

2. 각자 **3분 동안 조용히 아이디어들을 쓴다.**

3. 각자 **2분 동안 자신의 아이디어들을 정리**해 가장 좋은 것 2개~3개 정
   도로 줄인다.

4. 각 팀원이 선택한 **가장 좋은 아이디어들을 화이트보드에 적는다.** 7명
   이 참여한 스프린트라면 전부 15개~20개 정도의 아이디어가 나올 것
   이다.

5. 화이트보드에 적힌 **아이디어 중 각자 가장 괜찮다고 생각하는 것을
   2분 동안 맘속으로 정한다.**

6. **한 사람씩 돌아가며 자신이 선택한 아이디어를 말한다.** 그때마다 화이
   트보드의 해당 아이디어 옆에 점 스티커를 붙인다.

7. 결정권자가 최종 결정을 내린다. 항상 그렇듯, 결정권자는 팀원들의
   투표 결과를 따라도 되고 따르지 않아도 된다.

수요일 점심 먹을 때 즈음이면, 어떤 스케치가 스프린트 질문들에 답하고 장기 목표에 도달하도록 도와줄 가능성이 가장 큰지가 결정될 것이다. 또한 그렇게 선택된 아이디어들을 하나의 프로토타입에 결합할지, 혹은 2개~3개의 프로토타입을 만들고 '혈투'를 벌여 테스트할지도 결정될 것이다. 이제 금요일의 테스트 시간에 맞추어 프로토타입을 완성할 수 있도록 이 결정들을 행동 계획으로 바꿀 차례다.

12

스토리보드

수요일 오후가 되면 고객들과 실시할 금요일의 테스트가 다가온다는 게 슬슬 실감 날 수 있다. 기한이 얼마 남지 않았으므로, 아이디어들을 선택하자마자 얼른 프로토타입을 만들고 싶은 마음이 굴뚝같을 것이다. 하지만 계획 없이 프로토타입을 만들기 시작하면, 해결되지 않은 작은 문제들에 갇혀 꼼짝 못 하게 되고 조각들이 서로 잘 맞추어지지 않아 프로토타입이 망가질 수 있다.

수요일 오후에는 이런 작은 문제들을 해결하고 계획을 짠다. 구체적

으로 말하면, 선택된 스케치들을 엮어서 하나의 스토리보드를 만드는 것이다. 이 스토리보드는 화요일에 스케치했던 3칸짜리 스토리보드와 비슷하지만, 더 길다. 모두 10개~15개의 칸으로 이루어지며, 각 칸의 내용이 밀접하게 연결되어 하나의 일관된 스토리가 만들어진다.

이런 긴 스토리보드를 만드는 작업은 영화제작에서 흔히 볼 수 있다. 〈토이 스토리 Toy Story〉, 〈인크레더블 The Incredibles〉 등을 만든 영화제작소 픽사 Pixar는 애니메이션의 제작 작업에 들어가기 직전까지 스토리보드를 완성하는 데 몇 달을 보낸다. 픽사가 이런 사전 작업에 많은 공을 들이는 데는 이유가 있다. 애니메이션을 다시 렌더링하거나 유명 배우들을 불러 목소리를 재녹음하는 것보다 스토리보드를 고치는 편이 훨씬 더 쉽기 때문이다.

스프린트는 픽사보다 마감 기한이 짧고 규모도 작다. 하지만 스토리보드는 만들 만한 가치가 있다. 우리는 이 스토리보드를 이용해 완성된 프로토타입을 머릿속에 그릴 것이다. 그래서 프로토타입이 실제로 제작되기 전에 문제점과 혼란스러운 점을 찾아낼 수 있다. 이런 문제들을 사전에 다루면 목요일의 활동에 더 여유 있게 집중할 수 있을 것이다.

슬랙의 스토리보드는 고객이 어떤 신문기사에서 두 제품(슬랙과 개더)의 기사를 읽은 뒤 웹 사이트들을 클릭하여 들어가서 서비스에 가입하는(희망 사항) 동안 프로토타입이 어떻게 돌아가는지를 보여준다.

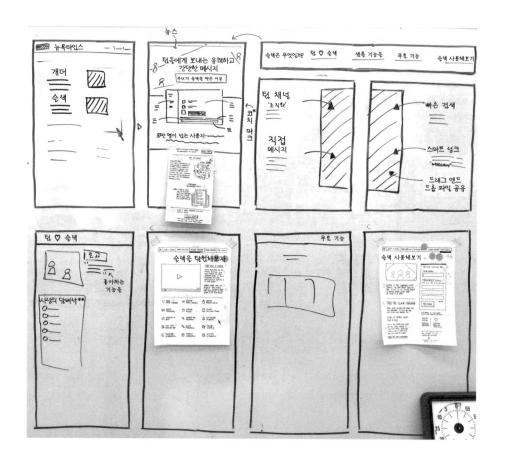

언뜻 보면 이 스토리보드는 세상에서 가장 지루한(그리고 가장 못 그린) 만화처럼 보일지 모른다. 하지만 슬랙 팀에는 걸작이었다. 여기에는 우리가 내놓은 가장 좋은 아이디어 전부가 우리 모두 이해할 수 있는 이야기 속에 잘 어우러져 있다. 그리고 우리는 고객들도 이 스토리

---

* 코치 마크coach mark : 애플리케이션을 처음 써보는 사용자를 위해 사용법을 간단하게 알려주는 장치.

** 사랑의 담벼락wall of love : 슬랙에 관한 긍정적인 트위터 멘션을 수집해 보여주는 기능.

보드를 이해할 수 있길 바랐다. 화이트보드를 보니 다음과 같은 모습이었다.

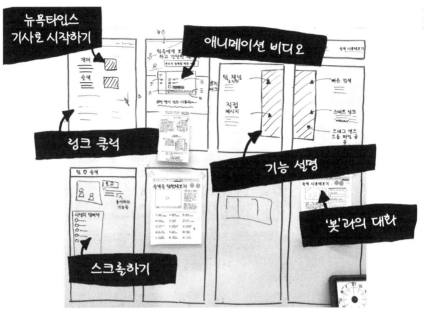

슬랙의 팀원들이 이 스토리보드를 봤을 때와 마찬가지로, 당신의 팀원들도 자신들이 완성한 스토리보드를 잘 이해할 것이다. 이제 우리는 스토리보드를 만드는 방법으로 바로 넘어갈 것이다. 그리고 이를 설명하면서 슬랙이 어떻게 자신들의 아이디어를 스토리보드로 엮었는지 보여주겠다.

먼저 누군가가 스토리보드 '예술가'가 되어야 한다. 예술가라는 단어를 따옴표에 넣은 이유는 이 일에 예술적 재능이 필요하지 않기 때문이다. 이때 '예술가'란 그저 화이트보드에 뭔가를 많이 쓰고 싶은 사람을 말한다.(진행자를 도울 또 다른 좋은 기회일 수 있다.)

격자판 그리기

먼저 칸이 15개 정도인 큰 격자판을 그려야 한다. 빈 화이트보드에 각
각 종이 두 장 크기의 상자를 그려라. 긴 직선을 그리기 힘들다면(그리
힘들지 않은 사람이라도) 마커 대신 마스킹 테이프를 사용하면 편리하다.

스토리보드 그리기는 바둑판의 맨 윗줄, 제일 왼쪽 칸부터 시작한
다. 이 칸에는 고객들이 금요일에 경험할 첫 순간이 담길 것이다. 그렇
다면 여기에 무엇이 들어가야 할까? 프로토타입의 가장 좋은 시작 화
면은 과연 무엇일까?

시작 화면이 적절하면 테스트의 질이 크게 향상될 것이다. 시작 화
면이 그럴싸하면 고객들이 지금 프로토타입을 써보는 중이라는 사실
을 잊고 스스로 우연히 이 제품을 발견한 것처럼 자연스럽게 반응하는
데 도움이 된다. 앱의 프로토타입이라면 앱 스토어에서, 새로운 시리
얼 박스의 프로토타입이라면 식료품점 선반에서 시작하는 게 좋다. 그
런데 업무용 커뮤니케이션 소프트웨어의 프로토타입이라면?

현실에서 슬랙은 언론의 집중적인 조명을 받았다. 신규 고객 중에는

기사를 읽고 슬랙을 알게 된 사람이 많았다. 그래서 메르시는 가짜 〈뉴욕타임스〉 기사를 시작 화면으로 쓰자고 제안했다. '사무용 소프트웨어의 새로운 동향'에 관한 기사라면, 우리의 두 프로토타입인 슬랙과 개더를 소개할 완벽한 기회가 될 수 있었다. 그래서 우리는 다음과 같이 스토리보드를 그렸다.

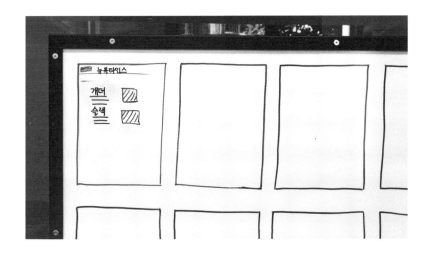

가짜 신문 기사는 시작 화면으로 쓰기에 편리한 방법이다. 우리는 블루보틀과의 스프린트에서도 이 방법을 이용했다. 블로보틀에서는 전도유망한 신진 커피 업체 세 곳(가짜)에 관한 기사로 프로토타입의 문을 열었다.

하지만 스토리보드의 첫 화면을 만드는 방법은 다양하다. 플랫아이언은 자사 소프트웨어의 기존 사용자들이 새로운 임상시험 도구에 맞추어 각자의 업무 흐름을 바꿀지 궁금했다. 이 경우 시작 화면을 신문 기사로 하는 건 적절하지 않았다. 그 대신 플랫아이언의 시작 화면은 임상연구 간호사들이 새 시스템으로부터 알림을 받는 이메일 수신함

이 되었다. 새비오크는 고객이 호텔에 체크인했는데 칫솔을 가지고 오지 않은 상황을 시작 화면으로 했다. 테스트하고 싶은 실제 솔루션이 시작되는 시점에서 한두 단계 거슬러 올라간 상황을 시작 화면으로 하는 것이 요령이다.

시작 화면 선택하기

당신의 회사가 존재한다는 걸 고객들이 어떻게 알게 될까? 당신의 회사 제품을 사용하기 직전에 고객들은 어디에서 무엇을 하고 있을까? 우리가 즐겨 사용하는 시작 화면은 단순하다.

- 결과에 당신 회사의 웹 사이트가 들어 있는 **웹 검색**.
- 당신 회사의 서비스에 관한 광고가 실린 **잡지**.
- 당신 회사의 제품이 경쟁 제품들과 함께 놓인 **상점 선반**.
- 당신 회사의 앱이 올라와 있는 **앱 스토어**.
- 당신 회사의 서비스(그리고 아마도 경쟁사의 서비스도 함께)를 언급한 **기사**.
- 다른 게시물 사이에 당신 회사의 제품이 언급된 **페이스북이나 트위터 피드**.

이 외에도 다양한 시작 화면이 가능하다. 의사의 보고서 파일, 엔지니어의 이메일 수신함 혹은 교사의 학급 소식지로도 프로토타입이 시작될 수 있다. 새로운 상점을 테스트한다면 고객이 문을 열고 들어오는 순간부터 시작해도 된다.

당신의 솔루션을 **경쟁 제품들과 함께 보여주는 건** 대개는 항상 좋은 생각이다. 실제로 금요일에 당신의 팀이 만든 프로토타입과 경쟁사 제품들을 나란히 놓고 고객들에게 테스트해달라고 요청할 수도 있다.

일단 시작 화면을 선택하고 나면 기뻐하시라. 스토리보드를 완성하기 전에 내려야 할 결정이 이제 900개밖에 남지 않았다!

하하, 농담이다.

스토리보드 만드는 방법은 간단하지만, 그 과정에서 수많은 작은 결정을 내려야 한다. 그런 결정을 내리다 보면 지칠 수도 있지만, 당신은 지금 미래의 자신을 돕고 있다는 걸 기억하라. 지금 당신이 결정한 사항들에 관해서는 프로토타입을 만들 때 생각하지 않아도 되기 때문이다.

스토리보드 채우기

일단 시작 화면이 선택되면 스토리보드 '예술가'가 그 내용을 첫 칸에 그려야 한다.(다른 사람들은 모두 둥글게 모여 있고 '예술가'는 화이트보드 옆에 서 있을 것이다.) 이제 만화책처럼 여기서부터 한 번에 한 칸씩 이야기를 만들어나간다. 이때 팀원들이 함께 각 단계를 논의할 것이다.

앞서 선택한 솔루션들에 붙어 있는 포스트잇들을 가능한 한 스토리보드의 해당하는 부분에 붙인다. 빈틈이 나타나는 경우—스토리 속의 한 단계가 솔루션 스케치들에 표현되어 있지 않을 때—테스트에 꼭 필요하지 않다면 채우지 않아도 된다. 작동되지 않는 버튼과 사용할 수 없는 메뉴 항목을 넣어도 된다. 놀랍게도 금요일의 테스트에서 고객들은 일반적으로 이런 '막다른 곳'들을 별로 신경 쓰지 않는다.

빈틈을 채워야 한다고 결정했다면 '다음 기회에' 스케치들이나 기존 제품에 있는 아이디어를 이용한다. 즉석에서 새 솔루션을 떠올리는 건 피한다. 수요일 오후에 새 아이디어를 내놓으려고 애쓰는 것은 시간과 노력의 활용 측면에서 부적절하다. 물론 각 칸에 무언가를 그려야 할 것이다. 필요하면 빈틈을 메우고 앞서 선택된 스케치들의 내용을 확충하여 프로토타입에 믿을 만한 스토리가 담기도록 해야 한다. 그림이 근사할 필요는 없다. 화면에 나타나는 장면이라면 버튼과 글, 작은 화살표 정도만 그리면 된다. 실생활에서 일어나는 장면이라면 졸라맨과 말풍선을 그린다.

수요일 오후는 내내 스토리보드를 그릴 것이다. 이 작업을 5시까지 완료하려면 다음 가이드라인을 따르는 것이 좋다.

지금 가지고 있는 것들로 일한다

새로운 아이디어를 내놓으려 하지 말고 이미 떠올린 좋은 아이디어들로 작업하라.

문구 작업을 다 함께 하지 않는다

스토리보드에는 대략적인 제목과 중요한 문구들이 포함되어야 한다. 하지만 팀원 전체가 함께 문구를 다듬으려 하지 마라. 단체로 문구 작성을 하면 시간 낭비는 말할 것 없고 두서없이 실없는 소리가 나오기 일쑤다. 그 대신 솔루션 스케치에 들어 있는 문구를 사용하거나 그냥 문구 작성을 목요일까지 미루어라.

세부사항을 충분히 포함한다

목요일에 프로토타입을 만들 때 "다음에는 무슨 일이 일어나죠?" 또는 "여기서 어떻게 하죠?"라는 질문이 나오지 않을 정도로 스토리보드에 세부사항을 충분히 담는다. 그렇다고 지나치게 구체적일 필요는 없다. 모든 칸의 내용을 완벽하게 꾸미거나 뉘앙스까지 일일이 확인할 필요는 없다. "그런 세부사항은 내일 이 프로토타입을 만드는 사람이 결정하면 됩니다"라고 말하고 다음으로 넘어가도 된다.

결정권자가 결정을 내린다

의사결정에 필요한 한정된 에너지를 이미 오전에 많이 써버려서 스토리보드 만들기가 힘들 수 있다. 이 작업을 더 쉽게 하려면 결정권자에게 계속 의지한다. 슬랙의 스프린트에서는 브레이든이 스토리보드를 그리는 '예술가'였지만, 메르시가 결정했다. 메르시에게는 또 다른 일거리가 주어진 셈이지만, 그렇게 하니 신속한 진행이 가능하고 일관된 의견이 유지되었다.

좋은 아이디어들을 전부 담지 못하더라도 앞뒤가 맞고 뜻이 통하는 스토리보드가 나올 수 있다. 무엇을 포함할지 입씨름하느라 하루를 보낼 수는 없다. 결정권자가 일부 사항에 관해 전문가들에게 조언을 구하거나 결정을 맡길 수는 있지만, 민주주의 정신을 고수하지는 말지어다.

확실하지 않을 땐 모험을 해본다

때로는 이것저것 다 맞아떨어지지 않을 때가 있다. 하지만 기억하시라. 스프린트는 위험요소가 있지만, 큰 성과를 불러올 만한 솔루션들을 테스트하기에 좋다. 따라서 당신이 평소에 우선시하던 방식을 바꿔야 할 것이다. 당장 다음 주에라도 구축할 수 있을 만큼 위험도가 낮고 간단한 해결책이라면 프로토타입에서 이를 구현해도 많은 것을 배우지는 못할 것이다. 그런 쉬운 승리 대신 대담하고 큰 판돈을 걸어라.

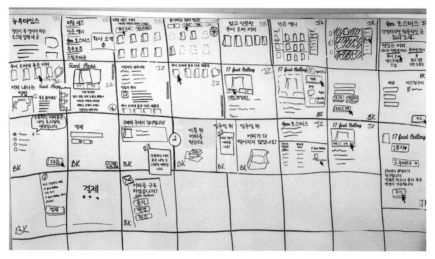

블루보틀 커피의 스토리보드는 커피콩을 선택하여 주문하는 데 필요한 모든 클릭 과정을 보여준다.

로봇이 객실 문까지 물품을 배달하는 과정을 보여주는 새비오크의 스토리보드.

스토리는 15분 이하로 만든다

15분 정도 안에 프로토타입 전체를 테스트할 수 있도록 한다. 15분이라면 짧아 보일지 모른다. 특히 고객과의 인터뷰 시간이 60분 정도인데 테스트 시간이 15분이라면 더 짧게 느껴질 것이다. 하지만 처음에 인터뷰 분위기를 잡고 마지막에 차츰 마무리하는 시간이 필요할 뿐 아니라 고객이 생각하면서 이야기하고 질문에 대답할 시간까지 고려해야 한다. 15분이라고 해도 실제로는 더 많은 시간이 들 것이다. 그리고 테스트 시간에 제한을 두는 데는 또 다른 현실적인 이유가 있다. 15분이라는 방침을 고수하면 당신은 가장 중요한 솔루션에만 초점을 맞추고 프로토타입을 만들 수 없는 부분까지 건드리려고 욕심을 부리지 않을 것이다.(경험에서 얻은 법칙 하나를 귀띔하자면, 스토리보드의 각 칸이 테스트에서 약 1분 정도를 차지한다.)

앞서 선택했던 스케치들을 전부 담으면 스토리보드가 완성될 것이다. 이제 당신은 스프린트에서 가장 힘든 부분을 끝냈다. 결정이 내려졌고 프로토타입을 만들기 위한 도면도 준비되었다. 이렇게 해서 수요일이 막을 내린다.

팀원들의 기운이 바닥나지 않도록 조심!

결정을 내리려면 많은 정신력이 든다. 하지만 하루에 쓸 수 있는 정신력은 한정되어 있다. 정신력은 아침에는 충전된 상태이다가 결정할 때마다 조금씩 줄어드는 배터리와 비슷하다고 생각하면 된다.(이런 현상을 '결정 피로감decision fatigue'이라고 부른다). 진행자는 팀원들의 배터리가 오후 5시까지 남아 있도록 신경 써야 한다.

수요일에는 결정해야 하는 일들이 꼬리를 물고 이어져서 배터리가 다 되기 쉽다. '끈적끈적 결정' 방식을 지키고 팀원들이 이제 와서 새로운 아이디어를 짜내지 않도록 유도한다면 5시까지 배터리가 소진되지 않게 할 수 있을 것이다.

하지만 진행자는 팀원들이 진이 빠지지 않도록 계속 주의를 기울여야 한다. 결론 없는 논의가 무기력하게 이어지지는 않는지 살피고, 그런 경우가 발견되면 결정권자에게 결정권을 넘긴다.

"지금 나누는 이야기들이 유익하긴 하지만, 끝내야 할 일이 아직 많이 남아 있습니다. 다음 건으로 넘어갈 수 있도록 결정권자가 판단하도록 합시다", "이 건에 관해서는 그냥 결정권자를 믿읍시다"라고 말하면 좋다.

디자인이나 문구 같은 더 작은 세부사항들은 목요일까지 미뤄도 된다.

"이 문제는 내일 프로토타입의 이 부분을 만드는 사람에게 맡깁시다."

또한 누구라도, 심지어 결정권자라도 즉석에서 다른 솔루션을 내놓으면 새로운 아이디어로의 탐험은 스프린트가 끝난 뒤로 미루라고 말한다.

"지금 우리는 새로운 아이디어를 떠올리려고 하고 있네요. 아주 흥미로운 아이디어들이니까 놓치지 않도록 적어두는 게 좋겠어요. 하지만 스프린트를 끝내려면 지금은 우리가 이미 생각했던 좋은 아이디어들에 집중해야 합니다."

마지막 말이 특히 냉정하게 들릴 수 있다. 영감을 짓밟는 걸 좋아하는 사람은 없으니까. 게다가 새로운 아이디어가 스케치에 표현된 아이디어들보다 더 좋아 보일 수 있다. 하지만 아이디어 대부분은 추상적일 때는 그럴듯해 보이지만, 실제로는 그만큼 좋지 않을 수 있다는 걸 기억하라. 그리고 그 새로운 아이디어 중 하나가 정말 최고의 아이디어라 할지라도 지금까지의 과정을 다시 밟을 시간이 없다.

앞서 선택된 스케치들도 테스트 받을 만한 가치가 있는 것들이다. 새로운 아이디어들과 개선점들이 정말로 괜찮다면 다음번에 테스트 자리에 오를 것이다.

목요일

수요일에 우리는 스토리보드를 만들었다. 목요일에는
'꼼수' 철학을 도입하여 이 스토리보드를 진짜처럼 보이게
하는 프로토타입으로 구현할 것이다. 다음 장들에서는
단 7시간 만에 프로토타입을 제작하는 데 필요한 태도와
전략, 도구들을 설명하겠다.

13

진짜처럼 보이게 만들기

하관이 단단한 카우보이 한 명이 술집 바깥에 서 있다. 카우보이는 모자를 고쳐 쓰면서 눈을 가늘게 뜨고 먼지가 휘날리는 거리를 쳐다본다. 거리에는 검은 양복 차림의 사내 다섯이 라이플총을 움켜쥔 채 말에 타고 있다. 아래쪽 거리의 잡화점 근처에는 사람들이 옹송그리며 모여 있다. 잡초들이 바람을 타고 날아다닌다. 아무도 입을 떼지 않지만, 모두 알고 있다. 지금 이 도시에 뭔가 큰일이 일어나려고 한다.

옛 서부영화를 본 적이 있다면 당신은 아마 이런 장면에 익숙할 것이다. 흰 모자를 쓴 착한 주인공, 검은 모자를 쓴 악당들, 넘쳐나는 과장되고 극적인 행동들. 이런 영화에서 판자로 지어진 건물들과 널빤지가 깔린 보도, 그리고 스윙도어가 달린 술집이 등장하는 마을은 흔히 가장 사실적으로 느껴지는 부분이다.

물론 옛 서부영화에 나오는 그런 배경은 보기와는 달리 진짜가 아니다. 때로는 감독이 폐허가 된 유령 마을이나 그림같이 아름다운 이탈리아 마을처럼 본래 있던 장소 가운데 해당 장면에 어울리는 곳을 발견하기도 한다. 하지만 영화 대부분은 할리우드의 야외 촬영지에 마련된 세트장에서 찍는다. 카우보이 뒤에 서 있는 술집? 사실은 외관만 보이도록 제작된 세트일 뿐, 외벽 뒤에는 아무것도 없다.

그러나 관객에게는 별 상관이 없다. 우리는 이야기 속에 푹 빠져들어 화면에 비치는 도시 풍경을 전부 진짜처럼 느낀다. 외관뿐인 세트건, 실제로 있는 유령도시건 진짜처럼 착각하는 것이다.

우리가 목요일에 노리는 것이 바로 이런 착각이다. 당신의 팀은 좋은 솔루션 아이디어를 떠올렸다. 그런데 그 솔루션을 실제로 구축하느라 몇 주, 몇 달, 심지어 몇 년을 보내는 대신 가짜로 꾸며낼 것이다. 옛 서부영화에 등장하는 술집의 외관처럼 진짜 같아 보이는 프로토타입을 하루 만에 만들어내는 것이다. 그리고 금요일에 고객들—영화 관객들처럼—은 주변 상황은 잊어버리고 이 가짜에 반응할 것이다.

외관은 생각보다 구축하기 쉽다. 예를 들어, 100일 걸릴 프로젝트를 하고 있는데 90퍼센트 정도 진짜 같아 보이면, 테스트하기에 충분하다고 하자. 잠깐만 계산해봐도 90퍼센트 정도 진짜처럼 보이려면 90일이 걸릴 테니까 세 달 뒤에야 테스트 준비가 갖추어질 것이다. 하지만 우리는 외관만 구축하면 첫날에 90퍼센트에 이를 수 있다는 걸 알게 되었다.

"워워, 진정하게, 친구." 목요일 아침에 우리가 가진 건 화이트보드의 그림들과 종이에 그린 스케치뿐이야! 어떻게 하루 만에 진짜 같은 프로토타입을 만들 수 있겠어? 그건 불가능해, 안 그래? 물론 불가능

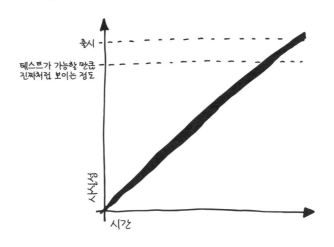

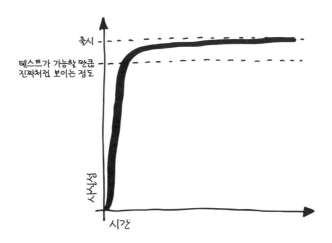

할 것이다. 프로토타입 구축에서 어려운 부분을 우리가 월요일, 화요일, 수요일에 이미 해치우지 않았다면 말이다. 우리는 스토리보드를 그리면서 프로토타입에 포함할 내용과 관련해 갖가지 애매한 부분을 이미 결정했다. 솔루션 스케치에는 구체적인 내용과 세부사항이 가득하다. 게다가 당신에게는 프로토타입 제작에 필요한 갖가지 적절한 기술을 보유한 완벽한 팀이 있지 않은가?

물론 좀 더 완벽한 프로토타입을 구축하려면 더 많은 시간이 필요할 수 있다. 하지만 그렇게 하면 프로토타입에서 뭔가를 배울 수 있기까지의 시간이 늘어날 뿐이다. 제대로만 가고 있다면, 시간이 오래 걸려도 괜찮다고 생각할 수도 있다. 하지만 현실을 직시하자. 모든 아이디어가 성공하는 건 아니다. 우리가 지금 엉뚱한 아이디어를 놓고 모험하는지, 혹은 괜찮은 아이디어인데 그저 확신하지 못하는지 일찍 아는 편이 낫다. 부적절한 일에 시간을 낭비하는 건 진짜 바보짓이다.

하지만 가장 큰 문제는 당신이 어떤 일에—프로토타입이건 실제 제품이건—시간을 더 많이 쓸수록 그 일에 애착이 커져서 테스트 결과가 부정적으로 나왔을 때 쉽게 받아들이지 못한다는 것이다. 하루 동안 일한 결과에 대한 피드백은 선뜻 받아들이지만, 3개월 동안 매달린 일에는 집착하게 된다.

당신은 처음에는 이 모든 도표에서 안정적인 영역에 있다.(공정성을 위해 말하자면, 이 영역은 우리가 정했다.) 아직 자기 아이디어에 애착이 크지 않아서 테스트에서 좋은 결과를 받지 못해도 이를 수정하거나 삭제할 만큼 유연성이 있다. 이때는 외관만 만들어서 90퍼센트 진짜처럼 보이게 하는 빠른 길을 이용하기에 가장 좋은 상태다. 배관이나 배선 작업도, 구조 공사도 필요 없다. 그냥 외관만 제작할 것이다.

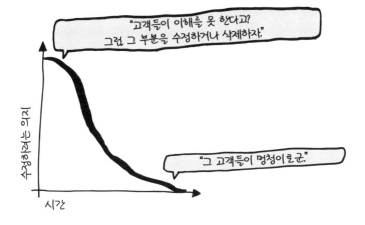

프로토타입 사고방식

외관만 제작한다고 하면 찝찝하게 느껴질 수도 있다. 하지만 솔루션에
대한 프로토타입을 만들려면 일시적인 태도 변화가 필요하다. 완벽을
추구하던 데서 그저 충분한 수준에 만족하기로, 장기적인 품질을 중시
하던 데서 임시적인 모의시험에 집중하기로 생각을 바꾸어야 할 것이
다. 우리는 이런 사고를 '프로토타입 사고방식'이라고 부른다. 이 사고
방식은 다음 네 가지의 단순한 원칙으로 이루어진다.

1. 어떤 것이든 프로토타입을 만들 수 있다

진부한 말처럼 들리겠지만, 사실이 그러하다. 믿어라! 당신 회사 제품의
프로토타입을 만들고 테스트할 방법이 있다는 확신과 낙관을 품고 목요
일을 시작하면, 그 방법을 찾을 수 있을 것이다. 다음 장에서 우리는 하드
웨어, 소프트웨어, 서비스의 프로토타입을 만들 구체적인 방법을 설명하
겠다. 그 방법들이 당신의 제품이나 서비스에 맞을 수도 있고, 아니면 지

211

략을 발휘해 다른 좋은 방법을 생각해낼 수도 있다. 하지만 낙관적인 태도로 프로토타입 사고방식을 취한다면 방법은 늘 존재한다.

2. 프로토타입은 한 번 쓰고 버릴 수 있어야 한다

버릴 생각이 없는 것에 대해서는 프로토타입을 만들지 마라. 이 솔루션이 잘 실행되지 않을 수 있다는 점을 잊지 말아야 한다. 그러니 프로토타입 준비에 며칠 혹은 몇 주를 쓰고 싶은 유혹에 넘어가서는 안 된다. 그렇게 추가로 공을 들여 얻을 수 있는 보상은 갈수록 줄어들 것이고, 그러는 동안 당신은 패자가 될지 모르는 솔루션과 점점 더 깊이 사랑에 빠질 것이다.

3. 테스트에서 무언가를 배울 수 있을 정도로만 구축하라, 더 이상은 금물

프로토타입은 질문의 답을 얻으려고 만드는 것이다. 그러니 초점을 유지해야 한다. 완전히 기능하는 제품을 만들 필요가 없다. 고객이 반응할 수 있는, 진짜처럼 보이는 외관만 있으면 된다.

4. 프로토타입은 진짜처럼 보여야 한다

금요일의 테스트에서 신뢰성 있는 결과를 얻으려면 고객들에게 상상력을 동원하게 해서는 안 된다. 고객들에게 진짜 같은 무언가를 보여주어야 한다. 그래야 진짜 반응이 나올 것이다.

그렇다면 얼마나 진짜 같아야 할까? 금요일에 프로토타입을 테스트할 때 당신은 고객들이 자연스럽고 솔직하게 반응하길 원할 것이다. 조잡하고 엉성한 어떤 것, 가령 그림으로 이루어진 '종이 프로토타입'

이나 디자인의 단순한 와이어프레임(형상을 철골 형태의 선으로 표현한 모델—옮긴이) 따위를 내놓으면 고객들의 착각이 무너질 것이다.

이처럼 착각에서 벗어나면 고객들은 그 프로토타입에 몰입하는 대신 피드백을 주려는 입장으로 바뀐다. 그래서 무언가 도움이 되려고 애쓰고, 제안할 것이 없는지 머리를 짜낸다. 금요일의 테스트에서 고객들의 자연스러운 반응이 순금 덩어리라면 피드백은 푼돈 정도에 불과하다.

골디락스 품질

피드백과 반응 간의 차이는 중요하다. 당신은 고객들에게 솔직한 반응을 끌어낼 프로토타입을 만들고 싶을 것이다. 하루라는 기한은 지키면서 가능한 한 진짜 같은 프로토타입이 나오길 원할 것이다. 우리의 파트너인 대니얼 버카의 말처럼 "품질이 너무 떨어지면 사람들은 그 프로토타입이 진짜 제품이라고 믿지 않는다. 반면 품질을 너무 높게 잡으면 밤을 새워도 완성하지 못할 것이다. 너무 높지도, 낮지도 않은 딱

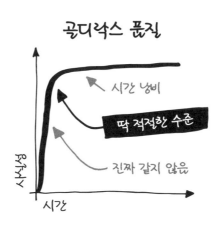

골디락스 품질

213

적절한 수준인 '골디락스 품질'이 필요하다."

물론 '골디락스 품질'은 제품이나 서비스마다 다르다. 지금부터 몇 가지 예를 소개하겠다. 아이패드 앱부터 병원에 이르기까지 다양한 대상의 프로토타입을 만든 다섯 팀을 소개할 텐데, 이들의 경험담에서 당신은 각 팀이 '골디락스 품질'과 프로토타입 사고방식을 저마다의 독특한 과제에 어떻게 적용했는지 알게 될 것이다. 첫 번째 소개할 업체는 피트니스 소프트웨어 업체인 핏스타Fitstar다. 핏스타는 이 서비스에서 가장 중요한 인물이 빠진 상태에서도 정교한 프로토타입을 만들어냈다.

핏스타

질문: 새로운 피트니스 소프트웨어를 어떻게 설명할까?

형식: 가상 앱 스토어와 아이패드 앱.

도구: 키노트(프레젠테이션 소프트웨어), 연기, 아이폰 비디오, 아이패드.

"사람들이 잘못 받아들이고 있어요. 사람들은 앱을 다운로드받아 사용해봐요. 하지만 그 앱을 실제와 다르게 이해해요."

마이크 메이저Mike Maser는 샌프란시스코에 있는 우리 사무실의 플라스틱 의자에 깊이 몸을 묻었다. 머리 위의 야구모자는 몇 년간 쓴 것인지 챙이 닳았고 체크무늬 셔츠 역시 색이 바랬다. 프로 운동선수들과 친하게 지내고 로스앤젤레스에서 비디오 촬영을 하는 데 시간의 절반을 쓰는 사람에게 우리가 기대했던 것과는 거리가 먼 모습이었다.

마이크는 핏스타라는 스타트업의 CEO였다. 핏스타의 아이패드용 앱은 2013년과 2014년에 애플이 선정하는 영광스러운 올해의 앱에 뽑했다. 앱 스토어 건강 카테고리의 10대 인기 앱에 당당히 자리를 차지했고 2015년에는 핏비트Fitbit라는 피트니스 기술 업체가 이 스타트업을 인수했다.

하지만 이 모든 일이 일어나기 전인 2012년 이날 오후에, 핏스타가 무엇인지 아는 사람은 마이크와 공동설립자인 데이브 그리할바Dave Grijalva뿐이었다. 구글 벤처스는 핏스타에 투자했고 마이크와 데이브는 우리와 함께 일주일을 보냈다. 우리의 스프린트 목표는 이 새 앱을 설명할 더 좋은 방법을 찾는 것이었다.

마이크와 데이브는 대중을 대상으로 개인 피트니스 훈련을 하겠다는 비전이 있었다. 개인 트레이너를 두려면 비용이 많이 들뿐 아니라 바쁜 생활에 시간 맞추기도 힘들다. 마이크는 "사람들은 대부분 개인 트레이너를 둘 형편이 안 돼요"라고 말했다. 마이크의 연예계 인맥 덕분에 두 사람은 최고의 개인 트레이너를 영입할 수 있었다. 바로 피트니스 전문가이자 전미 미식축구 연맹National Football League의 스타 선수인 토니 곤살레스Tony Gonzalez였다. 이들은 토니가 여러 다른 운동을 다양한 수준으로 연습시키는 모습을 수백 시간에 걸쳐 촬영했다. 그리고 데이브—비디오 게임 프로그래머 출신—가 토니의 영상들을 조합하여 각 고객에게 맞는 운동 프로그램을 만드는 알고리즘을 개발했다.

이리하여 자동화된 개인 트레이너가 탄생했다. 핏스타는 고객의 몸 상태와 목표에 맞추어 적합한 운동을 제시할 수 있고, 고객이 이에 따라 운동해나가면 프로그램이 조절되고 난도가 높아졌다. 이 앱은 그때 막 출시되었지만, 핏스타는 고객들이 이 앱이 어떻게 작동하는지 이해할 수 있다는 확신이 들 때까지 홍보를 미루고 있었다.

그때까지 사람들은 이 앱이 무엇인지 헷갈렸다. 개인 맞춤형 훈련이라는 개념이 사람들에게 잘 가닿지 않았던 것이다. 핏스타의 초기 고객 대부분은 이 앱이 텔레비전에 연결해서 보는 VHS 테이프나 DVD 같은 운동 비디오라고만 생각했다. 데이브는 "일단 그런 인식이 머리에 박히면 좀처럼 깨기 어렵습니다"라고 말했다.

스프린트 주간의 수요일 오후, 마이크와 데이브는 고객들이 이 아이패드 앱을 처음 사용할 때 더 나은 경험을 하도록 도와줄 유망한 아이디어 목록을 작성했다. 여기에는 앱 스토어에 앱에 관한 더 효과적인 설명을 올리자는 것부터 운동 사이사이에 새로운 애니메이션을 넣는 것까지 갖가지 아이디어가 들어 있었다.

유감스럽게도, 마이크가 제일 좋아한 아이디어는 프로토타입을 만들기 불가능해 보였다. 마이크는 고객이 앱을 설치할 때 토니가 질문을 던지는 영상을 녹화하길 원했다. 실생활에서 개인 트레이너와 운동을 시작할 때는 트레이너가 운동 장소에 와서 당신과 대화를 나눈다. 마이크는 앱에서도 이처럼 대화를 주고받으면 핏스타가 얼마나 고객 맞춤형 프로그램을 제공할 수 있는지 토니의 입으로 설명할 기회가 될 것이라고 장담했다.

그런데 토니가 스프린트에 참여하지 않았다. 그 시각, 토니는 나라 반대편의 미식축구장에서 애틀랜타 팰컨스Atlanta Falcons를 위해 달리고 있었다. 게다가 새 아이패드 앱을 하루 만에 만드는 것도 불가능했다. 만들 수 있다 해도 금요일의 테스트 시간에 맞춰 앱 스토어에 올리지 못할 것이다. 고객들이 올 때까지 우리에게 주어진 시간은 하루뿐이었고, 그 시간 안에 이런 프로토타입을 만들기란 불가능해 보였다.

하지만 스프린트에서는 그럴싸하게 보이도록 만들기만 하면 되지 않는가? 목요일 아침에 우리는 프로토타입 제작 작업을 서로 분담했다. 데이브는 랩톱을 끌어안고 토니가 등장할 영상의 도입부 대본을 쓰기 시작했고, 마이크는 토니 대역을 하겠다고 자원했다. 마이크는 운동복을 입고 아이폰을 영상 녹화에 맞춘 뒤 대본을 읽었다.

그러면 소프트웨어는 어떻게 할 것인가? 테스트 시간에 맞춰 아이패드 앱을 다시 프로그래밍해서 재출시할 수는 없었다. 하지만 우리에게 진짜 앱이 필요한 건 아니었다. 우리는 아이패드에서 키노트(파워포인트와 비슷한 애플의 프레젠테이션 소프트웨어)를 쓸 수 있다는 걸 떠올렸다. 전체 화면으로 슬라이드 쇼를 하면 앱과 비슷해 보일 것이다. 심지어 영상도 틀 수 있다.

우리는 스토리보드를 나누어 각자 한 부분씩 맡은 뒤 스토리보드와 솔루션 스케치를 청사진으로 이용해서 한 화면씩 차례로 프로토타입을 만들었다. 우리는 진짜 같은 아이패드 버튼과 아이콘이 포함된 템플릿을 인터넷에서 발견했는데 이것들은 복사해서 쓸 수 있었고, 프로토타입이 더 실감 나게 보이도록 실제 핏스타 앱에서 사진과 그림을 가져와 추가했다. 마이크와 데이브의 영상도 슬라이드에 삽입했다.

또한 완벽하게 진짜처럼 착각할 수 있도록 슬라이드 쇼의 첫 부분에 아이패드 앱 스토어의 스크린 숏들을 추가했다. 건강 카테고리에 핏스타가 올라와 있는 모습과 설치 절차까지 보여주는 스크린 숏이었다. 슬라이드가 전부 완성되자 이제 '연결 담당'인 존이 슬라이드끼리 일관성 있어 보이도록 연결했다.

목요일이 끝날 무렵, 이 슬라이드 쇼는 진짜 소프트웨어처럼 보였다. 실제로는 아무 소프트웨어도 없었지만. 핏스타의 프로토타입은 특정 앵글에서 보면 몇 분간 착시가 일어나는 옛 서부영화의 외관과 비슷했다. 하지만 스프린트에서 마이크와 데이브가 던진 "신규 고객들에게 우리

앱을 더 잘 설명할 수 있을까?"라는 중요한 질문에 답하기에는 충분했다. 이렇게 목요일이 끝나자 핏스타는 테스트 준비를 다 갖추었다.

테스트에서 일부 솔루션은 잘 돌아갔다. 마이크가 앱을 설명하는 영상은 효과가 좋았다. 고객들은 곧바로 자기 나름대로 앱을 설명할 수 있었고("일종의 자동화한 개인 트레이너군요.") 기꺼이 이 앱에 돈을 지급하려 했다.("바로 등록할 수 있나요?") 하지만 반응이 나쁜 솔루션도 있었다. 서두의 대화가 끝난 뒤 데이브가 실험실 가운을 입은 영상이 나온다. 데이브는 자신을 '알고리즘 박사'라고 소개한 뒤 이 소프트웨어가 어떻게 짜였는지 설명했다. 하지만 그 지점에서 고객들은 이미 앱을 이해하고("아, 뭔지 알겠어요.") 운동할 준비를 했다. 고객들은 알고리즘 박사가 쓸데없다고 생각했고 심지어 기분 나쁘다는 반응까지 보였다.(데이브의 연기에 혹평은 없었다.)

시장에서 핏스타의 성공은 품질에 달려 있다. 하지만 스프린트에서의 성공은 핵심 질문에 답을 얻을 수 있을 만큼 프로토타입이 진짜처럼 보이는지에 달려 있었다. 핏스타는 불과 7시간 만에 완성한 프로토타입으로 적절한 솔루션이 무엇인지 확인하는 데―그리고 나쁜 것들은 버리는 데―필요한 정보를 얻을 수 있었다.

슬랙

질문: 기술 분야가 아닌 고객들에게 슬랙을 설명하는 가장 좋은 방법이 무엇일까?

형식: 대화형 소프트웨어가 탑재된 두 개의 경쟁 웹 사이트.

도구: 키노트, 인비전Invision(프로토타입 구축 소프트웨어), 진짜 슬랙 소프트웨어, 약간의 연기.

슬랙에서는 프로토타입을 두고 두 개의 아이디어가 경합을 벌였다. 하나는 소프트웨어를 단계별로 소개하는 '끈질긴 투어'였다. 블루보틀 커피와 마찬가지로, 이 아이디어의 프로토타입은 웹 사이트처럼 보이는 일련의 슬라이드로 그럴싸하게 만들 수 있었다. 이건 식은 죽 먹기였다.

하지만 다른 아이디어인 '봇 팀'은 꽤 까다로웠다. 이 아이디어를 구현하려면 컴퓨터가 제어하는 '로봇' 팀이 필요했고, 이 로봇들이 서로 메시지를 주고받고 심지어 사용자가 입력한 메시지에 대응해야 했다. 프로토타입이 진짜처럼 보이려면 로봇이 고객의 다양한 질문과 코멘트에 대답해야 했는데, 이걸 슬라이드로 속이기는 불가능했다.

하지만 메르시에게 해결책이 있었다. 메르시는 우리에게 컴퓨터로 제어되는 캐릭터 행세를 해보라고 제안했다. 테스트하는 동안 우리가 직접 사용자에게 메시지를 보내고 너무 지능적으로 보이지 않게―로봇처럼―대답하자는 말이었다. 물론 테스트에서 이 아이디어가 효과적이라고 판명되면, 나중에 슬랙은 로봇을 제어하는 진짜 컴퓨터 소프트웨어를 만들어야 할 것이다. 웹 사이트를 방문하는 모든 고객에게 사람이 직접 메시지를 보낼 수는 없는 노릇이다. 그러려면 직원이 수천 명, 심지어 수백만 명이어도 모자랄 것이다! 하지만 우리 테스트에서는 고객이 다섯 명뿐이니 이 방법이 먹힐 것이었다.

파운데이션 메디신

질문: 종양 전문의들이 치료 결정을 내리는 데 꼭 필요한 정보는 무엇인가?

형식: 첫 페이지만 있는 종이로 된 진료 보고서.

도구: 키노트, 진짜 같은 검사 데이터, 프린터.

앞에서 우리는 암 환자들을 임상시험에 참여시키는 복잡한 과정을 다루는 기업인 플랫아이언을 소개했다. 보스턴에 있는 파운데이션 메디신Foundation Medicine은 구글 벤처스가 투자한 또 다른 의학 분야의 기업으로, 암 치료와 관련해 플랫아이언과 다른 문제를 공략하고 있었다. 파운데이션 메디신이 제공하는 서비스는 DNA 분석을 통해 환자에게 가능한 치료법을 제안하는 것이었다.

2012년에 파운데이션 메디신은 파운데이션원FoundationOne이라는 검사를 개발했다. 파운데이션 메디신의 연구소에서는 하나의 조직 샘플을 분석하여 암과 관련된 모든 알려진 유전자 변이에 관한 보고서와 함께 가능한 치료법을 의사에게 제공할 수 있었다.

이 검사는 실로 혁신적이었다. 파운데이션원의 진단법은 방대한 정보를 제공했고 종종 놀라운 치료 방법을 찾아냈다. 하지만 여기에는 한 가지 과제가 뒤따랐다. 바로 종양 전문의들조차 감당하기 어려울 만큼 정보가 많을 수 있다는 점이었다. 초기에 파운데이션원의 검사 결과는 문서로 전달되었는데, 파운데이션 메디신은 그 문서들을 가능한 한 이해하기 쉽게 작성해야겠다고 판단했다. 그래서 새로운 아이디어들을 시험해보고자 우리와 함께 스프린트를 진행했다.

파운데이션 메디신의 스프린트 팀은 보고서의 첫 페이지에 초점을 맞추기로 했다. 보고서의 첫 페이지는 의사가 검사 결과를 검토할 때 처음 보는 부분이다. 하지만 의사가 바쁠 경우—종양 전문의들은 대개 바쁘다—유일하게 보는 페이지일 수 있다. 그래서 파운데이션 메디신은 첫 페이지에 가능한 한 많은 정보를 담길 원했다.

파운데이션 메디신의 스프린트에서는 검사 보고서에 관해 세 가지 아이디어가 경합을 벌었다. 이 아이디어들을 실행에 옮기려면 몇 달에 걸쳐 실험실에서 작업하고 품질 보증을 위해 매달려야 했다. 어쨌거나 의학 보고서는 100퍼센트 정확성이 필수니까. 하지만 우리 프로토타입으로는 어떤 접근방식이 가장 가능성이 큰지만 알면 되었으므로 진짜 보고서에 적용되는 정확성 기준을 충족할 필요는 없었다. 또한 실험실의 분석 자체와 관련해서는 아무것도 바꿀 필요가 없었다. 그건 나중 문제였다. 지금 우리에게 중요한 것은 종양 전문의들이 보고서 첫 페이지를 검토하는 결정적인 몇 분간이었다.

짐작했겠지만, 우리는 키노트를 사용해 가짜 보고서를 만들었다. 팀을 둘로 나누어 각 팀에서 한 사람은 8.5×11인치 용지와 같은 크기의 슬라이드를 디자인하는 책임을 맡았다.(종이 프로토타입은 당신 회사의 최종 제품 역시 종이로 이루어졌을 때 사용해야 적당하다.) 그리고 또 다른 사람은 진짜 같고 정확한 정보—유전자 데이터, 추천 치료법, 그 외의 종양학적 세부사항—를 만드는 일을 맡았다.

종양 전문의들에게서 정확한 반응을 끌어내려면 데이터의 앞뒤가 맞아 보여야 했다. 물론 실제 환자의 데이터로 테스트하는 건 비윤리적이었다. 하지만 파운데이션 메디신은 내부적으로 사용하는, 진짜 같지만 사실은 진짜가 아닌 검사 결과들이 있었다. 또한 스프린트 팀은 필요하다면 데이터를 더 진짜처럼 꾸며줄 수 있는 전문가들을 불렀다.

목요일이 끝날 즈음 우리에게는 세 개의 프로토타입 보고서가 생겼다. 각 보고서는 키노트 문서를 프린트한 한두 장을 스프린트 이전에 나온 옛 보고서 위에 붙인 형태였다. 오래된 마을을 배경으로 새 외관을 세운 것과 비슷했다. 테스트에서 종양 전문의들에게 이 프로토타입

221

을 보여주었을 때는 마치 진짜 보고서처럼 그럴싸했다.

새비오크

질문: 호텔 고객들이 개성을 지닌 로봇에 어떻게 반응할 것인가?

형식: 아이패드 터치스크린이 장착된 실제 로봇.

도구: 키노트, 효과음 라이브러리, 아이패드, 로봇, 리모트컨트롤, 호텔 객실, 연기.

새비오크는 우리가 함께 일한 기업 가운데 프로토타입 제작에서 가장 복잡한 과제에 부딪힌 곳 중 하나였다. 당시 우리는 릴레이 로봇의 배달할 때의 행위와 특성을 테스트하고 있었다. 로봇의 얼굴에 부착된 터치스크린에서의 상호작용, 로봇의 동작, 삐 소리와 벨 소리 녹음, 심지어 자동 녹음전화의 내용과 타이밍까지 신경 써야 했다. 유동적인 부분이 많았고, 말 그대로 물리적으로 움직이는 부분까지 포함되어 있었다.

이처럼 프로토타입을 만드는 데 특이한 과제가 있을 때 팀은 이를 구현할 특별한 기술과 도구를 이미 보유한 경우가 많다. 새비오크 역시 이미 로봇이 있었고, 행위와 구성요소 대부분이 벌써 기능하고 있었다. 그래서 우리는 새비오크가 이미 보유한 것들을 토대로 프로토타입을 구축할 수 있었다. 야외 세트장 대신 그림 같은 유령도시에서 서부영화를 찍는 것처럼.

하지만 목요일 하루 동안 프로토타입에 구현해야 하는 중요한 구성요소들이 남아 있었다. 첫째는 로봇의 해피 댄스였다. 완벽한 안무를 위한 코드를 만들려면 시간이 너무 많이 필요했으므로 CTO인 테사 라우_{Tessa Lau}와 엔지니어 앨리슨 체_{Allison Tse}는 리모트컨트롤을 사용하기로 했다. 목요일에 두 사람은 플레이스테이션 비디오게임 조종기로 릴레이를 조종하여 배달하도록 했다.

두 번째 과제는 로봇의 화면이었다. 하지만 새비오크의 수석 디자이너인 에이드리언 카노소에게 답이 있었다. 아이패드 미니로 로봇의 화면을 임시로 대체할 수 있었고, 로봇의 눈과 몇 가지 터치스크린을 통한 간단한 상호작용은 일련의 슬라이드로 꾸밀 수 있었다.

그다음 과제는 소리 녹음이었다. 이 과제는 사운드 디자이너로 일한 경험이 있는 에이드리언이 해결했다. 에이드리언은 커다란 헤드폰을 쓰고 무료 효과음 라이브러리를 이용해 소리를 녹음했다.

마지막으로, 로봇이 객실에 도착했을 때 고객에게 거는 자동녹음 통화를 만들어야 했다. 나중에 실제로 이 서비스를 할 때는 정교한 소프트웨어가 로봇의 위치를 추적하여 이 전화를 걸 것이다. 하지만 우리 테스트에서는 앨리슨이 로봇을 지켜보다가 고객의 눈에 띄지 않게 몸을 숨기고 있다가 직접 전화하면 되었다. 앨리슨이 할 일은 녹음 소리처럼 들리게 약간 과장된 목소리를 내는 것뿐이었다.

실제로 작동하는 로봇의 프로토타입을 하루 만에 만들 수 있는 팀은 현재로서는 드물다. 하지만 팀들 대부분은 이런 걱정을 할 필요가 없을 것이다. 새비오크는 충분히 작동 가능한 릴레이 로봇이 이미 있었으므로 프로토타입 제작을 위한 토대를 갖추고 있었다. 여기에 몇 가지 과제를 추가해야 했지만, 이들을 구현하기 위한 공학과 디자인 기술 또한 전부 보유하고 있었다. 목요일이 끝날 무렵 로봇은 춤추고 휘파람을 부는가 하면 미소도 지을 수 있었다.

원메디컬 그룹

질문: 아이가 딸린 가족에게 맞추어 진료실을 개조할 수 있을까?

형식: 야간에만 문을 여는 병원.

도구: 진료실, 의료진, 바나나, 크레용.

원메디컬은 모두에게 더 나은 의료 서비스를 제공한다는 야심 찬 미션을 안고 멋지게 출발했다. 샌프란시스코, 뉴욕, 보스턴, 시카고, 워싱턴 D.C., 피닉스, 로스앤젤레스 등 미국 전역에 걸친 1차 의료기관의 네트워크를 구축했고, 당일 예약, 모바일 앱을 이용한 치료, 긴 진료 시간, 근사한 진료실 인테리어로 무장함으로써 충성도 높은 환자 수천 명을 얻었다.

이 고객들은 대부분 젊고 최신 기술에 능통한 전문직으로, '모바일 앱을 이용한 치료'를 좋은 아이디어라고 생각하는 유형의 사람들이었다. 이런 고객층이 빠른 속도로 늘고 있었지만, 원메디컬은 더 많은 유형의 고객에게 자사 서비스를 소개하고 싶었다. 그래서 주목한 것이 자녀를 낳기 시작하는 고객이 많다는 점이었다. 원메디컬은 다음 단계로 기존 고객의 아기, 아이들, 10대 자녀들을 포함한 가정 의료 서비스가 좋겠다고 판단했다.

원메디컬은 한 병원에서 자녀와 성인 모두를 진료하길 원했다. 원메디컬에는 가정의학 전공의들이 이미 많이 있었다. 하지만 이런 새로운 병원 1호를 오픈하기 전에 원메디컬은 환자들이 이 병원에서 좋은 경험을 하리라는 확신을 얻고 싶었다.

의사의 진료실 전체에 대한 프로토타입을 어떻게 만들까? 새비오크, 슬랙과 마찬가지로 원메디컬도 이미 보유한 것들을 토대로 프로토타입을 만들었다. 원메디컬의 디자인 부사장인 크리스 와프Chris Waugh가 계획을 세웠다. 우리는 하루 저녁을 잡아 기존 진료실의 한 곳에서 진짜 가족 병원을 시뮬레이션하기로 했다.

저녁 6시, 샌프란시스코에 있는 헤이스 밸리Hayes Valley 병원이 문을 닫자 크리스와 팀이 작업을 시작했다. 두 사람은 기존의 세련된 미적 감각—성인 고객들에게 인기가 높았다—은 유지하면서 아이들의 마음을 끌 요소를 추가하여 진료실을 꾸밀 몇 가지 아이디어가 있었다.

두 사람은 진료실에 크레용과 종이를 놔두었고, 바나나, 사과, 프루츠 바, 코코넛 워터도 준비했다. 장난감이 가득 든 보물 상자도 마련했지만, 로비가 너무 유치하게 느껴지지 않도록 탁자 아래에 넣어두었다. 가정의학 전문의 두 명이 와 있었고, 원메디컬 직원 두 명이 로비를 맡았다. 모든 사람에게 대본을 줬다. 이렇게 프로토타입이 준비되었다.

그때 아이들이 도착하기 시작했다. 크리스는 다섯 가족을 모집했다. 테스트는 시작부터 말 그대로 장애물에 부딪혔다. 헤이스 밸리 병원 출입구에는 휠체어는 다닐 수 있지만, 유모차는 지나가기 힘든 작은 턱이 있었다. 크리스는 "아이들이 유모차 밖으로 튀어나올 뻔했어요"라고 회상했다.

그다음 놀란 건 유모차 안에 얼마나 많은 것이 들어 있는지 알았을 때였다. "가족들이 미리 준비해 왔더라고요. 장난감도 들고 오고 아이들이 갈아입을 옷도, 간식도 가져왔어요. 형제자매, 조부모, 유모도 함께 왔죠." 성인에게 알맞게 꾸며진 로비가 금세 북적북적 복잡해졌다. 그래서 원메디컬 팀은 가족병원은 로비를 약간 다르게 디자인해야 한다는 걸 알게 되었다.

또한 원메디컬은 접수 데스크 직원이 얼마나 중요한지도 과소평가했었다. 아이들은 병원에 들어오자 불안해했다. 낯선 장소인 데다 어린아이들은 진료실을 보면서 아픈 예방주사를 연상했기 때문이다. "우리는 운이 좋았어요. 마침 프로토타입 제작 스태프들이 이 상황에 딱 맞는 사람들이었거든요. 탤린Taleen과 레이철Rachel(원메디컬의 진료실 관리자들)이 반갑게 아이들을 맞아 안심시켜주었어요. 대본에 없던 일이었지만, 그 덕분에 가까스로 궁지에서 벗어났죠."

검사실에서도 문제가 발견되었다. 원메디컬은 기존의 검사실처럼 검사용 침대와 회전의자를 놔두는 대신 의사가 책상 뒤에 앉아 환자와 더 자연스러운 대화를 나누도록 독려했다. 하지만 아이들이 검사실에 들어오자 책상이 걸림돌이 되었다. "아이들은 만질 수 있는 건 죄다 만졌어요. 서랍이란 서랍은 다 열어봤고요."

그래도 아이들이 재미있어했기 때문에 책상이 그리 큰 문제 같지는 않았다. 그런데 그 뒤 크리스와 스프린트 팀이 가족들을 인터뷰했을 때 이런 검사실의 구조가 아이들보다 부모들에게 더 큰 문제라는 게 드러났다. 부모들이 의사의 설명을 찬찬히 듣고 안심해야 하는데 검사실이 혼잡스러우니 의사와의 소통이 원활하지 않았다. 미묘한 차이지만, 부모들을 안심시키는 데는 중요한 부분이었다. 다행히 이 문제는 쉽게 바로잡을 수 있었다.

몇 달 뒤 개원한 원메디컬의 첫 가족병원은 한곳에서 성인과 아이들을 함께 진료할 수 있었고 원메디컬 팀의 가정의학 전문의들로 의료진을 꾸릴 수 있었다. 하지만 로비에 더 넓은 공간이 생겼고 검사실에는 성가신 책상이 사라졌다. 물론 출입구에 턱도 없었다.

14

프로토타입

목요일은 스프린트의 다른 부분과는 좀 다르다. 회사마다 프로토타입이 다르므로 모든 스프린트에서 공유할 수 있는 정확한 단계별 절차가 없다. 하지만 수백 개의 프로토타입을 만들어보니 항상 올바른 방향으로 이끌어주는 다음 네 가지 활동을 찾게 되었다.

1. 적절한 도구를 선택한다.
2. 나누어서 정복한다.
3. 서로 연결한다.
4. 시범운영을 해본다.

지금부터는 이런 활동들이 왜 중요한지, 어떻게 실행하는지 설명하겠다.

먼저 도구부터 이야기해보자. 도구는 당신의 팀이 날마다 사용하는 물건과 기기, 고객에게 양질의 경험을 제공하기 위해 사용하는 소프트웨어와 절차를 말한다. 그런데 한 가지 문제가 있다. 프로토타입을 제작할 때는 아마 이런 도구들을 사용하지 못할 것이다!

유감스럽지만 하는 수 없다. 당신이 디자이너와 일하건 엔지니어, 건축가, 마케팅 담당자, 혹은 그 외의 어떤 창의적인 전문가들과 함께 일하건, 상점을 운영하건, 고객 서비스를 하건, 물리적 제품을 만들건 간에, 당신의 팀이 평소 사용하는 도구들이 프로토타입 제작에는 알맞지 않을 가능성이 크다.

팀이 평소 사용하는 도구들의 문제는… 너무 완벽하다는 것이다. 그리고 너무 느리다. 프로토타입은 실제 제품이 아니라 진짜처럼 보이기만 하면 된다는 걸 잊지 마시라. 공급 체인이나 브랜드 가이드라인, 혹은 영업 교육에 관해 걱정할 필요가 없다. 모든 화소를 완벽하게 만들 필요도 없다.

한 가지 반가운 소식은 우리가 얼마 전에 이와 똑같은 상황에 부딪쳤다. 앱, 웹 사이트 같은 소프트웨어 디자이너인 우리에게는 포토샵 같은 도구나 HTML, 자바스크립트 같은 프로그래밍 언어가 편하다. 그러다 우리가 발견한 보물이 있으니, 바로 키노트다. 본디 프레젠테이션 슬라이드 작성을 위해 만들어진 키노트는 프로토타입 제작에 더할 나위 없이 좋은 도구다. 키노트에는 사용하기 쉬운 레이아웃 도구들이 있어서 근사한 프레젠테이션을 신속하게 제작할 수 있다. 키노트는 스토리보드의 칸들과 비슷한 '슬라이드'로 구성되는데, 글씨, 선, 도형을 넣을 수 있고 사진이나 그 외 이미지도 붙일 수 있다. 클릭 가능한 핫스

풋, 애니메이션, 그 외 상호작용 기능을 추가할 수 있고 필요하다면 영상과 음성까지 삽입할 수 있다.

말도 안 되는 소리처럼 들린다는 건 알지만, 확신하건대 당신은 키노트를 이용해 프로토타입을 만들게 될 것이다. 당신이 무슨 프로토타입을 만들지도 모르면서 어떻게 장담하느냐고? 좋은 질문 감사! 물론 100퍼센트 장담하지는 못한다. 하지만 우리가 수행한 100번이 넘는 스프린트에서 키노트를 써서 실패한 예는 손에 꼽을 정도였다.(물론 윈도우 사용자라면, 파워포인트 역시 프로토타입 제작에 좋은 도구다. 키노트만큼 훌륭하지는 않지만, 웹을 검색해보면 파워포인트로 진짜 같은 프로토타입을 만들 때 사용할 수 있는 템플릿 라이브러리가 많이 나온다.)

우리가 만든 프로토타입이 대부분 앱이나 웹 사이트 같은 소프트웨어 제품이었다는 건 인정한다. 이런 프로토타입을 만들 때 우리는 키노트를 써서 각 화면을 만드는데, 때로는 이 슬라이드 쇼들을 전체 화면으로 틀기만 해도 충분하다. 어떨 때는 전문적인 프로토타입 제작 소프트웨어*(이런 소프트웨어가 있긴 하다!)를 사용해 화면들을 연결하여 웹 브라우저나 휴대전화에 올린다.

그렇다고 우리가 소프트웨어의 프로토타입만 만든 건 아니다. 앞에 나온 것처럼 암 진단 기업인 파운데이션 메디신의 상품은 종이로 된 의료 보고서였다. 당시 우리는 키노트로 보고서를 디자인한 뒤 출력하여 종양 전문의들에게 보여주었다.(다시 한 번 말하지만, 이런 유형의 종이로 된 프로토타입 또한 실제로 고객들에게 통한다.)

프로토타입이 물리적 제품일 때는 키노트의 유용성이 떨어진다. 이

---

* 소프트웨어들은 변화 속도가 아주 빠르므로 가장 강력한 최신 프로토타입 제작 도구의 링크를 알려면 thesprintbook.com을 확인하라.

때는 3D 프린팅을 하거나 기존 제품을 수정해야 할 것이다. 하지만 많은 하드웨어 기기에는 소프트웨어 인터페이스가 있다. 프로토타입을 만들 때 아이패드를 로봇에 부착해야 했던 새비오크를 떠올려보자. 그럼 그 아이패드에 뭐가 있냐고? 빙고, 바로 키노트다. 식지 않는 키노트의 인기란!

게다가 물리적 제품을 다루는 스프린트라도 제품 자체의 프로토타입을 만들 필요가 없을 때가 많다. 우리가 선호하는 손쉬운 방법은 브로슈어의 외관을 만드는 것이다. 기기의 프로토타입을 만드는 대신 그 기기를 판매하는 데 이용될 웹 사이트, 영상, 브로슈어, 혹은 프레젠테이션 슬라이드의 프로토타입을 만들면 된다. 어쨌거나 구매 결정은 온라인상이나 방문 영업에서 이루어질 때가 많다.(혹은 적어도 여기에서 많은 정보를 얻는다.) 이런 마케팅 자료는 당신 회사의 제품에 고객들이 어떻게 반응할지 파악하는 데 좋은 출발점이 될 것이다.(어떤 기능들이 중요한지, 가격은 적당한지 등.) 자, 그렇다면 뭐가 좋을지 맞혀보시라. 그렇다. 키노트는 이런 유형의 마케팅 자료의 프로토타입을 만들기에 딱 알맞은 도구다.

우리가 어떤 것에 관한 프로토타입이건 척척 만들어내는 전문가가 아니란 건 인정한다. 키노트가 언제 어느 때고 완벽한 도구인 것 또한 아니다. 특히 공업용 제품이나 원메디컬의 병원처럼 사람을 상대로 한 서비스의 경우에는 더욱 그러하다. 하지만 우리는 몇 년에 걸친 경험에서 몇 가지 요령을 알게 되었다. 적절한 도구 선택에 적용할 수 있는 간단한 지침을 소개하겠다.

적절한 도구 선택하기

프로토타입을 어떻게 제작할지 잘 모르겠으면 이렇게 시작하라.

- 화면으로 보는 프로토타입(웹 사이트, 앱, 소프트웨어 등)이라면 키노트, 파워포인트, 혹은 스퀘어스페이스Squarespace 같은 웹 사이트 구축 툴을 사용한다.
- 종이로 된 프로토타입(보고서, 브로슈어, 전단 등)이라면 키노트, 파워포인트, 혹은 마이크로소프트 워드 같은 문서작성 소프트웨어를 사용한다.
- 서비스(고객 지원, 고객 서비스, 치료 등)라면 대본을 쓴 뒤 스프린트 팀원들이 배우 역할을 한다.
- 물리적 공간(상점, 사무실 로비 등)이라면 기존 공간을 개조한다.
- 물건(물리적 제품, 기계 등)이라면 기존의 물건을 변형하거나 3D 프린팅을 하거나 키노트, 파워포인트, 물건 사진 혹은 렌더링(아직 완성되지 않은 제품을 그 외관을 이해할 수 있도록 실물 그대로 그린 완성 예상도—옮긴이)을 사용해 마케팅 자료의 프로토타입을 만든다.

하루 만에 프로토타입을 만든다는 게 벅찬 일처럼 느껴지겠지만, 스프린트 팀을 다양한 배경의 사람들로 구성하면 프로토타입 제작에 필요한 전문기술을 전부 확보할 수 있을 것이다. 대부분 몇몇 사람이 일하게 되겠지만, 우리 경험에 따르면 모든 팀원에게 할 일이 있다. 일단 도구를 선택하고 나면 이제 각자 할 일을 지정할 차례다.

나누어서 정복한다

사회자는 스프린트 팀원들에게 다음 역할을 분담해야 한다.

제작 담당(2명 이상)

연결 담당(1명)

저술 담당(1명)

자산 수집 담당(1명 이상)

인터뷰 담당(1)

제작 담당은 프로토타입을 구성하는 각 요소(화면, 페이지, 부품 등)를 만드는 사람이다. 주로 디자이너나 엔지니어가 해당하지만, 솜씨를 발휘해보고 싶은 사람은 누구든 맡을 수 있다.

목요일에는 적어도 두 명의 제작 담당이 필요하다. 앞에서 우리는 로봇, 의료 보고서, 비디오처럼 조금은 다루기 힘든 과제들을 이야기했지만, 아마 스프린트 팀원들은 자사 업무의 프로토타입을 만드는 데 필요한 기술을 이미 보유했을 것이다.

연결 담당은 제작 담당자가 만든 구성요소를 모아 매끄럽게 이어 붙이는 일을 한다. 보통 디자이너나 엔지니어가 맡지만, 프로토타입의 형태에 따라 거의 누구라도 할 수 있다. 이 일은 세세한 부분까지 신경 쓰는 꼼꼼한 사람이 가장 적합하다. 연결 담당자는 오전에 모든 팀원이 따라야 하는 스타일 지침을 제시한다. 그리고 제작 담당자들이 구성요소들을 완성하면 점심을 먹은 뒤 이들을 연결하고 매만지기 시작한다.

모든 스프린트 팀에는 **저술 담당**이 필요하다. 저술 담당자는 스프린트에서 가장 중요한 역할 중 하나다. 9장에서 우리는 스케치에서 글의 중요성에 관해 이야기했고, 이 장의 앞부분에서는 프로토타입이 진짜처럼 보여야 한다고 강조했다. 비현실적인 문구들로는 진짜 같은 프로토타입을 만들 수 없다.

과학이나 기술, 그 외 전문 산업 분야에서 저작 담당자의 역할이 더욱 중요하다. 파운데이션 메디신의 암 진단 보고서 프로토타입을 생각해보자. 누구라도 의학 분야의 글을 그럴싸하게 쓰기는 힘들 것이다. 그래서 우리는 전문지식을 보유한 제품 관리자가 스프린트에서 저작을 담당하도록 했다.

또한 목요일에는 **자산 수집 담당**이 적어도 한 명 필요할 것이다. 그리 매력적인 역할은 아니지만('자산 수집 담당'이라는 이름은 근사해 보이지만) 신속한 프로토타입 구축을 위해서는 필수적인 역할 중 하나다. 프로토타입에는 사진, 아이콘, 혹은 완전히 처음부터 만들 필요는 없는 샘플이 포함될 수 있다. 자산 수집가는 웹, 이미지 라이브러리, 자사 제품들, 그 외에 이러한 구성요소를 찾을 수 있는 곳들을 샅샅이 뒤진다. 그러면 제작 담당들이 프로토타입을 만드는 데 필요한 각종 구성요소를 수집하느라 작업을 중단할 필요가 없어서 진행이 빨라진다.

마지막으로, **인터뷰 담당**은 완성된 프로토타입을 이용해 금요일에 고객 테스트를 수행하는 사람이다. 이 사람은 목요일에는 인터뷰 대본을 작성해야 한다.(대본의 구성은 16장에서 상세하게 다루겠다.) 인터뷰 담당자는 프로토타입 제작에는 참여하지 하지 않는 것이 가장 좋다. 그래야 금요일의 테스트에서 감정이 개입되지 않을 것이고, 테스트 중에 마음이 상하거나 기분이 좋더라도 그런 감정을 고객에게 드러내지 않을 것이다.

각자의 역할을 지정하고 나면 이제 스토리보드의 내용을 분담해야 한다. 고객이 광고를 보고 당신 회사의 웹 사이트를 방문해 앱을 다운로드받는 내용의 스토리보드라고 하자. 그러면 제작 담당 한 명에게는 광고를 만드는 작업을 맡기고 다른 한 명에게는 가짜 웹 사이트를 만들게 한다. 그리고 또 다른 한 명에게는 앱 다운로드 화면을 맡으라고 지정할 수 있다.

시작 화면—본격적인 체험이 시작되기 전에 고객이 마주치는 진짜 같은 순간—을 잊어서는 안 된다. 프로토타입의 다른 모든 부분과 마찬가지로 시작 화면 역시 제작 담당과 저작 담당을 지정해야 한다. 블루보틀 커피의 경우 시작 화면이 〈뉴욕타임스〉에 실린 기사였으므로 그럴듯한 기사를 작성할 사람이 필요했다.(우리가 퓰리처상을 노린 건 아니라서 짧은 기사 하나를 꾸며내는 건 그리 어렵지 않았다.)

순조로운 테스트의 토대가 되는 신뢰성 있는 시작 화면을 만드는 데 충분한 시간을 주는 것이 중요하다. 반나절 내내 여기에만 매달려서는 안 되겠지만 그럴듯하게는 만들어야 한다.

프로토타입의 각 부분이 완성되어 가면 이제 연결 담당자가 나설 차례다. 연결 담당자가 할 일은 프로토타입이 처음부터 끝까지 일관성을 유지하고 각 단계가 가능한 한 진짜처럼 보이게 매만지는 것이다.

핏스타의 스프린트에서는 존이 이 역할을 맡았다. 존은 일관성을 유지하기 위해 다른 사람들이 만든 키노트 슬라이드들을 모두 같은 파일에 붙여 넣은 뒤 폰트와 컬러를 수정하여 어색한 부분 없이 하나의 앱처럼 보이게 했다. 또한 사실성을 살리기 위해 가입 화면에 세부적인 사항을 추가하고 아이패드 온스크린 키보드의 스크린 숏을 슬라이드에 넣어 사용자가 정말로 타이핑하는 것처럼 보이게 했다.

모두 연결하기

연결 담당자는 프로토타입 전체에 날짜, 시간, 이름, 그 외의 가짜 내용이 일치하도록 조정해야 한다. 한 부분에서는 제인 스미스Jane Smith로 나오는데 다른 부분에서는 제인 스무트Jane Smoot로 나오면 안 된다. 사소한 실수도 고객들에게 자신이 가짜 제품을 보고 있다는 걸 일깨워줄 수 있다.

연결 담당자의 일은 여러 형태를 띨 수 있지만, 무엇에 관한 프로토타입을 만들든지 이 역할은 매우 중요하다. 일을 분담하면 전체적인 진행 상황을 파악하지 못하기 쉬운데, 연결 담당자가 모든 부분이 엄격하게 진행되고 있는지 신경 쓸 것이다. 연결 담당자는 프로토타입의 각 부분이 일관성 있게 보이는지 확인하기 위해 온종일 진행사항을 점검할 수도 있다. 또한 추가적인 작업이 필요할 경우 주저하지 말고 나머지 팀원들에게 도움을 청해야 한다.

시범운영

우리는 오후 3시 무렵에 시범운영을 하는 걸 좋아한다. 그래야 프로토타입에서 발견한 오류를 수정하고 허점을 메울 시간이 남게 된다. 이때는 모든 사람이 작업을 멈추고 함께 모여 연결 담당자가 프로토타입을 단계별로 차례차례 보여주며 설명한다.

이때 프로토타입을 스토리보드와 다시 대조하면서 모든 내용이 들어갔는지 확인해야 한다. 또한 스프린트 질문들을 다시 살펴보기에도 좋은 시간이다. 시범운영은 프로토타입이 이 질문들의 답을 얻는 데 도움이 될지 마지막으로 확인할 기회다.

시범운영의 주 관람자는 금요일에 고객들과 이야기를 나눌 인터뷰 담당자다. 인터뷰 담당자가 프로토타입과 스프린트 질문들을 잘 알고 있어야 인터뷰를 최대한 활용할 수 있다.(인터뷰 방법은 다음 장에서 설명하겠다.) 하지만 팀 전체가 시범운영을 지켜보면 좋을 것이다. 결정권자가 스프린트에 계속 참여할 수 없다면, 지금이야말로 참석하면 좋은 또 다른 때다. 결정권자는 이 자리에서 모든 결과물이 자기 예상과 맞는지 확인할 수 있다.

우리가 평소 일할 때는 아침에 중요한 과제에 착수해 정확한 행동 계획에 따라 하루 만에 마무리되는 때가 거의 없다. 스프린트에서의 목요일이 바로 이것이 가능한 날이고, 이렇게 하고 나면 꽤 만족스러운 기분이 든다. 프로토타입을 완성한 뒤 다음에 또 이렇게 일할 수 있는 날을 기대하는 자신을 만나더라도 놀라지 마시라.

금요일

스프린트는 중요한 과제와 뛰어난 팀으로 시작된다.
그 외에 달리 필요한 건 많지 않다. 스프린트 주간의
금요일이 오기 전까지 당신의 팀은 유망한 솔루션들을
생각하여 그중 최상의 것을 선택했고 진짜처럼 보이는
프로토타입을 만들었다. 그것만으로도 놀랄 정도로
생산적인 한 주를 보낸 셈이다. 하지만 금요일에는 한 걸음
더 나아가 고객들을 인터뷰하고 고객들이 프로토타입에
어떻게 반응하는지를 지켜보면서 학습하게 될 것이다.
이 테스트는 스프린트 과정 전체를 가치 있게 해준다.
금요일이 끝날 즈음이면 당신은 어디까지 나아가야
하는지, 그리고 다음에 무엇을 해야 할지 알게 될 것이다.

15

소규모 데이터

1996년 8월 어느 날 저녁, 나이절 뉴턴Nigel Newton이라는 출판업자가 한 더미의 서류를 들고 런던의 소호 지구에 있는 사무실을 나와 집으로 향했다. 그 서류 중에는 검토해야 하는 책의 샘플 50페이지가 들어 있었지만, 뉴턴은 그 책에 그리 큰 기대를 하지 않았다. 벌써 8개의 다른 출판사에서 퇴짜를 맞은 원고였기 때문이다.

그날 저녁 샘플 페이지들을 읽은 건 뉴턴이 아니었다. 뉴턴은 여덟 살짜리 딸 앨리스Alice에게 원고를 건네주었다.

한 시간 뒤 방에서 나온 앨리스의 얼굴은 흥분으로 빛나고 있었다. "아빠!" 앨리스가 말했다. "다른 어떤 책보다 훨씬 더 재밌어요."

앨리스는 계속 그 책 이야기를 했다. 책을 끝까지 읽고 싶었던 앨리스는 뉴턴이 나머지 원고를 구할 때까지—몇 달 동안—아빠를 졸라

댔다. 결국 딸의 강력한 지지에 솔깃해진 뉴턴은 작가와 약소한 금액에 계약을 맺고 500부를 출판했다. 이렇게 해서 가까스로 세상에 나온 책이 바로 《해리 포터와 현자의 돌 Harry Potter and the Philosopher's Stone》이다.*

그 뒤 이야기는 당신도 익히 알 것이다. 오늘날 〈해리 포터〉 시리즈는 전 세계에서 수억 권이 발간된 베스트셀러가 되었다. 그런데 출판업자들이 어찌하여 그런 오판을 했을까? 아동 출판업계의 전문가 여덟 명이 〈해리 포터〉를 퇴짜 놓았고, 아홉 번째 출판업자인 뉴턴도 겨우 500권을 출간했을 뿐이다. 하지만 여덟 살짜리 꼬마인 앨리스는 이 책이 "다른 어떤 책보다 훨씬 더 재밌다"는 걸 단번에 알아차렸다.

앨리스는 〈해리 포터〉의 잠재력을 분석하려 들지 않았다. 표지 그림이나 유통, 영화 판권, 테마파크 따위가 머릿속에 없었고 그저 자기가 읽은 것에 정직하게 반응했다. 어른들은 아이들이 어떤 생각을 할지 예측하려 애썼지만, 그 예상들이 빗나갔다. 앨리스는 실제로 아이여서 올바른 판단이 가능했다. 그리고 앨리스의 아버지는 현명하게도 딸의 말에 귀를 기울였다.

나이절 뉴턴은 앨리스에게 〈해리 포터〉 원고를 보여줌으로써 미래를 어렴풋이 내다봤다. 책을 출판하기로 마음먹기 전에 표적 고객이 책에 어떻게 반응하는지를 본 것이다. 스프린트 주간의 금요일에 당신의 팀도 이렇게 미래를 체험하여 현재를 바꾸는 경험을 할 것이다. 표적 고

---

* 미국에서는 '현자'라는 단어가 이상하다고 판단해 《해리 포터와 마법사의 돌 Harry Potter and the Sorcerer's Stone》로 제목을 바꾸었다.

핏스타 팀이 프로토타입을 처음으로 사용해보는 고객들을 지켜보고 있다.

객들이 새로운 아이디어에 어떻게 반응하는지를 먼저 알아본 다음에 비용과 노력을 들여 그 아이디어를 실제 제품이나 서비스로 구현할 것이다.

금요일은 다음과 같이 진행된다. 팀원 중 한 사람이 인터뷰 담당자가 되어 표적 고객 다섯 명을 한 번에 한 명씩 인터뷰한다. 인터뷰 담당자는 각 고객에게 프로토타입을 사용하게 하고 고객의 생각과 느낌을 알 수 있는 몇 가지 질문을 던진다. 그동안 다른 방에서는 나머지 팀원들이 인터뷰 영상을 보면서 고객의 반응을 기록한다.

이 인터뷰를 하다 보면 감정적으로 롤러코스터를 타게 된다. 고객들이 프로토타입을 사용하면서 혼란스러워하면 당신은 낙담할 것이다. 고객이 새로운 아이디어에 흥미를 보이지 않아도 실망스러울 것이다. 반면 고객들이 어려운 작업을 순조롭게 끝내거나, 당신이 몇 달 동안 설명하려고 애썼던 무언가를 이해하거나, 경쟁제품 중에서 당신의 솔루션을 선택한다면 뛸 듯이 기쁠 것이다. 이렇게 다섯 번의 인터뷰가 끝나면 고객의 반응 중에서 쉽게 패턴이 파악될 것이다.

하지만 이런 작은 표본으로 테스트하는 게 불안한 사람들도 있을 것이다. 달랑 다섯 명의 고객과 이야기해봤자 가치가 있을까? 그래서 알

243

게 된 결과가 의미가 있을까?

이번 주 초에 당신은 표적 고객의 요건에 맞는 테스트 참가자들을 모집하여 신중하게 선택했다. 금요일의 테스트 참가자들은 당신 회사의 제품이나 서비스에 적절한 반응을 보일 수 있는 사람들이므로 우리는 그들의 말을 믿을 수 있다고 확신한다. 또 단지 다섯 명에게서도 많은 것을 배울 수 있다고 확신한다.

마법의 숫자 5

제이컵 닐슨Jakob Nielsen은 사용자 연구 전문가로, 1990년대에 웹 사이트 사용성 분야(사람들이 잘 이해할 수 있는 웹 사이트 디자인 방법을 연구하는 분야)를 개척한 사람이다. 닐슨은 일하면서 수천 건의 고객 인터뷰를 봤는데, 어느 시점에 가서 이런 의문이 들었다. 몇 번의 인터뷰를 해야 가장 중요한 패턴을 발견할 수 있을까?

그래서 닐슨은 제품 연구 83건을 분석해보았다. 인터뷰를 10번 했을 때, 20번 했을 때 등으로 나누어 얼마나 많은 문제가 발견되었는지 도표를 그려보니 놀랍게도 일관된 결과가 나왔다. 85퍼센트의 문제가 단 다섯 명을 인터뷰한 뒤에 발견된 것이다.[*]

더 많은 사람을 테스트한다고 더 높은 통찰력을 얻는 건 아니었다. 닐슨은 "테스트로 발견할 수 있는 정보는 일정량을 넘어서면 곧 점차 줄어든다. 같은 조사에서 다섯 명 이상을 인터뷰해도 추가로 얻을 수 있는 이점은 별로 없다. 투자수익률이 확 떨어지는 것이다"라고 결론

---

[*] Nielsen, Jakob, and Thomas K. Landauer, "A Mathematical Model of the Finding of Usability Problems," Proceedings of ACM INTERCHI'93 Conference(Amsterdam, 24~29 April 1993), pp.206~213.

을 내렸다. 그는 나머지 15퍼센트를 알아내느라 더 많은 시간을 투자하느니 85퍼센트만 고치고 다시 테스트하면 된다는 걸 알게 되었다.

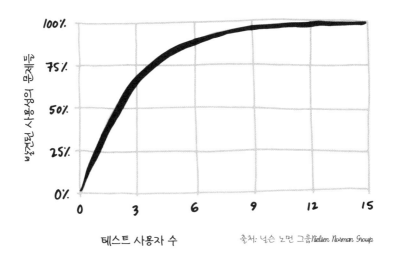

테스트 사용자 수　　　출처: 닉슨 노먼 그룹 Nielsen Norman Group

우리도 테스트에서 같은 현상을 발견했다. 다섯 번째 고객을 관찰할 때는 앞의 네 인터뷰에서 나타난 패턴을 확인하는 정도에 그쳤다. 더 많은 고객을 테스트해보기도 했지만, 닐슨의 말처럼 그럴 가치가 없었다.

원메디컬의 가족병원 프로토타입에서 문턱이 어땠는지 기억하는가? 아이 둘이 유모차를 타고 진료실로 들어오려다 턱에 걸려 거의 유모차 밖으로 튀어나올 뻔하는 걸 보자 이미 문제를 분명히 알 수 있었다. 이 문제를 고치려고 수천 건의 데이터를 수집할 필요는 없었다. 붐비는 로비나 진료실의 책상도 마찬가지였다. 다섯 중에 두세 사람이 똑같은 반응을 분명하게 나타내면—긍정적이든, 부정적이든—여기에 주목해야 한다.

5라는 숫자는 매우 편리하기도 하다. 한 시간짜리 인터뷰 5건을 잡고 사이사이에 잠깐의 휴식 시간을 넣어 진행한 뒤 마지막에 팀이 짧게 보고회를 하면 하루 동안 소화하기에 적합한 일정이다.

오전 9시: 인터뷰 1

오전 10시: 휴식

오전 10시 30분: 인터뷰 2

오전 11시 30분: 이른 점심

오후 12시 30분: 인터뷰 3

오후 1시 30분: 휴식

오후 2시: 인터뷰 4

오후 3시: 휴식

오후 3시 30분: 인터뷰 5

오후 4시 30분: 보고회

이렇게 압축된 일정을 짜면 팀 전체가 함께 인터뷰를 지켜보며 직접 분석할 수 있다. 그래서 테스트 결과가 나오길 기다렸다가 차후에 추측하고 비판할 필요가 없다.

일대일 인터뷰는 놀라울 정도로 쉽고 빠른 방법이다. 실제 제품을 제작하기 훨씬 전에―그래서 그 제품과 사랑에 빠지기 전에―외관을 테스트할 수 있고 하루 만에 의미 있는 결과를 제공한다. 하지만 이 방법은 대규모의 정량적 데이터로는 얻기 힘든 중요한 통찰력도 제시한다. 어떤 부분이 왜 효과가 있는지 혹은 효과가 없는지 알려주는 것이다.

'왜'를 아는 건 중요하다. 어떤 제품이나 서비스가 왜 효과가 없는지 모르면 바로잡기 어렵기 때문이다. 원메디컬이 가족 검사실에 책상을 놔두었다면 부모들은 불만을 느꼈겠지만, 문제를 콕 집어 파악하기 어려웠을 것이다. 원메디컬은 가족들에게 병원 프로토타입을 보여주고 이용하게 한 뒤 인터뷰함으로써 문제 뒤에 숨은 '왜'를 알 수 있었다. 부모들은 의사의 설명을 듣고 안심해야 하니까 조금이라도 집중을 방해하는 게 있으면 매우 크게 느낀다. 당신이 가진 것이 통계수치뿐이라면 고객이 무슨 생각을 하는지는 추측에 의존할 수밖에 없다. 하지만 인터뷰를 하면 그냥 물어보기만 하면 된다.

이 인터뷰는 쉽게 할 수 있다. 특별한 전문기술이나 장비가 필요 없고, 행동심리학자가 되거나 고객의 시선을 정밀하게 추적하지 않아도 된다. 그저 친근한 태도와 호기심, 팀이 세운 가정이 틀렸는지 확인하려는 의지만 있으면 된다. 다음 장에서는 인터뷰 방법에 관해 설명하겠다.

16

인터뷰

마이클 마골리스는 대화의 달인이라고 할 수 있다. 그는 잘 웃고 질문을 많이 던지며 상대가 사는 곳, 일터, 하는 일에 관해 자연스러운 호기심이 넘친다. 내내 함께 이야기하고도 정작 그에 관해 알게 된 건 별로 없음을 깨닫게 되는데, 그건 나중 일이다.

마이클은 정말로 우호적이고 호기심 많은 사람이지만, 이런 대화 기술이 타고난 재능은 아니다. 구글 벤처스의 연구 파트너인 마이클이 고객들을 인터뷰하는 모습을 보면—우리는 수백 차례 보았다—그의 인터뷰 기술이 연습으로 얻은 것임을 알 수 있다. 질문 구성부터 몸짓까지 마이클이 인터뷰에서 보여주는 모든 것은 사람들이 자기 생각을 입 밖으로 내고 솔직하게 표현하도록 돕는다.

마이클은 일렉트로닉 아츠Electronic Arts, 앨코어Alcoa, 선 마이크로시스템스Sun Microsystems, 메이텍Maytag, 유니레버Unilever, 월마트Walmart. com, 구글 등 각양각색의 기업에서 25년 넘게 연구했고, 2010년부터는 구글 벤처스에서 우리가 투자한 스타트업들과 일해왔다.

몇 년 동안 마이클은 스타트업들이 신속하게 적용하도록, 또 무언가를 배울 수 있도록 자신의 조사기법을 수정했다. 마이클은 제품 관리자, 엔지니어, 디자이너, 영업사원, 그 외의 수많은 사람에게 이 인터뷰 방법을 훈련했다. 누구라도, 심지어 CEO조차 이런 인터뷰를 할 수 있다.

이번 장에서는 마이클의 인터뷰 비법 몇 가지를 소개하겠다. 화요일에 우리는 마이클이 스프린트에 딱 맞는 표적 고객들을 손쉽게 모집하는 방법을 배웠다.(9장 '진행자 팁' 참조.) 이번 장에서는 인터뷰 방법을 알아보자. 이 인터뷰를 하면 당신 회사 제품의 사용자들을 알 수 있고, 당신의 솔루션에 숨어 있는 문제들이 드러날 것이다. 그뿐만 아니라 문제 뒤에 숨은 '왜'도 밝혀질 것이다.

마이클은 어떤 유형의 고객들과 이야기하건, 또 어떤 프로토타입을 수행하건 항상 '5막 인터뷰'라는 동일한 기본 구조를 사용한다.

5막 인터뷰

5막 인터뷰는 고객들이 긴장을 풀고 테스트 배경을 이해한 뒤 프로토타입 전체를 검토하도록 돕는 체계적인 대화이며, 다음과 같이 진행한다.

1. **친근한 환영인사**로 인터뷰를 시작한다.
2. 고객의 전반적인 **배경**에 관해 자유로운 대답이 가능한 일련의 **질문**을 던진다.

3. **프로토타입(들)을 소개**한다.

4. 고객이 프로토타입에 반응하도록 세부적인 **작업**을 수행한다.

5. 고객의 주된 생각과 인상을 포착할 수 있도록 **간단하게 정리**하는 시간
을 갖는다.

금요일의 활동은 두 개의 방에서 한다. 팀원들은 스프린트 회의실에
서 실시간으로 인터뷰 영상을 보고(몰래 보는 건 아니며, 고객의 허락을 얻어
영상을 녹화하고 재생한다), 인터뷰는 더 작은 다른 방에서 한다. 우리는
영리하게도 이 방을 '면접실'이라고 부른다.

인터뷰를 위해 특별히 기술적으로 설치할 것은 없다. 우리는 일반 랩
톱에 웹캠을 연결하고 영상과 음성을 공유하기 위해 간단한 화상회의
소프트웨어를 사용한다. 이렇게 준비하면 웹 사이트용 프로토타입을
테스트하는 데도 효과적이지만, 모바일 기기, 로봇, 그 외의 하드웨어
를 테스트할 때도 적합하다. 그냥 웹캠을 당신이 보고 싶은 지점에 맞
추면 된다.

인터뷰하는 마이클 마골리스. 마골리스는 고객 옆에 앉아 있지만, 고객이 움직일 공간을 충분하게 준다.
웹캠이 고객의 반응을 스프린트 회의실로 전송한다.

복잡한 경우, 우리는 모바일 앱이나 하드웨어 기기를 테스트할 때는
도큐먼트 카메라(실시간으로 이미지를 캡처하여 관객에게 보여주는 기기 — 옮긴이)를 랩톱에 연결한다.
랩톱의 영상이 회의실로 전송된다.

때로는 인터뷰 담당자나 고객이 다른 건물이나 도시에 있을 수 있고
현장에 나가 있을 때도 있다.(마이클은 병원, 호텔, 화물 자동차 휴게소에서도
인터뷰를 진행했다.) 하지만 스프린트 팀은 영상으로 인터뷰 장면을 보니
까 문제 되지 않는다. 중요한 건 인터뷰 담당자와 고객이 나란히 앉아
편하게 이야기를 나누는 것이다. 인터뷰는 그룹 활동이 아니라 두 사

람 간의 대화다. 팀원 중 한 사람이 온종일 인터뷰할 수 있고 두 사람이 교대로 할 수도 있다.(당신이 찾는 건 중요하고 분명한 패턴이므로 이런 작은 변화로 데이터가 손상될까 봐 걱정할 필요는 없다.)

1막: 친근한 환영

사람들이 거리낌 없이 솔직하게 반응하고 비판적이 되려면 일단 긴장을 풀어야 한다. 인터뷰 담당자는 고객을 환영하고 편안하게 해주어야 한다. 따뜻한 인사말을 건네고 날씨 이야기를 친근하게 나누면 좋다. 많이 웃는 것도 중요하다.(인터뷰 담당자가 웃을 기분이 아니라면 인터뷰를 준비하는 동안 리틀 리처드Little Richard의 〈Keep A-Knockin〉을 듣길 추천한다!)

고객이 편안하게 자리에 앉으면 인터뷰 담당자는 다음과 같은 말을 건넨다.

"오늘 와주셔서 감사합니다! 우리는 제품 개선을 위해 항상 노력하고 있습니다. 이를 위해서는 오늘 고객님의 솔직한 피드백이 정말 중요해요."

"이 인터뷰는 비공식적으로 진행할 겁니다. 제가 많은 질문을 드리겠지만, 고객님을 테스트하는 건 아닙니다. 제가 테스트하는 건 이 제품이에요. 잘 모르거나 혼란스러워도 고객님의 잘못이 아닙니다. 사실 고객님이 어려워하는 부분은 우리가 수정해야 할 문제를 발견하는 데 도움이 됩니다."

"먼저 고객님에 관해 몇 가지 질문을 드린 뒤 우리가 작업하는 제품을 보여드리겠습니다. 시작하기 전에 물어보고 싶은 게 있으신가요?"

또한 인터뷰 담당자는 인터뷰 영상을 녹화하고 봐도 될지 물어보고

변호사가 요구한 법적 서류에 서명을 받는다.(우리는 비공개, 녹화 허가, 발명 양도에 관해 간단한 1페이지짜리 양식을 사용한다. 이 양식은 인터뷰 전에 전자식으로도 서명을 받을 수 있다.)

2막: 고객의 배경에 관한 질문

인사가 끝나면 얼른 프로토타입을 보여주고 싶을 것이다. 하지만 잠깐만 기다려라. 그전에 고객의 생활, 관심사, 활동에 관해 물어보며 찬찬히 시작하는 게 좋다. 이 질문들은 고객과 친밀한 관계를 쌓는 데도 도움이 되지만, 고객의 반응과 대답을 이해하고 해석하기 위한 배경지식도 제공한다.

이때는 잡담부터 시작해 스프린트와 관련한 개인적 질문으로 옮겨가는 게 효과적이다. 고객이 인터뷰가 시작되었다는 걸 알아차리지 못하고 그냥 자연스러운 대화처럼 느끼면 인터뷰 담당자가 제대로 하는 것이다.

핏스타와의 스프린트에서 우리는 운동에 대한 각 고객의 접근방식을 더 많이 이해하면 도움이 되리란 걸 알고 있었다. 그래서 마이클은 고객에게 이런 질문을 던졌다.

"어떤 일을 하세요?"
"그 일을 얼마나 오래 했나요?"
"일하지 않을 때는 무엇을 하나요?"
"몸을 위해 하는 일이 있나요? 건강을 유지하기 위해? 활동적으로 지내기 위해?"
"피트니스에 도움을 받으려고 앱이나 웹 사이트, 그 외의 도구를 이용해

본 적이 있나요? 어떤 걸 이용해봤나요?"

"그런 도구들에 기대한 게 무엇이었나요? 그런 도구들의 좋은 점과 나쁜 점을 말해줄 수 있을까요? 돈을 내고 사용했나요? 왜 유료 버전을 사용했나요? 왜 유료 버전을 사용하지 않았나요?"

여기서 볼 수 있듯이 마이클은 일반적인 잡담("어떤 일을 하세요?")으로 대화를 시작한 뒤 화제를 피트니스 쪽으로 옮겨갔다.("몸을 위해 하는 일이 있나요?") 마이클은 질문을 던지면서 미소를 짓거나 고개를 끄덕이거나 눈을 맞추면서 고객이 편하게 대답할 수 있도록 유도했다.

이런 질문들을 던지면 최소한 고객이 더 편안함을 느끼고 적극적으로 대답하고 싶은 마음이 든다는 이점이 있다. 하지만 종종 이런 질문들에 고객이 내놓는 대답이 당신의 제품이나 서비스가 고객의 생활에 얼마나 맞을지 이해하는 데도 도움이 된다. 그뿐만 아니라 어쩌면 경쟁제품들에 대한 생각마저 파악할 수 있을 것이다. 핏스타의 인터뷰에서 우리는 고객들이 운동 비디오와 개인 트레이너를 이용해본 경험뿐 아니라 여행할 때 어떻게 운동하는지 알 수 있었다. 모두 유용한 정보였다.

3막: 프로토타입 소개

이제 고객이 프로토타입을 사용할 준비가 되었다. 마이클은 다음과 같이 물어보며 이 단계를 시작한다.

"프로토타입들을 좀 보시겠어요?"

이렇게 허락을 구함으로써 마이클은 서로 간의 관계를 한 번 더 확실하게 짚고 넘어간다. 고객이 마이클의 부탁을 들어주는 것이지 그 반대가 아니라는 것. 또한 테스트하는 것은 고객이 아니라 프로토타입이라는 것. 그리고 이 말도 빼놓아서는 안 된다.

"일부는 아직 제대로 작동하지 않을 수 있습니다. 잘 안 되는 부분이 있으면 제가 가르쳐드릴게요."

물론 당신 팀이 목요일에 '골디락스 품질'의 프로토타입을 만들었다면, 일단 고객이 프로토타입의 사용을 시작한 뒤에는 이것이 진짜가 아니라는 사실을 잊을 것이다. 하지만 이와 같이 프로토타입을 소개하면 고객이 솔직하게 피드백을 하도록 독려할 수 있다. 또한 아직 프로토타입 단계라는 점을 설명하면 무언가가 잘못되거나 고객이 난관에 부딪혔을 때(실제로 일어날 수 있는 상황이다) 인터뷰 담당자가 대응하기 쉬워진다.

다음과 같은 말로 테스트 대상이 고객이 아니라 프로토타입이라는 점을 상기시켜야 한다.

"여기에는 정답도, 오답도 없습니다. 제가 이걸 디자인한 사람이 아니라서 어떤 대답을 하셔도 제 기분이 상하거나 우쭐거릴 일이 없고요. 숨김 없이 솔직하게 피드백해주시는 게 가장 도움이 됩니다."

여기서 "제가 이걸 디자인한 사람이 아니다"라는 구절이 중요하다. 고객이 이들 아이디어에 인터뷰 담당자의 감정이 개입되지 않는다고 생각해야 솔직한 반응을 보이기 쉽기 때문이다. 인터뷰 담당자는 목요일에 프로토타입 제작에 참여하지 않기를 바란다. 하지만 실제로 관여했다 해도 "제가 이걸 디자인한 사람이 아니다"라고 말해야 할 것이다. 걱정할 필요 없다. 우리가 고객에게 고자질하지는 않을 테니까.

또한 인터뷰 담당자는 고객에게 생각을 입 밖으로 내서 말하라고 일러주어야 한다.

"테스트를 진행하면서 생각을 말로 표현해주시길 부탁드립니다. 무엇을 하려고 하는지, 어떻게 하면 되겠다고 생각하는지 말해주세요. 혼란스럽거나 이해하지 못하는 부분이 있어도 알려주세요. 마음에 드는 부분이 보여도 말해주시고요."

소리 내어 말하면 인터뷰 효과가 특히 높아진다. 고객이 프로토타입의 어느 부분에서 어려움을 겪는지, 어디에서 성공을 거두는지 눈으로 보는 것도 유용하지만, 테스트를 진행하면서 그들의 생각을 들으면 아주 귀한 정보를 얻을 수 있다.

4막: 작업과 자극

실세계에서 당신의 제품은 홀로 판매장에 나갈 것이다. 당신이 판매장에 가서 그 제품을 설명하지는 않는다. 그냥 사람들이 쇼핑하다 그 제품을 발견하여 평가하고 사용할 것이다. 인터뷰하는 동안 표적 고객에게 진짜 그 제품을 사용할 때처럼 해달라고 부탁하는 것이 실세계의 경험을 재현하여 테스트하는 가장 좋은 방법이다.

이때 보물찾기의 단서처럼 현명하게 작업 지시를 해야 한다. 고객에게 어디로 가야 하고, 무엇을 해야 하는지 말해주면 재미가 없다.(그리고 쓸모도 없다.) 당신은 고객이 자기 나름대로 프로토타입을 이해하는 모습을 보고 싶을 것이다. 핏스타의 테스트에서 했던 작업을 예로 들어보자.

"앱 스토어에서 우연히 핏스타를 발견했다고 해봅시다. 왜 그 앱을 사용해보고 싶다는 결정을 하게 될까요?"

이렇게 살짝 찔러보면 고객은 앱 설명을 읽고 평가한 뒤 설치하고 사용해본다. "왜 결정을 하게 될까요?"라는 구절은 고객이 그 과정에서 자연스럽게 행동하도록 돕는다.

우리는 단계마다 세세한 부분까지 통제할 때보다("이 앱을 설치하세요. 이제 가입하세요. 이름을 입력할 차례입니다") 이처럼 간단한 과제를 던져주었을 때 훨씬 더 많은 것을 배웠다. 이렇게 고객이 자유롭게 과제를 수행하도록 하면 인터뷰가 흥미로워진다. 지나치게 구체적으로 과제들을 지시하면, 그걸 따라 하는 고객이나 지켜보는 스프린트 팀이나 지루하기 마련이다.

고객이 작업을 해나갈 때 인터뷰 담당자는 질문을 던져서 고객이 생각을 말로 내뱉도록 도와야 한다.

"이게 뭔가요? 무엇을 위한 건가요?"
"여기에 관해 어떻게 생각하세요?"
"이리하면 어떻게 될까요?"
"이걸 보니 어떤 생각이 드나요?"

257

"뭘 보고 있나요?"

"다음엔 뭘 하고 싶나요? 왜 그걸 하고 싶죠?"

이때 대답하기 쉽고 부담스럽게 느껴지지 않는 질문을 던져야 한다. 인터뷰 담당자는 정답을 얻으려 안달하지 말고 고객이 작업을 계속하면서 자기 생각을 말할 수 있도록 도와야 한다.

5막: 간단한 정리

인터뷰를 마무리하기 위해 간단하게 정리하는 질문을 한다. 인터뷰하는 동안 보고 들은 게 너무 많아서 그중 가장 중요한 반응과 성공한 부분, 실패한 부분을 추려내기 어려울 수 있다. 정리 질문들을 던지고 고객의 대답을 들으면 인터뷰 중에 들었던 모든 이야기를 살피고 추려내는 데 도움이 될 수 있다. 다음은 마이클이 던진 정리 질문들이다.

"이 제품이 당신이 지금 사용하는 제품과 비교해 어떻습니까?"

"이 제품에서 마음에 들었던 점이 뭔가요? 싫은 점은요?"

"이 제품을 친구에게 어떻게 설명하시겠습니까?"

"이 제품을 개선할 수 있는 세 가지 마법의 소원이 있다면 뭘까요?"

'마법의 소원'을 물어본다고 해서 제품의 계획 수립을 고객에게 떠넘기는 건 아니니까 걱정하지 말라. 오히려 이 질문을 던지면 고객이 자기 반응을 분명하게 표현하는 데 도움이 된다. 고객의 반응에서 당신이 알게 된 것을 어떻게 해석하고 적용할지 결정하는 건 당신에게 달려 있다.

인터뷰에서 2개 이상의 프로토타입을 테스트하고 있다면 각각을 다시 살펴본 뒤(고객의 기억을 되살리기 위해) 다음과 같은 질문을 던진다.

"서로 다른 이 제품들을 어떻게 비교할 수 있을까요? 각각의 장점과 단점이 뭘까요?"

"새롭고 더 나은 버전을 만들려면 각 제품의 어떤 부분을 결합하면 좋을까요?"

"고객님에게는 어떤 제품이 더 나았나요? 그 이유는?"

자, 인터뷰는 이것으로 끝이다. 인터뷰를 마치면 고객에게 감사를 표하고 상품권을 준 뒤 밖으로 안내한다.

테스트 시간 동안 인터뷰 담당자는 계속 대화에 참여해야 한다. 중립을 지키면서도("멋지네요!", "잘했어요!"와 같은 말이 아니라 "으응", "음음" 같은 말을 한다) 고객이 계속 말하도록 독려해야 한다. 기록할 필요는 없다. 기록은 스프린트 회의실에 있는 나머지 팀원들이 해줄 것이다.

물론 모든 질문과 다섯 단계 전체를 외울 수 있는 사람은 없을 것이다. 목요일에 나머지 팀원들이 프로토타입을 만드는 동안 인터뷰 담당자는 대본을 작성하여 출력해두었다가 금요일에 인터뷰가 진행되는 동안 참조하면 된다. 대본은 인터뷰가 순조롭게 굴러가도록 할 뿐 아니라 일관성을 유지하는 데도 도움이 될 것이다. 그러면 그날의 테스트에서 패턴을 발견하기가 더 쉬워진다.

인터뷰의 힘과 관련해 우리가 좋아하는 이야기 중 하나는 우리의 친구이자 디자이너인 조 게비아Joe Gebbia의 경험담이다. 2008년에 조는

259

두 친구와 함께 스타트업을 설립했다. 세 사람은 자신들이 새로운 온라인 마켓과 관련하여 기막힌 아이디어를 떠올렸다고 생각했다. 그래서 웹 사이트를 구축해서 오픈했고 완벽하다는 확신이 들 때까지 몇 달에 걸쳐 개선 작업을 했다.

하지만 그런 노력에도 이 서비스는 인기를 끌지 못했다. 몇 안 되는 고객을 얻고 약간의 매출을 올렸지만, 제자리걸음이어서—일주일에 200달러밖에 벌지 못했다—임대료를 낼 돈조차 부족했다. 창업자들은 자금이 다 떨어지기 전에 사업이 호전되기를 바라며 다소 극단적인 방법을 택했다. 기술적인 작업을 멈추고 사무실을 나가 소수의 고객을 직접 찾아간 것이다. 이들은 고객들을 만나 인터뷰했고, 한 번에 한 명씩 고객이 자사 웹 사이트를 사용하는 모습을 직접 지켜보았다.

조는 이 인터뷰를 "괴롭지만, 정신이 번쩍 드는" 경험이었다고 표현했다. "머리를 한 대 맞은 것 같았죠." 이들이 만든 웹 사이트는 오류투성이였다. 간단한 문제—달력에서 날짜를 선택하는 등—사람들이 헷갈리기 일쑤였다.

사무실로 돌아온 조와 공동창업자들은 일주일 동안 가장 눈에 띄는 문제를 고친 뒤 새 버전을 내놓았다. 그러자 매출이 일주일에 400달러로 두 배나 늘었다. 조가 놀라서 회계 시스템에 오류가 난 건 아닌지 확인해볼 정도였다. 하지만 진짜 매출액이었다. 힘을 얻은 세 사람은 한 차례 더 인터뷰하고 그 결과에 따라 웹 사이트를 개선했다. 그러자 매출이 1주에 800달러로, 1,600달러로, 3,200달러로 계속 두 배로 뛰었다. 그리고 이런 성장률은 계속되었다.

이 스타트업이 바로 에어비앤비Airbnb다. 현재 이 온라인 환대 서비스에는 190여 개국, 3만 개가 넘는 도시의 숙소가 등록되어 있으며 이용자는 3,500만 명을 넘어섰다. 정말로 기막힌 아이디어였다는 게 입증되었지만, 이런 성공에는 인터뷰의 뒷받침이 필요했다. 조는 "우리가 꿈꾸는 비전과 고객들 간에는 거리가 있어요"라고 설명한다. "둘을 조화롭게 하려면 사람들과 이야기해봐야 합니다."

에어비앤비의 인터뷰는 창업자들에게 자사 제품이 고객들의 눈에 어떻게 비치는지 알려주었고 창업자들이 보지 못하던 문제들을 드러냈다. 고객의 말에 귀를 기울인다고 비전을 포기하는 건 아니다. 오히려 그 비전과 결합해야 하는 정보를 알게 되었다. 그래서 비전과 고객과의 거리를 좁히고 실제 이용자들에게 효과 있는 제품을 만들 수 있었다.

인터뷰를 한다고 꼭 에어비앤비처럼 성공하리라는 약속은 하지 못한다. 하지만 인터뷰 과정에서 깨달음을 얻으리라는 것은 장담할 수 있다. 다음 장에서는 인터뷰에서 관찰한 것들을 이해하는 방법을 다룬다. 인터뷰 과정을 기록하고 패턴을 찾아 다음 단계를 결정하는 방법에 관한 설명이 이어질 것이다.

5막 인터뷰 과정대로 하면 틀림없이 효과적으로 인터뷰할 수 있다. 하지만 더 나은 인터뷰를 위해 마이클이 사용하는 몇 가지 기법이 더 있다.

1. 좋은 초대자 노릇을 하라

당신이 인터뷰를 위해 방문한 고객이라고 잠깐 상상해보자. 당신은 새로운 제품(무엇인지 확실히 모르는)을 사용해보기 위해 난생처음 와보는 건물에 들어섰다. 그리고 지금 처음 만난 사람들의 관찰을 받을 것이다. 두 시간 전까지는 이런 만남도 괜찮을 듯 보였지만 막상 와서 보니 정말 그럴지 잘 모르겠다.

    인터뷰 담당자는 초대자, 고객은 손님이다. 마이클은 인터뷰 시작 전에 먼저 고객의 긴장을 푸는 데 최선을 다한다. 미소를 많이 짓고 몸짓에도 신경 쓴다. 미리 박하사탕을 먹어두어 입 냄새를 상쾌하게 하는 것도 잊지 않는다. 그리고 항상 고객의 마음이 편해지도록 돕는 질문을 가장 먼저 던진다.

2. 주관식 Open ended 으로 질문한다

고객이 무슨 생각을 하는지 알려면 유도신문을 하지 않도록 주의해야 한다. 원하는 답을 유도하기 위해 묻는다는 걸 뻔히 알 만한 질문은 오히려 쉽게 피해갈 수 있다.("이게 마음에 들죠, 그렇지 않나요?"라고 묻는 사람은 분명 없을 것이다.) 하지만 때로는 의도하지 않았는데 유도신문을 하게 되는 때가 있다.

예를 들어 당신 회사의 웹 사이트를 보고 있는 고객을 인터뷰한다고 해보자. 당신은 고객이 무슨 생각을 하는지, 이 시제품에 가입하고 싶어 하는지 알고 싶을 것이다.

> 인터뷰 담당자: "이 사이트를 보니 지금 가입하고 싶은 마음이 드나요? 아니면 정보가 더 필요한가요?"
>
> 고객: "어, 정보가 좀 더 필요할 것 같아요… 아, 여기 FAQ가 있네요. 이걸 읽어볼게요."

이런 대화는 언뜻 보면 괜찮을 것으로 여겨질 수 있지만 선다형 질문("가입하고 싶은 마음이 든다" vs. "정보가 더 필요하다")은 고객의 반응에 영향을 미치기 마련이다. 지금 당신은 고객이 두 옵션 중 한 가지를 하기 원한다고 가정하고 있다. 힘들겠지만, 객관식 질문은 피해야 한다. 이런 질문들은 실제로는 거의 항상 유도신문이라 할 수 있다.

이제 이렇게 묻는 대신 고객이 자유롭게 대답하도록 질문하는 경우를 생각해보자.

> 인터뷰 담당자: "이 사이트를 보니 어떤 생각이 드나요?"
>
> 고객: "잘 모르겠네요. 제 말은… 우리 회사에는 적합하지 않다는 생각이 들어요."
>
> 인터뷰 담당자: "왜 그럴까요?"
>
> 고객: (흥미로운 이유를 댄다)

이 시나리오는 우리가 지금 막 지어낸 것이지만, 수십 번 목격했던 상황이다. 주관식으로 물어보면 솔직한 반응과 이유를 알아낼 가능성이 더 크다.

지금까지 한 설명이 좀 복잡하게 들릴 수 있지만, 유도신문을 피하라는 마이클의 조언은 딱 두 가지 규칙으로 요약된다.

선다형 질문이나 "예 / 아니오" 질문을 하지 않는다.

("···할 겁니까?" "···한가요?" "그게 ···입니까?")

육하원칙 질문을 던진다.

("누가···?" "무엇을···?" "어디에서···?" "언제···?" "왜···?" "어떻게···?")

어떤 일에서건 그렇듯이 이런 질문을 던지는 건 연습할수록 더 쉬워진다. 인터뷰 담당자에게 유용한 한 가지 간단한 요령은 "누가", "무엇을", "어디에서", "언제", "왜"가 들어가는 샘플 질문들을 대본에 써놓는 것이다.

3. 어정쩡한 broken 질문을 던진다

마이클 마골리스는 어정쩡한 질문을 던지는 데 대가다. 이 방법은 인터뷰 담당자가 뭔가 물어보는 말을 건네긴 건네지만, 고객의 판단을 한쪽으로 치우치게 하거나 대답에 영향을 미치는 말을 하기 전에 멈추는 것이다.

고객: "흠!"

마이클: "그럼, 뭐가 ···"(목소리가 잦아든다.)

고객: "음, 가격이 그렇게 높다는 걸 알고 놀랐어요."

마이클은 진짜 질문을 던지지 않고도 고객에게서 솔직하고 유용한 대답을 얻었다. 그리고 고객은 질문이 모호한 탓에 마이클이 듣고 싶은 말을 해야 한다는 압박을 느끼지 않았다.

이 예와 같은 상황에서 고객이 무언가에 반응하는데 그게 뭔지 말하지 않을 때는 "지금 가격을 보고 있나요?"라고 물어보고 싶을 수 있다. 하지만 어정쩡한 질문을 던짐으로써 고객을 어느 특정 방향으로 유도하지 않고서도 자기 생각을 말하도록 독려할 수 있다.

또한 그저 말없이 있어도 많은 것을 배울 수 있다. 항상 대화로 침묵을 메워야 한다고 강박을 느낄 필요는 없다. 말을 멈추고 지켜보며 기다리고 고객에게 귀를 기울여라.

4. 호기심 어린 마음가짐

좋은 인터뷰어가 되기 위한 마지막 조언은 기술이 아니라 마음가짐과 관련이 있다. 목요일에 팀은 프로토타입 마음가짐을 가져야 했다. 금요일에는 팀원들, 특히 인터뷰 담당자는 호기심 어린 마음가짐이 되도록 노력해야 한다.

호기심 어린 마음가짐을 갖는다는 건, 고객들과 이들의 반응에 몰입한다는 뜻이다. 이러한 마음가짐은 고객의 말과 행동의 예기치 못한 세부사항들에 집중하면 생길 수 있다. 항상 "왜?"라고 물어보라. 뭔가를 가정하거나 성급하게 결론을 내려서는 안 된다. 각 인터뷰를 하기 전에 고객에게서 얻을 정보가 얼마나 흥미로울지 예상해보라. 몸짓을 이용해 친근한 느낌을 높이고 상대방을 잘 받아들인다는 인상을 심어주라. 미소를 짓고 몸을 기울여라. 팔짱을 낀 채 있지 마라. 호기심은 구체적인 행동으로 표현할 수 있고 심지어 학습할 수도 있다.

고객 인터뷰에 관해 더 알고 싶으면(그리고 인터뷰를 하는 마이클의 영상을 보고 싶으면) thesprintbook.com을 참조하기 바란다.

17

학습

금요일 아침 8시 30분, 샌프란시스코. 슬랙과의 스프린트 마지막 날이었다. 9시에 마이클이 첫 고객 인터뷰를 진행할 예정이었고, 스프린트 팀원들이 커피를 손에 들고 한 명 한 명 회의실로 들어왔다. 우리는 모든 사람이 회의실 앞쪽의 스크린을 볼 수 있도록 소파와 의자들을 옮겼다. 브레이든이 랩톱을 화면에 연결한 뒤 웹 브라우저를 열어 마이클이 설치한 화상회의에 접속했다.

슬랙은 자사 소프트웨어를 잠재 고객들에게 설명하기 어렵다는 중요한 과제를 안고 이번 주를 시작했다. 슬랙을 사용할 때의 많은 이점(커뮤니케이션이 원활해지고 팀워크가 향상되며 업무 스트레스가 줄어드는 등)은, 고객이 이 소프트웨어를 모험 삼아 팀원들과 함께 한 번 사용해본 뒤에야 분명히 알 수 있었다. 그런데 새로운 소프트웨어를 실험해보는 건 손이 많이 가는 일이라서 슬랙은 처음부터 이 소프트웨어의 가치를 분명히 보여주어야 했다.

금요일에는 두 가지 솔루션이 경합을 벌였다. 슬랙의 제품 관리자인 메르시 그레이스는 고객에게 슬랙이 어떻게 작동하는지 보여주는 단계별 안내서인 '끈질긴 투어'라는 아이디어를 선호했다. 반면 슬랙의 창업자이자 CEO인 스튜어트 버터필드는 '봇 팀'이라는 아이디어를 보고 좋은 예감을 받았다. '봇 팀'은 컴퓨터의 제어를 받는 캐릭터들로 팀을 만들고 고객이 이 팀과 커뮤니케이션하면서 슬랙을 시험해보게 하자는 아이디어였다. 독자들은 앞에서 이 이야기를 읽었겠지만, 결론이 어떻게 났는지는 모를 것이다.

금요일에 하는 일이 바로 이것, 스프린트의 결론 찾기다. 금요일에는 실제 고객에게 프로토타입을 보여주고, 그들이 어떻게 반응하는지 관찰하고, 스프린트 질문들에 대한 답을 찾고, 다음에 무엇을 할지 계획을 세울 기회가 주어진다. 프로토타입이 과연 어떻게 작동할지 보게 되는 이날, 모든 사람이 흥분했고 약간 긴장도 했다. 회의실 앞쪽의 스크린이 깜빡거리다 켜지자 조용히 웅성거리던 말소리가 뚝 끊겼다.

영상에서 문이 닫히는 소리가 들렸다. 그리고 "오늘 와주셔서 다시 한 번 감사드립니다"라는 마이클의 목소리가 들렸다. 우리는 첫 번째 고객이 자리에 앉아 주뼛주뼛 카메라를 쳐다보다가 마이클이 워밍업을 위한 질문 몇 개를 던지자 긴장이 풀어지는 모습을 보았다.

마이클은 고객에게 우리의 첫 번째 프로토타입을 소개했다. 고객은 잠깐 가만있다가 몸을 앞으로 기울여 컴퓨터 마우스를 잡고 말을 시작했다.

금요일은 긴 추리소설처럼 느껴진다. 팀원들은 온종일 단서를 수집할 것이다. 그 단서 중 일부는 사건 해결에 도움이 되지만, 일부는 잘못된 방향으로 이끌기도 한다. 끝에 가서야—오후 5시경—모든 단서가 연결되면서 답이 명확해진다.

슬랙 팀과 마찬가지로 당신의 스프린트 팀원들도 함께 모여 금요일을 보낼 것이다. 인터뷰 담당자가 고객들과 프로토타입을 테스트하는 동안 팀원들은 스프린트 회의실에서 그 모습을 지켜보며 기록한다. 치열했던 한 주가 끝나가고 있어서 팀원들은—이메일, 회의, 정수기 앞에서 나누는 중요한 대화 같은—'평소 업무'로 돌아가야 한다는 압박을 느낄 수도 있다. 하지만 모든 사람이 끝까지 함께 뭉쳐야 스프린트가 성공을 거둘 수 있다.

함께 지켜보고 함께 배우기

모든 사람에게는 슈퍼파워, 자신만의 강점이 있다. 소프트웨어 엔지니어의 슈퍼파워는 코드를 작성하는 것이고, 마케팅 담당자의 그것은 캠페인을 계획하는 것일 수 있다. 우리의 슈퍼파워는 화이트보드에 포스트잇을 붙이는 것이다. 당신에게는 특별히 잘하는 한 가지 기술이 있고, 아마 그 기술을 쓸 때 가장 생산성이 높다고 느낄 것이다.

금요일에 스프린트 팀원들을 해산하여 각자 슈퍼파워를 발휘할 본디 자리로 돌려보내고 싶을 수도 있다. 그리한다 해도 인터뷰 담당자는 인터뷰 슈퍼파워를 발휘해 고객과 함께 프로토타입을 테스트할 수 있다. 우리도 이 방법을 시도해봤는데 그 결과는 이랬다. 인터뷰 담당자가 각 고객과 이야기한다. 여기까지는 괜찮다. 그런데 유감스럽게도 인터뷰 담당자가 고객과 이야기를 나누면서 동시에 상세한 기록까지는 할 수 없어서 대화를 녹화해둔다. 인터뷰는 금요일에 하므로 그가 녹화 영상을 볼 수 있는 건 아무리 빨라도 월요일이다. 인터뷰를 하루 종일 했으니 녹화 내용을 검토하고 자신이 들은 것을 이해하는 데 또 하루가 꼬박 든다. 그런 뒤 자신이 발견한 내용으로 문서나 프레젠테이션 자료를 만드느라 또 몇 시간이 필요하다. 그때는 벌써 화요일이다.(인터뷰에서 가장 흥미로운 순간들을 편집해 '하이라이트 영상'까지 만든 사람들도 있다. 대단하긴 하지만, 시간이 오래 걸린다.) 게다가 이 작업을 모두 끝내면 인터뷰 담당자는 결과물을 보여주고 검토하기 위해 스프린트 팀원들과 약속을 잡아야 한다. 그러면 아무리 빨라도 스프린트가 끝난 뒤 수요일이 되어야 팀이 결과물을 볼 수 있다.

또 다른 문제도 있다. 시간이 지나면서 모두가 본래 업무를 정신없이 하다 보면 한 팀으로서의 힘이 와해될 것이다. 신뢰성 문제도 있다. 팀원들이 테스트를 직접 보지 않았으므로 인터뷰 담당자의 진행과 결과물을 믿을 수밖에 없다. 직접 영상을 보는 것과 그냥 누군가의 말을 듣는 것에는 차이가 있다.

다행히 이들 문제의 해결책은 간단하다. 모두 함께 인터뷰를 보면 된다. 그러면 모든 사람이 동시에 결과를 받아들일 수 있어 훨씬 빠른 진행이 가능하다. 또한 일곱 사람이 머리를 맞대니까 더 나은 결론을 도출할 것이다. 팀원들이 결과를 자기 눈으로 직접 볼 수 있으므로 진실성과 신뢰성 문제도 피해갈 수 있다. 금요일이 끝날 무렵 스프린트 팀은 다음에 무엇을 할지 정보에 근거해 결정할 수 있다. 이때는 인터뷰 결과(그리고 스프린트의 결과)가 아직 모든 사람의 단기 기억 속에 뚜렷하게 남아 있다.

이런 멋진 팀워크가 저절로 생기는 건 아니지만, 몇 가지 간단한 방법을 통해 북돋울 수 있다. 그 방법은 다음과 같다.

함께 인터뷰를 기록한다

첫 번째 인터뷰가 시작되기 전에 스프린트 회의실의 대형 화이트보드에 가로 다섯 칸(인터뷰할 고객 한 명당 한 칸), 세로 몇 칸(프로토타입별로 한 칸, 혹은 프로토타입의 부분별로 한 칸, 혹은 답을 찾으려 하는 스프린트 질문별로 한 칸)의 표를 그린다.

포스트잇과 화이트보드 마커를 각 팀원에게 나눠주고 인터뷰 중에 기록하는 방법을 알려준다. "흥미로운 부분이 들리거나 보이면 포스트잇에 쓰세요. 고객이 한 말을 써도 되고 관찰한 것을 써도 됩니다. 일어난 일에 각자의 해석을 써도 되고요."

이때 긍정적인 내용은 초록색, 부정적인 내용은 빨간색, 중립적인 내용은 검은색, 이런 식으로 내용에 따라 다른 색의 마커를 사용한다. 검은색 마커밖에 없다면 포스트잇 구석에 플러스나 마이너스 표시를 하

271

고 중립적인 내용이라면 그 부분을 비워두면 된다.

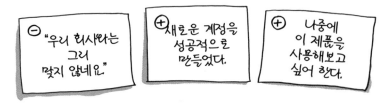

인터뷰하는 동안 스프린트 회의실은 조용해야 한다. 인터뷰 시간은 주의 깊게 듣고 상세하게 기록하는 시간이지 떠들썩하게 반응하거나 즉석에서 문제를 해결하는 때가 아니다. 또한 인터뷰 중인 고객을 존중하는 태도도 중요하다. 고객에게는 당신의 말이 안 들린다.(영상은 '한 방향'으로만 전송되어야 한다.) 하지만 고객이 프로토타입을 사용하는 데 어려움을 겪고 있다면, 그건 고객이 아니라 당신 팀의 잘못임을 명심해야 한다.

각 인터뷰가 끝나면 메모들을 모아 화이트보드의 표에 붙인다. 해당하는 정확한 칸에 붙여야 하지만, 아직 그 밖의 정리 문제는 신경 쓰지 않아도 된다. 그런 뒤 잠깐 휴식한다. 다섯 시간 동안 집중하고 기록하려면 지치기 마련이니 각 인터뷰 사이에 잠깐 쉬는 시간을 두어야 한다.

금요일 오후에 다섯 명의 표적 고객이 슬랙의 두 프로토타입을 사용해보았고 화이트보드는 포스트잇으로 뒤덮였다. 우리는 함께 모여 이 메모들을 정리하고 패턴을 찾았다.

먼저 슬랙을 단계별로 직접 설명하는 솔루션인 '끈질긴 투어'의 반응을 살펴보았다. 슬랙과 이메일 간의 관계에서 여전히 대체적으로 혼돈이 있었지만, 다섯 고객 중 넷이 슬랙의 전체적인 가치를 이해했다. 이정도면 대성공이라 할 수 있었다. 가입하려고 시도한 고객은 다섯 중 둘뿐이지만 쉽게 고칠 수 있는 문제가 많아 그 숫자를 늘릴 수 있을 것으로 보였다.(생각지도 못했다가 알게 된 한 가지 사실은 가입 버튼이 페이지의 너무 아래쪽에 있다는 것이었다.) '끈질긴 투어'는 완벽하지는 않지만, 슬랙의 현재 마케팅 방식보다는 훨씬 낫다는 데 모두 동의했다.

그런 뒤 우리는 '봇 팀'의 테스트 결과로 관심을 돌렸다. 우리는 고객별로 차례차례 메모들을 읽어보았다. 썩 긍정적인 내용은 아니었다. 메모는 "고객이 혼란스러워한다", "이메일보다 나아 보이지 않는다", "이게 뭔지 잘 모르겠어요" 같은 말이 주를 이루었다. 컴퓨터가 제어하는 캐릭터들과 이야기 나누는 것을 즐긴 고객은 한 사람뿐이었고, 그조차 이 소프트웨어의 목적에 관해서는 갈피를 잡지 못했다.

물론 우리 모두 이 인터뷰를 지켜보긴 했지만, 메모들을 읽자 확실히 스튜어트의 감이 틀렸다고 인식할 수 있었다. 뜻밖의 결과였지만―스튜어트는 평소 직관이 뛰어난 사람이었으니까―한편으로는 다행이기도 했다. '봇 팀'을 실제로 만들고 제대로 돌아가게 하려면 많은 작업과 비용이 필요할 것이다. 우리는 진짜 같은 프로토타입을 만드느라 최선을 다했지만, 그 프로토타입이 실패로 돌아갔다. 이제 모든 팀원이 다른 것에 초점을 맞추어야 한다고 확신했다.

반면 '끈질긴 투어'는 효과가 있을 것으로 보였다. 솔루션의 구성요소들이 갖추어졌고 몇 가지 문제는 쉽게 고칠 수 있는 것들이었다. 다음 단계가 무엇일지도 분명했다. 고객과의 거리를 좁히기 위해 메르시와 팀은 또 다른 스프린트를 진행할 것이다.

슬랙 팀은 본래 획기적인 성공을 기대했었다. 하지만 좋은 결과와 나쁜 결과가 뒤섞여 나왔다. 그래도 다행스러운 점들도 있었다. '끈질긴 투어'가 기존 방법들보다 개선된 솔루션임을 알게 되었고, '봇 팀'은 문제가 있음을 확인했다. 또한 '슬랙 vs. 이메일' 문제에 초점을 맞추어야 한다는 것도 알았다.

포스트잇으로 가득 찬 화이트보드에서 패턴들과 다음 단계를 찾는다는 게 연금술처럼 느껴질 수도 있다. 하지만 모든 사람이 함께 인터뷰를 지켜보면 그리 어려운 일이 아니다.

패턴 찾기

모든 팀원을 화이트보드 근처로 불러 모은다. 다들 포스트잇을 읽을 수 있을 만큼 화이트보드 가까이에 서야 한다. 이제 5분 정도 조용히 메모들을 읽는데, 모두에게 메모장과 펜을 나누어주고 자신이 발견한 패턴을 기록하게 한다. 이때 3명 이상의 고객에게 공통으로 나타난 패턴을 찾아야 하지만, 두 명의 고객이 같은 반응을 보였더라도 특별히 강한 반응이었다면 기록해둔다.

각자 5분 동안 패턴을 찾고 나면 팀원들에게 자신이 발견한 것들을 공유하고 패턴을 큰 소리로 읽게 한다. 발견한 모든 패턴을 또 다른 화이트보드에 나열하고 각각에 대해 긍정적인 것인지, 부정적인 것인지, 중립적인 것인지 표시한다. 패턴들이 나열되면 이제 결과를 이해할 시간이다.

미래 여행

월요일에 우리는 스프린트 질문 목록을 도출했다. 스프린트 질문은 당신의 팀이 장기 목표를 이루는 데 방해가 되는, 풀리지 않은 문제들이었다. 이제 테스트를 하고 그 결과들에서 패턴을 찾았으므로 스프린트 질문들을 돌아볼 때다. 이 질문들은 어떤 패턴이 가장 중요한지 판단하도록 돕고 다음 단계를 알려줄 것이다.

슬랙에는 두 가지 중요한 스프린트 질문이 있었다. 하나는 "슬랙을 한 번도 사용해보지 않은 사람들에게 이 제품을 설명할 수 있을까?"였다. 스프린트가 끝나자 이 질문에 대한 답은 "그렇다… 아마도"로 나왔다. '끈질긴 투어'는 슬랙을 그런대로 잘 설명했다. 하지만 메르시와 나머지 팀원들은 "그런대로 잘"에 만족하지 않았다. 그래서 '끈질긴 투어'를 수정하여 더 개선하고 싶었다.

슬랙의 두 번째 스프린트 질문은 "개인이 슬랙을 이해하게 도와서 자신의 팀원들이 슬랙을 사용하게 할 수 있을까?"였다. 슬랙을 도입한 모든 팀에서 처음 이 소프트웨어를 사용하기 시작한 사람은 한 개인이었다. 그는 이 소프트웨어를 팀 전체와 함께 사용하면 어떨지 생각한 뒤 동료들을 설득했다. '봇 팀' 아이디어에 등장하는 가짜 팀은 이 문제를 해결하려고 했지만, 실패했다. 그래도 슬랙은 이 과제를 다룰 다른 방법이 있을지 모른다고 생각했다. 그래서 이 질문에 "아니다… 아마도"라고 답하고, 다음 스프린트에서 다시 방법을 찾아보자고 다짐했다.

당신의 스프린트도 이렇게 마무리될 것이다. 월요일에 정했던 장기 목표와 스프린트 질문들을 확인해보라. 아마 모든 질문에서 답을 얻지는 못했겠지만, 슬랙처럼 어느 정도 진전은 이루었을 것이다.

이렇게 장기 목표와 스프린트 질문들을 되돌아보면 대개 다음 단계를 쉽게 알 수 있다. 팀이 간단하게 논의한 뒤 결정권자가(짐작했겠지만)

후속조치를 어떻게 할지 결정할 것이다.

항상 승리자

아마 스프린트의 가장 큰 장점은 당신이 손해를 볼 수 없다는 점일 것이다. 고객들과 프로토타입을 테스트하면 당신은 최고의 소득을 얻을 것이다. 바로 당신의 조직이 올바른 방향으로 나아가는 데 당신의 아이디어들이 도움이 될지를 단 5일 만에 파악할 기회를 얻는 것이다. 다만 그 결과가 칼로 끊듯 깔끔하게 나오는 건 아니다. 실패해서 오히려 잘된 사례가 있고, 성공을 거두었지만 결함이 있어서 추가적인 작업이 필요한 사례도 있으며, 그 외에도 다양한 결과가 나올 수 있다. 우리와 스프린트를 진행했던 다섯 팀이 테스트 결과를 어떻게 해석했는지, 그리고 향후에는 어떤 활동을 하기로 했는지 살펴보자.

슬랙은 스프린트에서 두 가지 결과를 얻었다. 첫째, 한 솔루션은 효과가 없다는 걸 발견했다. 그 덕분에 몇 달간 기술적인 작업을 하느라 쓸데없는 노력과 추가 비용을 들이지 않아도 되었다. 또 다른 프로토타입은 결함이 있는 성공작이었다. 3주 뒤에 슬랙 팀은 '끈질긴 투어'를 개선하기 위한 후속 스프린트를 하러 모였다. 스프린트에서 이들은 메시징 기능이 어떻게 작동하는지 더 효과적으로 설명했다. 도표들을 개선했고 설명서를 분명하게 고쳐 썼다. 그런 뒤 이 개선된 프로토타입을 테스트하자 뚜렷한 효과가 나타났다. 다섯 고객 전부가 새 웹 사이트를 이해했다. 이후 슬랙은 이 웹 사이트를 구축하여 오픈했다.

로봇 제작업체인 새비오크는 스프린트에서 보기 드문 결과를 얻었다. 테스트한 거의 모든 아이디어가 성공적이었다. 이후 새비오크 팀은 이 아이디어들을 구현하여 시장에 내놓는 데 노력을 쏟았다. 그 노력에 대한 보답으로 결국 언론의 많은 조명을 받았고 호텔 고객 또한 늘어났다.

블루보틀 커피에서는 세 가지 프로토타입이 전형적인 '혈투'를 벌였다. 그중 하나는 테스트 결과 실패해서 다행이었고, 나머지 둘은 성공했지만 결함이 있었다. 블루보틀은 성공한 두 프로토타입에서 최상의 요소를 택해 하나의 웹 사이트에 통합했고 그 결과 매출이 엄청나게 증가했다.

플랫아이언의 스프린트 질문은 자못 거창했다. 암 전문 병원이 새로운 도구를 사용하기 위해 업무 흐름을 바꿀 것인가? 이건 위험부담이 큰 문제였다. 업무 흐름을 바꾸도록 임상연구 간호사들을 설득할 수 있다면, 임상시험에 더 많은 환자를 등록하게 할 수 있을 것이다. 우리는 힘을 합쳐 새로운 소프트웨어의 프로토타입을 만든 뒤 임상연구 간호사들을 대상으로 테스트했다. 그 결과 결함이 있지만, 흥미로운 성공을 거두었다. 임상연구 간호사들은 프로토타입의 모든 부분을 좋아하지는 않았지만, 이 아이디어에 열정적인 반응을 보였다. 그 덕분에 플랫아이언은 소프트웨어의 설계와 개발 작업을 계속해야겠다는 자신감을 얻었다. 6개월 뒤, 병원들은 환자들과 임상시험을 연결하는 실제 소프트웨어를 사용하고 있었다.

성공적인 테스트가 끝이 아니라 시작인 사례도 많았다. 2014년에 우리는 트위터 창업자 에번 윌리엄스가 만든 글쓰기 플랫폼인 미디엄Medium과 스프린트를 진행했다. 에번과 그의 팀은 미디엄의 코멘트 달기 및 토론 기능을 개선하기 위한 몇 가지 아이디어를 내놓았다. 그리고 금요일의 테스트를 거쳐 결함은 있지만 추진해볼 만한 가치가 있다고 판단되는 아이디어 몇 가지를 추려냈다. 그다음 주에 미디엄의 기술 팀은 스프린트에서 가장 효과적이라고 나온 두 가지 아이디어를 구현하여 테스트 삼아 미디엄의 사용자 일부에게 선보였다. 이것은 대규모 데이터를 얻는 일종의 후속 스프린트였다.(그 결과 두 아이디어 모두 토론 활성화에 도움이 된다고 판명되었다.)

많은 기업은 제품이나 서비스를 신속하게 내놓고 싶어서 수백, 수천, 심지어 수백만 명의 사람들에게서 데이터를 얻는다. 그런 대규모 데이터 역시 많은 도움이 된다. 하지만 이처럼 급하게 서두르다 보면, 아직 궤도 수정할 시간이 있을 때 소규모 데이터를 수집할 기회를 놓치기 쉽다. 미디엄의 사례가 보여주는 것처럼, 당신은 두 방법의 장점만 취할 수 있다. 고객과 이야기도 나누고 대규모 데이터에서 뭔가를 배울 수도 있다.

사람들에게 도움이 되는 일

고객들의 말을 주기적으로 듣다 보면 당신이 애초에 왜 이렇게 열심히 일하는지 되새겨볼 수 있다. 인터뷰할 때마다 당신과 팀은 자사 제품이나 서비스로 돕고자 하는 사람들에게 더 가까이 다가갈 수 있다.

스프린트를 계속 운영하고 비전을 충실히 지키면 고객과의 거리가 좁아지는 때가 온다. 금요일의 테스트를 지켜보다 보면 사람들이 당신의 아이디어를 이해하고 그 제품이나 서비스가 자기 생활을 향상해줄 것으로 믿고 인터뷰 담당자에게 구입 방법을 물어보는 모습을 볼 때가 있을 것이다.

그때는 마치 아폴로 13호가 태평양에 무사히 안착하자 관제센터가 환호성을 지르던 순간, 〈오션스 일레븐〉의 도둑들이 거사를 끝낸 뒤 분수를 보던 순간, 혹은 간달프가 독수리를 타고 와서 프로도와 샘을 구출하던 순간과 비슷한 느낌이 든다. 정말 굉장한 순간이다. 일을 어떻게 해야 하는지 보여주는 순간이기도 하다. 끝없이 이어지는 회의로 시간 낭비를 하지 않고도, 동료애를 쌓느라 볼링장에서 팀 빌딩 행사를 열지 않고도 사람들이 정말로 중요한 무언가를 함께 노력하여 구축할 수 있다. 시간도 최적으로 활용한다. 바로 이것이 스프린트다.

이륙

이래도 스프린트를 시작해보지
않을 건가요?

세찬 바람이 휘몰아쳐서 얼어붙을 듯 춥고 흐린 12월 어느 날, 두 사람
의 공동창업자가 바짝 붙어 서서 몇 마디 말을 나눈다. 일주일 전 이들
의 최신 프로토타입이 실패로 돌아갔다. 하지만 두 사람은 스스로 실
패 원인을 알고 있다고 생각했다. 그래서 몇 가지를 수정했고 오늘 아
침에는 두 사람 모두 자신감을 느꼈다. 3년이 넘는 구축 및 테스트 시
간을 거쳐 이제 드디어 두 사람은 무모해 보이던 장기 목표로 가까이
다가갔을지도 모른다.

시속 20마일의 살을 에는 바람이 휘몰아쳐 모래가 소용돌이를 그리
며 흩날렸다. 사람들 대부분은 날씨가 나쁘다고 말하겠지만, 두 사람
은 날씨를 인식조차 못 하는 것 같다. 이번 프로토타입이 실패하더라
도 무언가 배우는 게 있을 것이다. 또한 실패작을 볼 사람도 다섯 명뿐

이다. 두 사람은 다른 관찰자들과 함께 최종 준비를 하고 점검을 완료했다. 이제 시작할 시간이다.

프로토타입은 성공적이었다. 첫 번째 테스트에서 12초 동안 모든 것이 제대로 돌아갔다. 두 번째 테스트도, 세 번째 테스트도 성공을 거두었다. 그리고 테스트를 시작한 지 몇 시간 뒤 이들은 그날의 네 번째이자 마지막 테스트를 했다. 만세! 4타수 4안타였다. 마지막 테스트에서는 프로토타입이 49초 내내 잘 돌아갔다. 두 사람은 날아갈 듯 기뻤다.

1903년, 오빌 라이트Orville Wright와 윌버 라이트Wilbur Wright가 인류 최초로 동력 비행기를 하늘에 띄운 순간이었다.

독보적인 천재들의 업적이라 할 만한 비행. 이 비행을 성공시킨 라이트 형제가 당신과는 딴 세상에 사는 역사적 인물이라고 생각하기 쉽다. 하지만 이 책의 독자라면 두 사람이 하늘을 날도록 성공하게 한 여러 방법과 노력을 알아차렸을 것이다.

라이트 형제의 첫 출발은 야심만만했지만, 사실 무모하기도 한 목표에서 비롯되었다. 처음에는 그 목표를 어떻게 달성해야 할지 몰랐다. 그래서 두 사람은 답을 찾아야 하는 중요한 질문이 무엇인지 파악했다. 1899년에 형제는 자신들처럼 하늘을 날기 위해 노력하는 다른 사람들과 편지를 주고받고, 스미스소니언협회Smithsonian Institute에 공기역학과 관련한 기술 논문을 요청하는 편지를 보냈다. 오늘날로 치면 '전문가에게 물어보세요Ask the Experts'를 이용한 셈이다. 형제는 연과 행글라이더를 연구하고 새를 관찰하는가 하면 배의 프로펠러를 공부해 기존의 아이디어들을 찾았다. 그런 뒤 이 아이디어들을 결합하고 조합하여 개선했다.

이후 몇 년 동안 형제는 프로토타입 마음가짐을 유지하며 점차 발전해나갔다. 한 번에 한 단계씩 과제를 해결하고 장애물을 뚫고 나갔다. 비행기가 충분한 양력을 받을 수 있을까? 사람이 비행기의 진로를 유지할 수 있을까? 엔진을 추가할 수 있을까? 그 과정에서 형제는 수없이 실패를 거듭했다. 하지만 그때마다 두 사람은 하나의 구체적인 문제에 답을 찾기 위해 특별히 제작한 새로운 프로토타입을 사용했다. 장기 목표를 꿋꿋이 고수했고 노력을 계속했다.

어디서 들어본 이야기 같은가? 라이트 형제가 스프린트를 이용해 비행기를 발명한 건 아니다. 하지만 형제는 스프린트와 비슷한 도구들을 사용했다. 사용하고, 사용하고, 또 사용했다. 질문을 생각하고 프로토타입을 만들고 테스트하는 것이 생활이 되었다.

스프린트는 당신의 회사에 이런 습관을 들일 수 있다. 첫 스프린트를 하고 나면, 당신 팀의 일하는 방식에 변화가 생긴 것을 알아차릴 것이다. 논의를 테스트 가능한 가설로 바꾸는 방법을 찾을 것이고, 중요한 질문들에 언젠가가 아니라 바로 이번 주에 답할 방법을 찾을 것이다. 야심 찬 목표를 향해 나아가도록 해줄 다른 사람들의 전문지식과 집단의 능력에 신뢰가 생길 것이다.

'야심 찬 목표'란 말이 기업의 구호나 선동 포스터의 제목처럼 들릴 수도 있다. 하지만 우리는 직장에서 야심 찬 목표를 줘도 당황해서는 안 된다. 우리는 모두 하루, 1년, 삶에서 쓸 수 있는 시간이 정해져 있다. 아침에 출근할 때면 오늘 당신이 쓰는 시간과 노력이 가치 있으리라고 생각해야 한다. 당신이 사람들의 생활에 차이를 불러오고 있다는 자신감을 가져야 한다. 이 책에서 소개한 기법들을 이용하면 중요한 일들에 초점을 맞출 수 있다.

우리는 2012년부터 스타트업들과 100회가 넘는 스프린트를 진행했다. 100번이라면 큰 숫자지만, 스프린트의 단계들을 밟고 이를 통해 문제를 해결하고 위험을 줄이고 더 나은 결정을 내렸던 사람들의 수에 비하면 아무것도 아니다.

우리는 학교에서도 스프린트가 진행된다는 소식을 들었다. 뉴욕에 있는 컬럼비아 대학교의 R. A. 파로크니아R. A. Farrokhnia 교수는 경영과 공학 전공 학생들에게 스프린트 진행 방법을 가르치고 싶었지만—일반적인 수업 시간표 때문에—한 주일을 통째로 뺄 방법이 없었다. 그래서 그는 체계를 바꾸었다. 여름학기가 끝날 무렵 일주일이 비는 것을 발견하고 5일 동안 이어지는 실험적인 '사전 수업'을 만든 것이다. 또한 컬럼비아 대학교의 전형적인 강의실은 강당처럼 좌석이 배치되어 있어서 스프린트에 부적합했다. 그래서 파로크니아 교수는 리모델링 중인 강의실을 찾아내 화이트보드들을 끌고 왔다. 이렇게 해서 스프린트가 시작되었다.

워싱턴 주 시애틀에서는 네이트 칩스Nate Chipps와 테일러 던Taylor Dunn이라는 고등학교 수학 교사들이 스프린트를 이용해 학생들에게 확률에 관해 가르쳤다. 학생들은 수업 시간에 매우 사실적인 보드게임 프로토타입을 만들었다. 그리고 다음 수업 시간에 동급생들이 프로토타입 게임을 하는 모습을 지켜보면서 효과가 있는 아이디어들과 그렇지 않은 아이디어들을 기록했다. 마지막 과제물(수정한 게임 버전)을 제출할 때 학생들은 실생활에서 확률 법칙이 어떻게 작용하는지 알게 되었다.

그 외에도 우리는 갖가지 상황에서 스프린트가 진행되었다는 이야기를 들었다. 전설적인 컨설팅 회사인 매킨지 앤드 컴퍼니McKinsey & Company와 광고 대행사 와이든 앤드 케네디Wieden+Kennedy도 스프린트를 진행하기 시작했다. 에어비앤비, 페이스북 같은 주요 기술업체들뿐만 아니라 정부기관과 비영리 단체들에서도 스프린트를 이용한다. 뮌헨, 요하네스버그, 바르샤바, 부다페스트, 상파울루, 몬트리올, 암스테르담, 싱가포르, 위스콘신 주에서도 스프린트를 했다는 소식이 들려왔다.

스프린트는 여러 목적으로 이용할 수 있고 절차만 지킨다면 변형도 가능하다는 것이 분명해졌다. 우리는 당신이 직장에서, 자원봉사 단체에서, 학교에서 첫 스프린트를 진행해보고 싶어서, 혹은 개인 생활에서도 변화를 시도해보고 싶어서 몸이 근질거리면 좋겠다.

무엇을 해야 할지 확신이 서지 않거나 어떤 일을 시작하려 애쓰고 있거나 위험성이 높은 결정을 내려야 할 때, 스프린트를 진행할 수 있다. 최적의 스프린트를 이용해 중요한 문제들을 해결할 수 있으니 한번 덤벼보길 바란다.

이 책에서 당신은 더 빨리, 더 똑똑하게 일하는 방법에 관한 몇 가지 아이디어를 배웠다.

- 곧바로 솔루션 도출로 뛰어들지 말고 시간을 들여 찬찬히 문제들을 정하고 초기 목표에 합의하라. 나중에 속도를 낼 수 있도록 처음에는 천천히 시작한다.
- 아이디어들을 큰 소리로 떠들지 말고 각자 혼자서 잠재 솔루션들을 상세하게 스케치한다. 집단 브레인스토밍을 해봤자 신통치 않다. 하지만 더 좋은 방법이 있다.
- 추상적인 논쟁과 끝없는 회의 대신 투표를 이용하고 결정권자가 팀의 우선순위를 반영하여 분명한 결정을 내리게 한다. 이는 집단사고에 빠지지 않고 여러 사람의 지혜를 이용하는 방법이다.

- 솔루션을 테스트하기 전에 모든 세부사항을 제대로 갖추려 하지 말고 외관만 마련하라. '프로토타입 마음가짐'을 가지면 빠른 시간 안에 프로토타입을 이용해 무언가를 배울 수 있다.
- 자신이 제대로 하고 있기를 바라고 추측만 하는 대신─그러면서 많은 돈과 몇 달의 시간을 당신의 아이디어에 쏟아붓는 대신─표적 고객들과 프로토타입을 테스트하고 정직한 반응을 얻어라.

구글 벤처스에서 스타트업들에 투자하는 이유는 이들이 세상을 더좋게 바꾸길 바라기 때문이다. 우리는 당신도 세상을 변화시키길 바란다. 이를 위해 라이트 형제에 관해 생각할 거리 하나를 더 남기겠다. 1903년 12월 17일, 라이트 형제가 역사적인 비행에 성공한 현장에 함께 있었던 친구 존 T. 대니얼스John T. Daniels는 이런 말을 했다.

"두 사람이 하늘을 날 수 있었던 건 운이 좋아서가 아닙니다. 힘든 노력과 상식 덕분이었죠. 저는 정말 궁금합니다. 우리 모두 라이트 형제처럼 자기 아이디어에 믿음을 가지고 진심으로 에너지를 전부 쏟아부으면 과연 무엇을 이룰 수 있을지!"

우리 역시 궁금하다. 우리는 당신이 많은 것을 이룰 수 있다고 생각한다. 그리고 이를 위해 당신이 어떻게 시작해야 하는지 알고 있다.

체크 리스트

지금부터는 스프린트의 전 부분에 대한 체크리스트를 짚어보겠다. (thesprintbook.com에서도 이 목록을 볼 수 있다.) 스프린트 운영은 케이크 굽기와 비슷하다. 레시피를 정확히 지키지 않으면 입에도 대지 못할 만큼 엉망진창의 케이크가 나올 수 있다. 설탕과 달걀을 빼먹고 그럴싸한 케이크를 기대할 수는 없다. 마찬가지로, 프로토타입 제작과 테스트를 건너뛰고 효과적인 스프린트가 될 것이라 기대할 수는 없다.

처음 몇 번, 스프린트를 할 때는 모든 단계를 지켜라. 그러다 스프린트에 익숙해지면 노련한 제빵사처럼 자유롭게 실험을 해보는 것도 좋다. 스프린트의 효과를 더욱 높여주는 새로운 방법을 발견하거든 꼭 우리에게 알려주기 바란다!

스프린트 준비

□ **중요한 과제 선택**   중대한 이해관계가 걸려 있을 때나 시간이 충분하지 않을 때, 혹은 곤경에 빠졌을 때 스프린트를 이용한다.(44쪽)

□ **결정권자 한두 명 참여시키기**   결정권자 없이 내린 결정은 잘 받아들여지지 않을 수 있다. 결정권자가 스프린트 과정 내내 참여하지 못할 때는 대리인을 지정해 권한을 위임한다.(51쪽)

□ **스프린트 팀 꾸리기**   팀원은 7명 이하가 적당하다. 스프린트에서 다룰 프로젝트 담당자들과 함께 다양한 기술을 갖춘 사람들로 팀을 구성한다.(53~59쪽)

□ **전문가들을 추가로 초대하기**   모든 전문가가 일주일 내내 스프린트에 참여하지는 못한다. 월요일 오후에 팀원들 외에 추가로 전문가들을 참여하게 하여 한 사람당 15분~20분씩 인터뷰한다. 시간은 전부 합해서 2~3시간 정도 잡으면 된다.(57쪽)

□ **진행자 정하기**   진행자는 시간, 토론, 그리고 스프린트 절차 전체를 관리할 것이다. 회의를 이끌고 상황을 봐가며 토론을 종합하고 정리하는 데 자신 있는 사람이 진행자가 되어야 한다. 그 사람이 바로 당신일 수도 있다!(58쪽)

□ **일정에서 5일을 통째로 비우기**   월요일부터 목요일까지(오전 10시부터 오후 5시까지), 금요일 오전 9시부터 5시까지 시간을 비워놓는다.(61쪽)

□ **화이트보드가 두 개 있는 회의실 예약하기**   일주일 동안 쓸 수 있는 스프린트 회의실을 예약한다. 회의실 안에 화이트보드 두 개가 없다면 구매하거나 임시변통으로 마련한다. 금요일의 인터뷰 때 이

용할 면접실도 예약한다.(66쪽)

키포인트

- **집중을 방해하는 것들은 모두 치우기**   랩톱도, 전화도, 아이패드도 허용되지 않는다. 이런 기기를 꼭 사용해야 한다면 회의실을 나가거나 휴식 시간까지 기다린다.(62쪽)
- **시간 관리**   일정이 엄격하면 스프린트 과정에 신뢰가 생긴다. 타임 타이머를 사용하면 집중력이 높아지고 긴급성을 느끼게 된다.(69쪽)
- **점심은 늦게 먹기**   오전 11시 30분에 간식 시간을 갖고 점심은 1시쯤에 먹는다. 이리하면 에너지는 유지하면서 식당이 붐비는 시간은 피할 수 있다.(62쪽)

스프린트에 필요한 물품들

- ☐ **여러 개의 화이트보드**   벽에 장착된 형태가 가장 좋지만, 바퀴 달린 화이트보드도 괜찮다. 화이트보드가 없다면 아이디어페인트, 포스트잇 이젤 패드를 이용하거나 방습지를 벽에 붙여서 쓴다. 어쨌든 대형 화이트보드 두 개(혹은 이 정도의 필기 공간)를 마련해야 한다.(64쪽)
- ☐ **3×5인치의 노란색 포스트잇**   여러 색깔의 포스트잇이 덕지덕지

붙어 있으면 불필요한 정신적 피로감이 생기므로 일반적인 노란색 포스트잇으로 통일하는 게 좋다. 포스트잇은 15묶음 정도 마련하면 된다.

□ **검은색 화이트보드 마커**　굵은 마커를 사용하면 아이디어를 간단 명료하게 기록할 수 있고 다른 사람들이 읽기도 쉽다. 우리는 샤피 펜보다 화이트보드 마커를 선호한다. 다용도로 쓸 수 있고 냄새가 덜 날뿐 아니라 실수로 화이트보드에 영구적인 자국을 남길까 봐 걱정하지 않아도 되기 때문이다. 마커는 10개 정도 준비한다.

□ **초록색과 빨간색 화이트보드 마커**　금요일에 테스트를 관찰하면 서 메모할 때 쓸 초록색과 빨간색 마커를 각각 10개씩 준비한다.

□ **검은색 펠트 펜**　화요일에 스케치할 때 미세한 부분까지 표현해야 할 듯한, 너무 가는 펜은 피한다. 우리는 중간 굵기의 페이퍼 메이트 플레어 Paper Mate Flair 펜을 좋아한다. 펜은 10개 준비한다.

□ **인쇄용지**　스케치할 때 사용한다.(안타깝게도 포스트잇으로 모든 작업 을 하지는 못한다). 편지지 크기나 A4 크기의 프린터 용지를 100장 준 비한다.

□ **마스킹 테이프**　벽에 솔루션 스케치들을 붙일 때 사용하며 한 롤 준비한다.

□ **작은 점 스티커(1/4인치, 약 0.6센티미터)**　히트 맵 투표를 할 때 사 용하며, 모두 같은 색이어야 한다.(우리가 좋아하는 색은 파란색이다.) 인터넷에서 찾아보면 이 스티커들은 보통 '라운드 컬러 코딩 라 벨Round Color Coding Labels'이라는 이름으로 불린다. 작은 점 스티커는 200개 정도 준비한다.

□ **큰 점 스티커(3/4인치, 약 2센티미터)**　"어떻게 하면 ~할 수 있을

까?" 투표, 여론 조사, 슈퍼의결권 행사에 사용한다. 전부 같은 색이어야 하지만, 작은 스티커들과는 다른 색을 선택해야 한다.(우리는 분홍색이나 주황색을 좋아한다.) 큰 스티커는 100개 정도 준비한다.

□ **타임 타이머**   시간을 지키기 위해 스프린트 기간 내내 사용한다. 타임 타이머는 2개를 준비한다. 하나는 현재 하는 활동의 예정 시간을 지키기 위해, 다른 하나는 휴식 시간을 알리려고 사용한다.

□ **건강에 좋은 간식**   적절한 간식을 준비해놓으면 팀원들이 온종일 기운을 유지하는 데 도움이 된다. 사과, 바나나 요구르트, 치즈, 견과류 같은 식품과 기운을 돋우기 위해 다크 초콜릿, 커피, 차를 준비한다. 간식은 모든 사람이 충분히 먹고 남을 만큼 준비한다.

월요일

다음 시간표는 대략적인 것이니 일정이 좀 지체되더라도 걱정하지 않아도 된다. 60분~90분마다 한 번씩 휴식시간이 필요하다.(혹은 매일 오전 11시 30분과 오후 3시 30분)

오전 10시

□ **화이트보드에 본 체크리스트 옮겨 쓰기**　다 쓰고 나면 이 첫 번째 항목에 체크 표시를 한다. 간단하지 않은가? 이후 활동해나가면서 완료된 항목에 체크 표시를 한다.

□ **소개**　서로 모르는 사람들이 있으면 소개 시간을 갖는다. 진행자와 결정권자를 알려주고 이들의 역할을 설명한다.

□ **스프린트에 관해 설명하기**　5일간의 스프린트 과정을 소개한다. (thesprintbook.com에 나와 있는 프레젠테이션 슬라이드를 이용할 수 있다.) 본 체크리스트를 훑어보며 각 활동을 간단하게 설명한다.

10시 15분 무렵

□ **장기 목표 설정**　이때는 낙관적인 태도를 보인다. "우리가 왜 이 프로젝트를 하는가?" "6개월, 1년, 혹은 5년 뒤에 우리가 어디에 있기를 원하는가?"를 질문하고 장기 목표를 정해 화이트보드에 기록한다.(77쪽)

□ **스프린트 질문 열거**　이때는 비관적인 태도를 보인다. "어떻게 하면 실패하게 될까?" 이런 걱정을 이번 주에 대답을 찾을 수 있는 질문으로 바꾼 뒤 화이트보드에 쓴다.(81쪽)

11시 30분 무렵

□ **지도 작성** 왼쪽에 고객들과 중요 행위자를 나열하고 오른쪽에
는 목표와 함께 결말을 쓴다. 그리고 그 사이에 고객들이 당신의 제
품에 어떻게 반응하는지 보여주는 순서도를 그린다. 지도는 5개
~15개의 단계가 들어가도록 간단하게 그려야 한다.(90쪽)

오후 1시 무렵

□ **점심 시간** 가능하면 팀원들이 함께 점심을 먹어라.(그러면 더 재밌
다.) 오후에 에너지를 유지하기 위해 가벼운 식사를 하라고 일러준
다. 나중에 배가 고프면 먹을 간식이 준비되어 있으니 배가 고플까
봐 걱정할 필요 없다.

오후 2시

□ **"어떻게 하면 ~할 수 있을까?" 메모 설명하기** 각 팀원에게 화이
트보드 마커와 포스트잇을 나눠준다. 지금부터는 문제들을 기회로
바꾸는 활동을 할 것이다. 먼저 포스트잇의 맨 왼쪽 위에 "어떻게
하면"이라고 쓴 뒤 포스트잇 한 장당 하나의 아이디어를 쓴다. 이렇
게 하면 여러 장의 메모가 쌓일 것이다.(99쪽)

□ **전문가들에게 의견 구하기** 스프린트 팀 및 외부 전문가들과 인터
뷰한다. 인터뷰 시간은 한 사람당 15분~30분 정도로 잡는다. 비전,
고객 조사, 일이 돌아가는 방식, 이전에 했던 노력 등에 관해 물어
본다. 이때 스프린트 팀은 기자가 된 것처럼 질문해야 한다. 인터뷰
를 진행하면서 앞서 정했던 장기 목표, 스프린트 질문들, 지도를 수
정한다.(93쪽)

4시 무렵

□ **"어떻게 하면 ~할 수 있을까?" 메모 정리하기** "어떻게 하면 ~할 수 있을까?" 메모들을 벽에 되는대로 모두 붙인 뒤 비슷한 아이디어끼리 모은다. 비슷한 내용끼리 그룹이 지어지면 이름을 붙인다. 완벽하게 정리할 필요는 없으며, 10분 정도만 정리한 뒤 멈춘다. (106쪽)

□ **"어떻게 하면 ~할 수 있을까?" 메모 투표하기** 각 팀원에게 투표권 2장을 준다. 자신이 쓴 메모에 표를 던지거나 같은 메모에 표 2장을 다 써도 된다. 이 투표에서 많은 표를 얻은 메모들을 지도에 붙인다.(108쪽)

4시 30분 무렵

□ **타깃 선택** 타깃이 될 가장 중요한 고객과 순간을 결정하여 지도의 해당 부분에 동그라미를 친다.

키포인트

• **도착점에서 출발하기** 먼저 최종 결과와 그에 이르는 과정에서 나타날 위험요소들을 생각해본다. 그런 뒤 최종 결과를 얻는 데 필요한 단계들을 확인한다.(75쪽)

• **모든 것을 아는 사람은 없다** 결정권자도 예외는 아니다. 스프린트 팀원들의 지식은 모두 각자의 머릿속에 갇혀 있다. 중요한 문제를 풀려면 그 지식을 꺼내 함께 이해해야 한다.(95쪽)

• **문제들을 기회로 바꾸기** 문제들을 주의 깊게 듣고 "어떻게 하면 ~할 수 있을까?" 문구를 이용해 각 문제를 기회로 바꾼다.(102쪽)

진행자 팁

- **허락 구하기** 자신이 진행을 맡아도 될지 팀에게 허락을 구한다. 스프린트 활동이 한자리에서 맴돌지 않고 계속 진행되게 노력할 것이고 그러면 모든 사람에게 더 효과적인 스프린트가 될 것이라고 설명한다.(118쪽)

- **기본 임무: 항상 포착하라** 팀의 논의 내용을 종합하고 정리하여 화이트보드에 기록한다. 필요하다면 기록 내용과 방식을 즉흥적으로 정해도 된다. "이걸 어떻게 표현해야 할까요?"라고 계속 물어본다. (118쪽)

- **뻔한 질문을 던진다** 순진무구한 사람처럼 "왜?"라는 질문을 자주 던져라.(119쪽)

- **사람들을 돌보아야 한다** 팀원들이 에너지를 유지하도록 신경 써야 한다. 60분~90분마다 휴식 시간을 갖고, 사람들에게 간식과 가벼운 점심을 먹으라고 상기시킨다.(120쪽)

- **결정을 내리고 다음으로 넘어간다** 결정이 지체되면 기운이 빠지고 정해진 시간 계획을 지키지 못할 수도 있다. 팀원들이 기나긴 논쟁에 빠져 있으면 결정권자에게 판단해달라고 도움을 청한다. (121쪽)

화요일

☐ **번갯불 데모** 당신 회사를 포함해 다양한 기업의 좋은 솔루션을 살펴보고 각 솔루션에 대해 3분간 소개한다. 좋은 아이디어를 포착하여 화이트보드에 재빨리 그림으로 표현한다.(129쪽)

오후 12시 30분 무렵

☐ **뭉치느냐, 흩어지느냐** 누가 지도의 어느 부분을 스케치할지 정한다. 지도에서 다루어야 하는 부분이 많으면 팀을 나누어 각 부분을 할당한다.(134쪽)

오후 1시

☐ 점심

오후 2시

4단계 스케치 네 가지 단계를 간략히 소개한 뒤 모든 사람이 스케치를 시작한다. 스케치가 다 끝나면 한곳에 모두 모은 뒤 내일까지 놔둔다.(144쪽)

☐ **1. 메모**: 20분. 조용히 회의실을 돌아다니며 화이트보드에서 쓸모 있는 내용을 메모한다.(143쪽)

☐ **2. 아이디어**: 20분. 각자 개략적인 아이디어들을 써본 뒤 그중 괜찮아 보이는 아이디어에 동그라미를 친다.(144쪽)

☐ **3. 크레이지 에이트**: 8분. 여덟 칸이 나오도록 종이를 접은 뒤 각 칸

에 당신의 가장 좋은 아이디어들을 변형하여 스케치한다. 한 스케치당 1분을 할당한다.(146쪽)

☐ 4. 솔루션 스케치: 30분~90분. 종이 한 장에 세 장의 포스트잇을 붙이고 스토리보드가 만들어지도록 스케치한다. 이때 설명하지 않아도 그 내용을 이해할 수 있게 스케치해야 한다. 작성자 이름은 쓰지 않으며 그림이 서툴러도 괜찮다. 하지만 글은 중요하다. 또한 귀에 쏙 들어오는 제목을 붙이는 것이 좋다.(148쪽)

키포인트

• **조합하고 발전시키기**　모든 위대한 발명은 기존 아이디어를 토대로 이루어진다.(125쪽)

• **누구든 솔루션을 스케치할 수 있다**　솔루션 스케치 대부분은 상자와 글로만 이루어진다.(132쪽)

• **구체적인 것이 추상적인 것을 이긴다**　스케치를 이용해 추상적인 아이디어를 다른 사람들이 평가할 수 있는 구체적인 솔루션으로 바꾸어라.(137쪽)

• **함께 혼자 일하기**　집단 브레인스토밍은 효과가 없다. 각자 혼자서 솔루션을 발전시키는 시간을 주어라.(140쪽)

금요일의 테스트에 참여할 고객 모집

☐ **고객 모집 담당자 정하기**　이 일을 맡은 사람은 스프린트 동안 매일 1~2시간 더 일해야 한다.(154쪽)

☐ **크레이그리스트를 이용한 모집**　광범위한 사람들의 관심을 끌 만한 일반 광고를 크레이그리스트에 게재한다. 보상(우리는 100달러짜

리 상품권을 사용한다)을 제시하고 적격자를 가려낼 설문조사로 링크를 건다.(154쪽)

□ **설문지 작성**　표적 고객을 찾는 데 도움이 될 질문을 한다. 하지만 당신이 어떤 사람을 찾는지 드러나지 않도록 주의해야 한다.(155쪽)

□ **인맥을 통한 고객 모집**　전문가나 기존 고객들을 참여시켜야 한다면, 인맥을 이용해 고객들을 찾는다.(157쪽)

□ **이메일과 전화로 연락**　각 고객과 연락하여 금요일에 꼭 참석하도록 확인한다.

수요일

오전 10시

☐ **끈적끈적 결정** 가장 효과적인 솔루션을 선택하기 위해 다음 다섯 단계를 밟는다.

  ☐ **미술관:** 솔루션 스케치들을 마스킹 테이프로 벽에 한 줄로 붙인다.(170쪽)

  ☐ **히트 맵:** 각자 조용히 솔루션들을 살펴본 뒤 마음에 드는 모든 부분 옆에 작은 점 스티커 1장~3장을 붙인다.(170쪽)

  ☐ **스피드 비판:** 각 스케치에 관해 3분씩 논의한다. 각 솔루션에서 가장 스티커가 많은 부분을 주제로 다 같이 논의하고, 돋보이는 아이디어와 중요한 반대의견을 기록한다. 마지막에 스케치 작성자에게 팀원들이 놓친 부분이 있는지 물어본다.(174쪽)

  ☐ **여론 조사:** 각자 가장 마음에 드는 솔루션 하나를 마음속으로 선택한 뒤 모두 함께 큰 스티커를 붙인다. 이 투표는 구속력은 없다.(177쪽)

  ☐ **슈퍼의결권 행사:** 결정권자에게 큰 점 스티커 3개를 주고, 스티커에 결정권자의 이니셜을 쓴다. 결정권자가 선택한 솔루션은 프로토타입을 만들고 테스트할 것임을 설명한다. 이제 결정권자가 선택한다.(181쪽)

11시 30분 무렵

☐ **선택된 스케치들과 '다음 기회에' 검토할 아이디어들 구분** 선택된 스케치들을 한데 모은다.(182쪽)

□ **혈투냐, 올인원이냐**　선택된 솔루션들을 하나의 프로토타입에 결합할 수 있을지, 혹은 상충하는 아이디어들을 2개~3개의 프로토타입으로 만들어 혈투를 벌여야 할지 결정한다.(186쪽)

□ **가짜 브랜드 이름 짓기**　혈투를 선택했다면 기록하고 투표하기 방법을 이용해 가짜 브랜드 이름을 선택한다.(187쪽).

□ **기록하고 투표하기**　집단의 아이디어를 신속하게 취합하고 결정해야 할 때마다 이 방법을 사용하라. 사람들에게 각자 아이디어를 써 보라고 한 뒤 화이트보드에 쭉 나열하고 투표한 뒤 결정권자가 최종 선택한다.(188쪽)

오후 1시

□ 점심

오후 2시

□ **스토리보드 만들기**　스토리보드를 이용해 프로토타입 제작 계획을 세운다.(191쪽)

　□ **격자판 그리기**: 스토리보드에 칸이 15개 정도인 격자판을 그린다.(194쪽)

　□ **시작 화면 선택하기**: 고객들이 일반적으로 당신의 제품이나 서비스를 처음에 어떻게 접하는지 생각해보라. 시작 화면은 웹 검색, 잡지 기사, 상점 선반 등으로 단순해야 한다.(196쪽)

　□ **스토리보드 채우기**: 가능하면 기존 스케치들을 스토리보드에 붙이고, 그럴 수 없을 때는 그려 넣는다. 하지만 문구 작업을 팀원들이 다 함께 하는 건 바람직하지 않다. 스토리보드에는 목요일

에 팀이 프로토타입을 만들 때 도움이 될 정도로만 세부사항을 채워 넣는다. 확실하지 않을 땐 모험을 해본다. 이렇게 해서 완성된 스토리는 5개~15개의 단계로 이루어져야 한다.(197쪽)

진행자 팁

• 팀원들의 기운이 소진되지 않도록 신경 쓴다. 결정을 내리려면 항상 에너지가 필요하기 마련이다. 어려운 결정이 나타나면 결정권자에게 맡기고, 사소한 결정은 내일까지 미룬다. 새로운 추상적인 아이디어가 끼어들게 놔두지 말고 현재 있는 아이디어들로 작업하라.(202쪽)

목요일

오전 10시

- ☐ **적절한 도구 선택** 평소 업무에 쓰던 도구들은 사용하지 마라. 그런 도구들은 품질을 높이는 데 최적화되어 있다. 그런 도구 대신 정밀함을 요구하지 않는 빠르고 유연한 도구들을 사용하라.(231쪽)
- ☐ **나누어서 정복하기** 각 팀원의 역할을 나눈다. 제작 담당, 연결 담당, 저작 담당, 자산 수집 담당, 인터뷰 담당이 필요하다. 또한 스토리보드를 여러 장면으로 나누어 각 팀원에게 할당한다.(232쪽)
- ☐ **프로토타입 제작하기!**

오후 1시

- ☐ 점심

오후 2시

- ☐ **프로토타입 제작하기!**
- ☐ **연결하기** 일을 나누어서 하면 전체적인 진행 상황을 파악하지 못하기 쉽다. 연결 담당자가 각 부분의 품질을 확인하고 서로 앞뒤가 맞도록 조율한다.(235쪽)

오후 3시 무렵

- ☐ **시범운영** 프로토타입을 시범적으로 운영하여 오류를 찾는다. 인터뷰 담당자와 결정권자가 시범운영을 꼭 지켜보아야 한다.(235쪽)
- ☐ **프로토타입 완성하기**

목요일 내내 해야 하는 일

☐ **인터뷰 대본 작성**   인터뷰 담당자가 금요일의 테스트에 대비해 대본을 작성한다.(233쪽)

☐ **고객이 금요일의 테스트에 참석하도록 확인하기**   이메일을 보내도 되고 전화로 확인하면 더 좋다.

☐ **고객에게 증정할 상품권 구매**   우리는 보통 100달러짜리 상품권을 증정한다.

키포인트

• **프로토타입 사고방식**   어떤 것에 대해서도 프로토타입을 만들 수 있다. 프로토타입은 한 번 쓰고 버릴 수 있어야 한다. 또한 프로토타입은 테스트에서 무언가를 배울 수 있을 정도로만 구축하고 더 잘 만들 필요가 없다. 하지만 진짜처럼 보여야 한다.(211쪽)

• **골디락스 품질**   프로토타입은 고객들에게서 솔직한 반응을 끌어낼 수 있을 정도로만 만든다.(213쪽)

금요일

임시 테스트 룸

- ☐ **두 개의 방**　스프린트 회의실에서는 팀원들이 인터뷰 영상을 지켜볼 것이며, 실제 인터뷰를 진행할 더 작은 방이 필요하다. 인터뷰할 방은 깨끗하고 고객이 편안함을 느낄 수 있어야 한다.(250쪽)
- ☐ **하드웨어 설치**　고객의 반응을 볼 수 있도록 웹캠을 연결한다. 고객이 스마트폰이나 아이패드, 그 외의 하드웨어 기기를 사용할 것이라면 도큐먼트 카메라와 마이크를 설치한다.
- ☐ **영상 전송 기능 설치**　영상회의 소프트웨어를 사용해 영상을 스프린트 회의실로 보낸다. 이때 음질이 좋아야 하며, 영상과 음성은 면접실에서 스프린트 회의실로 '한 방향'으로만 전송되어야 한다.

키포인트

- **마법의 숫자 5**　고객 다섯 명을 인터뷰하고 나면 중요한 패턴이 나타날 것이다. 다섯 번의 인터뷰를 하루에 다 한다.(244쪽)
- **함께 보고 함께 배우기**　스프린트 팀을 해산하지 마라. 함께 모여서 인터뷰를 지켜보면 더 효과적이고, 더 나은 결론을 도출할 수 있을 것이다.(258쪽)
- 항상 승리자 테스트 후에는 프로토타입이 실패해서 오히려 잘되었다고 판단하거나 결함은 있지만 성공을 거두었다고 판단할 수도 있다. 어떤 경우건 당신은 다음 단계를 위해 필요한 것을 배울 수 있을 것이다.(259쪽)

5막 인터뷰

□ **친근한 환영인사** 고객을 환영하고 긴장을 풀어준다. 그리고 솔직한 피드백을 원한다고 설명한다.(252쪽)

□ **고객의 배경에 관한 질문** 가벼운 잡담으로 시작해 당신이 알고 싶은 주제에 관한 질문으로 옮겨간다.(253쪽)

□ **프로토타입 소개** 프로토타입의 일부는 아직 제대로 작동하지 않을 수 있다는 점, 당신이 고객을 테스트하는 게 아니라는 점을 일러준다. 고객에게 생각을 입 밖으로 내서 말해달라고 요청한다.(254쪽)

□ **작업과 자극** 고객이 혼자 힘으로 프로토타입을 이해하는지 지켜본다. 먼저 살짝 자극을 주어 작업을 시작하게 하고 고객이 자기 생각을 말할 수 있도록 계속 질문을 던진다.

□ **간단한 정리** 고객이 생각을 요약할 수 있는 질문을 던진다. 그런 뒤 감사를 표하고 상품권을 준 다음 밖으로 안내한다.(258쪽)

인터뷰 팁

• **좋은 초대자 노릇을 하라.** 고객을 편안하게 해주어야 한다는 걸 인터뷰 내내 명심하라. 친근한 몸짓을 하라. 그리고 많이 웃어라!(262쪽)

• **주관식으로 질문한다.** "누가 / 무엇을 / 어디에서 / 언제 / 왜 / 어떻게···?" 질문을 던진다. "예 / 아니오" 질문이나 선다형 질문을 하지 않는다.(262쪽)

• **호기심 어린 마음가짐** 고객의 반응과 생각에 진심으로 몰입하라.(265쪽)

인터뷰 관찰하기

인터뷰 전

□ **화이트보드에 표 그리기** 가로에는 각 고객, 세로 칸에는 각 프로토타입이나 프로토타입의 부분을 넣는다.(271쪽)

인터뷰하는 동안

□ **인터뷰를 지켜보면서 기록하기** 모두에게 포스트잇과 마커를 나눠준다. 고객이 한 말, 관찰한 것, 일어난 일에 관한 각자의 해석을 쓰고 긍정적인 반응인지, 부정적인 반응인지 표시한다.(271쪽)

각 인터뷰를 끝낸 뒤

□ **메모들을 화이트보드에 붙이기** 화이트보드에 그려놓은 표의 해당하는 칸에 메모들을 붙인다. 인터뷰에 관해 간략한 논의를 진행하지만, 아직 결론을 내리지는 않는다.(272쪽)

□ **잠깐 동안 휴식 취하기**

금요일이 끝날 무렵

□ **패턴 찾기** 금요일이 끝나가면 모두 모여 조용히 화이트보드의 메모들을 읽고 패턴을 찾아서 기록한다. 팀원들이 찾은 모든 패턴을 나열하고 각각이 긍정적인 것인지, 부정적인 것인지, 중립적인 것인지 표시한다.(274쪽)

□ **마무리하기** 장기 목표와 스프린트 질문들을 다시 검토한다. 인터뷰에서 찾은 패턴들을 비교하고 스프린트가 끝난 뒤 어떻게 후속조치를 할지 결정하여 기록한다.(274쪽)

자주하는 질문

Q: 경험이 전혀 없는데 스프린트를 진행할 수 있을까?

A: 할 수 있다.

이 책에는 진행자에게 필요한 모든 것이 들어 있다. 사실 당신은 우리가 처음 스프린트를 했을 때보다 훨씬 준비를 잘 갖추고 있다.

Q: 스프린트에 시간이 많이 필요한가?

A: 아니다.

각 팀원에게 35시간 정도가 필요하다. 우리는 팀원들이 충분히 휴식을 취해 맑은 정신으로 최고의 성과를 내길 바란다. 저녁은 각자 집에 가서 먹을 것이다.

Q: 스프린트 참가자들은 다른 업무는 많이 하지 못하나?

A: 어느 정도는 그렇다.

스프린트에 35시간을 쓰면서 평소 업무를 하기는 힘들다. 하지만 스프린트는 매일 오전 10시부터 오후 5시까지만 하므로 참가자들은 10시 이전에 다른 업무를 파악하고 처리할 수 있다.

Q: 대기업에도 스프린트가 효과가 있을까?

A: 그렇다.

그런데 대기업에서는 결정권자나 그 외의 전문가가 시간을 내기 힘들 수 있다. 이럴 때는 월요일에 잠깐 참여하도록 일정을 잡는다. 또한 매일 참여할 수 있는 사람에게 결정권자가 권한을 위임해야 한다.

Q: 하드웨어 제품에 스프린트가 효과가 있을까?

A: 그렇다.

하드웨어 제품을 위한 스프린트에서 가장 큰 과제는 프로토타입 제작일 것이다. 하드웨어의 프로토타입을 하루 만에 만드는 세 가지 방법이 있다. 첫째, 불완전하더라도 기존 제품을 변형하거나 그 제품을 토대로 프로토타입을 만든다. 둘째, 3D 프린팅이나 그 외에 제작 가능한 신속한 기법으로 프로토타입을 처음부터 만든다. 혹은 고객이 실제 제품을 보지 않고도 제품에 반응할 수 있도록 브로슈어의 외관을 만든다. 더 자세한 내용은 229쪽을 참조하기 바란다.

Q: 프로토타입을 만들기가 몹시 어려운 제품이나 서비스에도 스프린트가 효과가 있을까?

A: 거의 그렇다.

프로토타입 마음가짐을 갖추면 거의 모든 것의 프로토타입을 만들 수 있다. 프로토타입 마음가짐에 관해서는 229쪽을 참조하기 바란다.

Q: 비영리기관들에도 스프린트가 효과가 있을까?

A: 그렇다.

스타트업과 마찬가지로 비영리기관들도 중요한 과제를 안고 있고 자원이 한정되어 있다. '표적 고객'의 개념이 스타트업과는 다를 수 있지만, 자금 조달, 홍보, 커뮤니티 서비스 같은 비영리기관의 관심사와 관련한 질문들도 프로토타입을 만들고 사람들을 대상으로 테스트하면 대답을 얻을 수 있다.

Q: 학교에서도 스프린트가 효과가 있을까?

A: 그렇다.

학교에서 스프린트를 운영할 때의 가장 큰 과제는 일정 잡기다. 일주일을 통째로 뺄 수만 있다면 한 번 도전해보기 바란다. 하지만 일주일에 두세 번 몇 시간밖에 뺄 수 없다면 머리를 굴려봐야 할 것이다. 컬럼비아 대학교와 스탠퍼드 대학교에서는 교수들이 스프린트 과정을 수정하여 학생들이 각 수업 시간에 '하루' 과정을 수행하도록 했다.(수업 시간에 하거나 팀과 함께 과제로 수행해서). 과정을 나눠서 수행하면 연속성이 떨어지고 할 때마다 '시동을 거는' 데 상당한 시간이 필요할 것이다. 학생들에게 사진을 많이 찍어놓으라고 권하면 도움이 된다. 그리고 가능하면 지도, 스프린트 질문들, 그 외의 메모들을 포스트잇 이젤 패드나 그와 비슷한 곳에 기록하여 지우지 말고 계속 놔두게 한다.

Q: 팀원들이 서로 다른 장소에서 스프린트를 할 수 있을까?

A: 아마도 가능할 것이다.

같은 회의실에 있지 않은 사람들과 스프린트를 진행하려면 까다롭기는 하다. 이 사람들을 월요일의 '전문가에게 물어보기' 활동이나 금요일의 테스트에 관찰자로 참여하게 하는 경우라면, 영상 회의를 이용해 비교적 쉽게 처리할 수 있다. 하지만 다른 단계들에도 참여하게 하려면 독창성을 발휘해야 하고 강한 유대관계도 필요하다. 결론은 종이나 화이트보드에 하는 작업은 멀리 떨어져 있는 팀원들과 함께하기에 그리 효과적이지 않을 것이다.(이 문제를 해결할 기술이 가까운 시일 안에 나타나길 바란다. 하지만 아직까지는 신통한 방법이 나오지 않았다).

Q: 혼자서도 스프린트를 진행할 수 있을까?

A: 어느 정도는 가능하다.

혼자서 하는 스프린트가 팀원들과 하는 스프린트만큼 효과적일 것으로 기대하지 마라. 하지만 우리는 1인 스프린트에 성공한 사람들과 이야기를 나누어보았고, 혼자서 일할 때도 스프린트 기법들은 도움이 될수 있다. 예를 들어 타이머를 설정해놓고 한 문제에 관해 여러 솔루션을 떠올려보거나 아이디어들을 실제로 구현하기 전에 프로토타입을 만들어 구체적인 질문에 대답을 찾을 수 있다. 스프린트의 구성요소들을 활용하는 방법에 관해서는 윗부분을 참조한다.

Q: '결정' 단계 뒤에 스프린트를 멈춰도 될까?

A: 안 된다.

사람들이 많이 하는 질문인데, 이런 마음이 드는 것도 이해한다. 일단 유망한 아이디어들을 찾고 나면 단계들을 건너뛰어 실제 제품이나 서비스 구축 작업을 시작하고 싶을 것이다. 하지만 여기에는 문제가 있다. 수요일에는 완벽하게 보이던 아이디어들도 금요일에 테스트를 거치고 나면 종종 결함이 발견된다. 계속 스프린트를 진행하여 프로토타입을 만들고 테스트를 하면 이 아이디어들이 보는 것처럼 정말로 좋은지 확인할 수 있다.

Q: 하루나 이틀, 혹은 사흘 과정으로 스프린트를 진행할 수 있을까?
A: 권하지 않겠다.

일정을 줄이면 프로토타입 제작과 테스트를 완수하지 못하거나(앞부분 참조) 정신없이 바빠서 녹초가 될 것이다. 어느 쪽도 좋은 결과를 얻는데 바람직하지 않은 상황이다.

Q: 4일짜리 스프린트는 어떤가?
A: 가능할 것이다.

5일짜리 스프린트를 해본 팀이라면 월요일, 화요일, 수요일의 활동을 이틀로 압축할 수 있을지 모른다. 하지만 프로토타입 제작과 테스트는 압축하지 말고 각각 하루를 할당해야 한다.

Q: 스프린트를 완료했다면 후속 스프린트는 더 짧아도 될까?
A: 그렇다.

후속 스프린트들은 5일 규칙에서 예외다. 이미 지도와 프로토타입이 있을 뿐 아니라 새로운 솔루션을 만들고 결정하는 데 도움이 될 첫 번째 테스트의 결과를 알고 있으므로 대개 후속 스프린트는 속도를 높일 수 있다. 그러나 두 가지 점은 변하지 않는다. 후속 스프린트에서도 진짜 같은 프로토타입이 필요하다는 것과 다섯 명의 고객을 대상으로 테스트해야 한다는 것!

Q: 스프린트 전 과정을 진행하지 않고 일부만 이용해도 될까?

A: 그렇다.

중요한 과제라면 스프린트 전 과정을 적용하라. 하지만 그 외의 상황에서도 유용하게 쓰일 수 있는 스프린트 기법이 많다. 회의에서 작은 결정을 내릴 때 '기록하고 투표하기' 방법을 사용해보라.(188쪽) 문제들 때문에 좌절감을 느낄 때는 "어떻게 하면 ~할 수 있을까?"를 써보고(99쪽) 추상적인 솔루션을 이야기할 때는 이들을 구체화하는 4단계 스케치를 하면 좋다.(142쪽) 또한 타임 타이머와 진행자가 화이트보드에 필기하는 방법은 어떤 회의에서건 도움이 된다.(69쪽) 그리고 프로토타입, 실제 제품, 경쟁사 제품 중 어느 것을 사용하더라도, 심지어 제품 없이도 언제든 고객 인터뷰를 할 수 있다. 장담하건대 인터뷰를 하면 무언가를 배울 수 있을 것이다.

Q: 금요일의 테스트는 포커스 그룹 인터뷰인가?

A: 아니다.

'포커스 그룹'은 10명 정도의 고객이 모두 함께한 아이디어를 논의하는 것이다. 포커스 그룹에서는 집단역학의 단점이 나타난다. 수줍음이 많은 사람은 입을 다물고 목소리가 큰 사람이 말을 많이 한다. 또한 자기 의견을 지지해달라고 호소하고 누군가의 솔직한 감정이 반영되지 않은 집단의 의견이 형성된다. 반면 스프린트의 금요일 테스트에서는 일대일 인터뷰를 하고 고객의 반응을 관찰한다. 이런 인터뷰에서는 당신이 보는 것들을 믿을 수 있다.

Q: 금요일의 테스트를 고객과 떨어진 곳에서 전화나 화상회의를 이용해 할 수 있을까?

A: 그렇다. 하지만 더 많은 주의가 필요하다.

우리의 파트너인 마이클 마골리스는 자주 원거리 테스트를 한다. 이때는 화상회의 소프트웨어를 이용해 컴퓨터 화면을 공유하고 고객과 인터뷰한다. 하지만 이런 인터뷰가 좀 더 힘들기는 하다. 고객을 참여시키고 긴장을 풀어주고 자기 생각을 말하도록 독려하려면 더 많은 노력이 필요하기 때문이다. 기술적인 문제들도 있다. 당신은 화상회의 소프트웨어를 열고 작동하느라 귀중한 시간을 낭비하고 싶지 않을 것이다. 따라서 미리 연습해보고 연결방법을 고객에게 상세하게 알려주어야 한다.

Q: 5명 이하의 고객과 프로토타입을 테스트해도 될까?

A: 안 된다.

네 명의 고객을 인터뷰하면 일반적으로 패턴을 찾기 힘든데, 다섯 명을 인터뷰하면 쉽게 찾을 수 있다.(이 현상을 이해하려면 244쪽에 실린 제이컵 닐슨의 도표를 확인하라). 다섯 명의 인터뷰를 잡았는데 네 명밖에 오지 않았다면 할 수 없다. 하지만 처음부터 네 명 이하로 잡지는 마라.

Q: 친구, 가족과 테스트해도 될까?

A: 안 된다.

당신이 생각하는 표적 고객의 기준에 맞는 사람들을 인터뷰할 때만 그 결과를 믿을 수 있다. 친구와 가족이 그 기준에 맞을 수도 있지만, 이때 중요한 문제가 있다. 이들은 선입견이 있거나 적어도 너무 많은 걸 알고 있다. 테스트에서는 실제 고객들의 솔직한 반응이 필요한데, 당신을 알고 있는 사람들에게서는 이런 반응을 얻지 못한다.

Q: 스타벅스에 가서 아무나 골라 인터뷰하는 건 어떤가?
A: 효과적이지 않을 것이다.

스타벅스에서 시간을 보내는 사람들을 위한 제품을 만들고 있다면 이 방법이 효과가 있을지 모른다. 하지만 그런 경우라도 스타벅스 단골이라거나 혼자 아이를 양육하는 사람이거나 출장 온 사람 등 기준에 딱 맞는 다섯 명의 고객을 찾기 위해 추가적인 선별 과정을 거쳐야 할 것이다.

Q: 스프린트 전에 고객들을 인터뷰해야 할까?
A: 그렇다!

우리는 스프린트 전에 고객을 인터뷰할 시간을 마련하기가 얼마나 어려운지 알고 있다. 보통은 우리도 그렇게 하지 못한다. 하지만 할 수 있다면 이런 유형의 '사전 조사'를 하면 아주 유리한 출발선에 설 수 있다. 특히 당신이 아무것도 없이 제로에서 시작해야 하는데, 고객에 관한 파악이 안 되어 있거나 고객이 당신의 제품을 어떻게 사용하는지 모를 때 도움이 된다. 예를 들어, 블루보틀은 온라인에서의 커피 판매 경험이 없었다. 그래서 우리는 사람들이 어떻게 커피를 구매하는지 더 잘 이해하기 위해 스프린트 전에 커피 애호가들을 인터뷰했다.

Q: 더 많은 자료를 볼 수 있을까?

A: 그렇다.

스프린트에 관해 더 많은 정보를 알고 싶으면 thesprintbook.com을 참조하면 된다.

Q: 이 책과 스프린트 사이트에서 궁금증이 다 풀리지 않으면 어떻게 해야 하나?

A: 우리는 스프린트에 관한 질문에 답하는 걸 좋아한다.

우리와 연락하는 가장 좋은 방법은 트위터다. 제이크의 트위터 아이디는 @jakek, 존은 @jazer, 브레이든은 @kowitz이고 우리 팀은 @GV DesignTeam이다.

감사의 말

제이크 냅

먼저 사랑하는 아내 홀리Holly의 충실한 조언에 고맙다는 말을 하고 싶다. 내 글의 첫 독자로서 홀리는 이 책의 형태를 잡는 데 도움을 주었고 나머지 독자들이 몇 가지 지루한 이야기를 읽는 고충을 겪지 않도록 막아주었다. 내게 시간의 의미를 가르쳐준 루크Luke, 책이 아직 끝나지 않았는지 몇 시간마다 한 번씩 물어봐서 내가 계속 이 작업에 매달리도록 해준 플린Flynn에게도 감사한다.

가족에게도 고마움을 전한다. 나와 함께 여러 프로젝트를 함께했던 어머니, 야구 시합을 할 때마다 응원 오셨던 아버지, 늘 꾸준히 도와준 베키Becky와 로저Roger, 이 남동생을 참고 견뎌준 스티브Steve, 리치Rich, 낸시Nancy, 캐럴Karol, 브리튼Britton, 미곤느Migonne에게 감사한다. 가족 중에서 나를 조금도 도와주지 않은 사람은 아마 사촌인 잭 우르실로Jack Urssillo뿐일 것이다.

나는 오르카스Orcas Island라는 작은 섬에서 여기에 일일이 이름을 적을 수 없을 만큼 좋은 선생님을 아주 많이 만났다. 특히 린 페리Lyn Perry, 콜렌 오브라이언Collen O'Brien, 조이스 피어슨Joyce Pearson, 에릭 시먼스Eric Simmons, 스테프 스타인호스트Steff Steinhorst, 그리고(물론) 티시 냅Tish Knapp에게 큰 감사를 드리고 싶다. 직장에서 만난 많은 멘토, 그중에서도 오클리Oakley의 제프 홀Jeff Hall, 마이크로소프트의 실라 카터Sheila Carter, 크리스틴 쿠머Christen Coomer, 롭 앤더슨Robb Anderson, 멜린다 나심베니Melinda Nascimbeni, 댄 로젠펠트Dan RosenFeld, 구글의 찰스 워런Charles Warren, 제프 빈Jeff Veen, 엘라인 몽고메리Elain Montgomery에게 고마움을 전한다. 그리고 내 스프린트 실험을 맨 처음부터 도와주었던 아이린 오Irene Au와 수년 동안 인내심과 쾌활한 모습을 보여주었을 뿐 아니라 꾸물거리는 내 버릇의 긍정적인 측면을 지적해준 마이클 마골리스에게 특별히 감사한다.

스프린트에 관한 글을 블로그에 처음 올릴 때 조언해준 캐럴라인 오코너Caroline O'connor, 패스트 컴퍼니Fast Company를 통해 그 글들을 더 많은 독자에게 전해준 벨린다 랭스Belinda Lanks에게도 고마움을 전한다. 또한 스프린트를 직접 진행해보고 경험을 공유하고 더 많은 사례와 상세한 정보를 요청했던 많은 독자들에게 감사하다는 말을 하고 싶다.

이 책의 발간과 관련해 일찍부터 조언해주었던 조 크라우스Joe Kraus, 조 올슨Joe Olson, M. G. 시글러M. G. Siegler, 가우라브 싱걸Gaurav Singal, 케빈 로즈Kevin Rose, 스콧 버쿤Scott Berkun, 조시 포터Josh Porter에게 큰 감사를 전한다. 또한 뛰어난 통찰력을 보여주고 격려를 아끼지 않았던 팀 브라운Tim Brown과 너그럽게 시간을 내준 찰스 두히그Charles Duhigg 에게도 감사 인사를 빼놓을 수 없다.

또한 우리의 대리인들인 크리스티 플레처Christy Fletcher, 실비 그린버그Sylvie Greenberg에게 정말 정말 감사드린다. 크리스티와 실비는 스프린트의 오비원 케노비Obi-Wan Kenobis라고 할 수 있다. 이 책이 쉽게 읽히거나 독자들에게 도움이 된다면 그건 이 두 사람의 전문적인 지도와 독자 입장에서 생각하는 태도 덕분이다.

이 책을 담당한 사이먼 앤드 슈스터의 편집자 벤 로흐넨Ben Loehnen은 전철이 세 정거장을 가는 동안 원고를 다 읽고 강철 벽에서도 상투적인 문구를 발견할 수 있는 사람이다. 하지만 그의 진짜 슈퍼파워는 우리를 실제보다 더 지적으로 보이게 하는 데 있다. 벤, 당신이 출판 일을 때려치우고 일상생활의 대화를 편집하기로 마음먹는다면 내가 밀어드리리다.

사이먼 앤드 슈스터의 존 캡Jon Kap은 처음부터 변치 않는 열정을 보여주었다. 책을 출판하는 것은 복잡한 작업이다. 이 책이 세상에 나올 수 있었던 것은 리처드 로러Richard Rohrer, 캐리 골드스타인Cary Goldstein, 리아 조핸슨Leah Johanson, 재키 서Jackie Seow, 스티븐 베드포드Stephen Bedford, 루스 리무이Ruth Lee-Mui, 브릿 흐바이드Brit Hvide, 그리고 그 외에 사이먼 앤드 슈스터의 여러 고마운 분들 덕분이다. 그리고 표지를 디자인해준 제시카 히시Jesscia Hische에게는 직접 손으로 쓴 뒤 자외선 차단 광택제를 바르고 삼중 엠보싱 처리한(이런 게 있긴 한가?) 감사를 보낸다.

이 책의 테스트에 참여한 독자들은 이에 시금치가 끼었다고 지적해주는 친구처럼 솔직한 비판을 해주었다. 그 비판들은 이 책이 최상의 모습이 되는 데 많은 도움이 되었다. 줄리 클로Julie Clow, 폴 아르콜레오Paul Arcoleo, 마크 벤젤Mark Benzel, 제이크 라참Jake Latcham, 에런 브라이트Aaron Bright, 케빈 세페흐리Kevin Sepehri, 앤드리아 웡Andrea Wong, 호세 페이스터Jose Paster, 저스틴 쿡Justin Cook, 제니 고브Jenny Gove, 카이 헤일리Kai Haley, 니르 에얄Nir Eyal, 스테프 하비프Steph Habif, 제이슨 랠스Jason Ralls, 마이클 레깃Michael Leggett, 멜리사 파월Melissa Powel, 샌더 폴록Xander Pollock, 퍼 다니엘슨Per Danielsson, 대니얼 앤드포스Daniel Andefors, 애너 앤드포스Anna Andefors에게도 감사드린다.

어떤 분들은 어떤 한 카테고리에 넣기가 모호하다. 알렉스 잉그램Alex Ingram은 이 책의 월요일 부분을 몇 번이나 검토하고(처음 원고는 엉망이었다) 스타트업으로서 스프린트를 설명하도록 도와주었다. 김선관과 엘리엇 제이 스톡스Elliot Jay Stocks는 인쇄 디자인에 관해 조언해주었고, 베키 워런Becky Warren은 마리 타프의 이야기를 소개해주었다. 그리고 칩 히스Chip Heath와 댄 히스Dan Heath가 쓴 《스틱Made to Stick》은 이 책에 주된 영감을 불어넣어주었다.(히스 형제여! 계속 사람들의 머리에 착 달라붙길!)

구글 벤처스 팀 전체는 이 책을 쓰는 내내 정말 많은 이해와 지지를 보내주었다. 특히 시의적절한 피드백과 제안을 해준 맨디 카카바스Mandy Kakavas, 켄 노튼Ken Norton, 피비 페론토Phoebe Peronto, 릭 클라우Rick Klau, 카일리 엠리치Kaili Emmrich, 톰 흄Tom Hulme에게 감사한다. 인정사정없이 솔직한 평과 더불어 힘찬 격려를 해준 로라 멜란Laura Melahn에게도 특별한 감사를 전한다. 1,001개 정도에 이르는 법률문제들을 처리하고 꼭꼭 숨어 있는 오자를 찾아준 젠 커처Jenn Kercher도 빼놓을 수 없다. 그리고 좋은 아이디어와 조언, 열정을 전해준 데이비드 크레인David Krane에게는 다이아몬드가 박힌 감사인사를 전한다. 빌 마리스Bill Maris에게도 특급 감사를 전하고 싶다. 빌의 격려와 지원 덕분에 이 책이 나올 수 있었다.

아마 크리스틴 브릴란테스Kristen Brillantes의 도움이 없었다면 이 책은 2027년이 되어도 끝이 나지 않았을 것이다. 크리스틴은 우리의 시간을 조율해주고 혼란에 빠진 우리를 꾹 참아주었다. 심지어 7시간 동안 차를 타고 가면서 로봇이 큰 소리로 원고를 읽는 걸 듣기까지 했다. 크리스틴, 당신은 진정한 친구입니다!

처음 책의 윤곽을 그릴 때부터 표지의 최종 세부사항에 이르기까지 마이클 마골리스와 대니얼 버카는 존, 브레이든, 나와 함께했다. 이들은 원고를 읽고 또 읽었으며 구체적인 제안과 건설적인 논의를 해주었다. 재미없는 농담은 지우라고 설득하기도 했다. 마이클, 대니얼, 브레이든, 존, 자네들과 함께 일해서 영광이었네.

존 제라츠키

아내이자 가장 좋은 친구인 미첼Michell에게 감사한다. 미첼의 사랑과 격려는 나를 더 좋은 사람으로 만든다. 그녀와 함께할 수 있는 나는 복받은 사람이다.

내가 어렸을 때 다양한 취미를 즐길 수 있도록 지원해준 부모님께 감사드린다.(여기에는 요트 디자인과 음악 제작까지 포함되어 있다.) 부모님은 내가 배움의 즐거움을 알도록 도와주셨다.

위스콘신 주 시골에 사는 할아버지는 1970년대에 있음 직하지 않은 컴퓨터광이셨다. 디지털 기술에 대한 할아버지의 열정이 내 흥미에 불을 지폈다. 그분은 내게 다정한 할아버지 이상이었다. 친구이자 멘토

였으며 끈기 있게 기술적인 지원을 해주셨다.

　모든 친구와 〈배저 헤럴드Badger Herald〉의 동료들에게 감사한다. 그대들은 내게 디자인과 저널리즘을 완벽하게 소개해주었다. 그대들 덕분에 나는 신문을 디자인하고 인쇄제작을 관리하고 재즈에 관한 칼럼을 쓰고 심지어 우리 이사회를 이끌게 되었다.

　수지 핀그리Suzy Pingree와 닉 올레이니차크Nick Olejniczak에게도 감사한다. 내가 위스콘신 대학교 매디슨 캠퍼스에서 편안함을 느낄 수 있었던 건 수지와 닉의 도움 덕분이다. 4만 명이 다니는 캠퍼스에서 그리해주는 게 보통 일은 아니다. 닉은 내게 블로그를 하는 방법을 소개해주고 웹 개발을 가르쳐주었다. 수지는 내가 대학원의 여러 세미나에 등록할 수 있도록 해주었다. 두 사람은 내가 프리랜서로 디자인 일을 할 때 첫 번째 고객을 소개해주었을 뿐 아니라 말로 표현할 수 없을 정도의 지원을 해주었다.

　2005년에 페드버너FedBurner는 믿기지 않을 정도로 과분한 도약의 기회를 내게 주었다. 중요한 시점에 슛을 날릴 수 있게 해준 매트 쇼브Matt Shobe, 딕 코스톨로Dick Costolo, 에릭 런트Eric Lunt, 스티브 올레초스키스Steve Olechowskis에게 감사한다. 그대들이 내게 그 모든 일을 준 것이 아직도 꿈만 같다.

　2011년에는 또 다른 파트너들이 과연 내가 받을 자격이 있는지 모르겠는 기회를 주었다. 나를 구글 벤처스에 뽑아준 브레이든에게 감사한다. 벤처 캐피털에 누구보다 먼저 디자인 부분을 도입한 빌 마리스, 데이비드 크레인, 조 크라우스, 그리고 구글 벤처스의 나머지 식구들에게 감사한다. 이 팀의 일원인 것이 영광이며, 한편으로 겸손해지는 마음이다.

나는 구글 벤처스가 투자한 수십 개의 기업과 일하는 특권을 누렸다. 이들 기업의 호기심 많고 재능 넘치는 팀들과 일하면서 나는 어느 때보다 더 혁신적인 배움을 얻었다. 특히 포켓Pocket, 파운데이션 메디신, 블루보틀 커피, 새비오크, 클러스터Cluster에 감사한다.

크리스틴, 대니얼, 제이크, 마이클, 브레이든(앞에서도 언급했지만)에게 감사한다. 그대들과 함께 일하는 게 얼마나 즐거웠는지 말로 표현할 수 없을 정도다. 특히 다시 글을 쓰도록 용기를 북돋워주어 고맙다. 펜을 놓은 지 거의 10년이 지나 나 스스로 작가였다는 사실조차 잊고 있었는데.

마지막으로, 우리 대리인인 크리스티 플레처와 실비 그린버그, 편집자 벤 로흐넨에게 고마움을 전한다. 그대들은 "…하면 어쩌지?"라던 우리의 걱정이 "세상에, 정말로 이루어졌잖아!"로 바뀌도록 강하고 침착한 태도로 이끌어주었다. 또한 우리가 영화와 텔레비전 쇼에서만 보았던 문학의 세계를 접하도록 해주었다.

브레이든 코위츠

내게 창작의 즐거움을 알려주고 이 세상의 거의 모든 물건을 고치는 법을 가르쳐주었으며 내가 벌판을 헤매도록 놔둔 부모님께 감사드린다. 부모님은 내게 TI-99/4A 컴퓨터와 내 첫 번째 프로그램을 저장할 보조기억장치로 카세트 녹음기를 장만해주셨다. 누구도 아이에게 그런 걸 사주는 게 좋다고 생각하기 전의 일이다. 부모님께 탐구의 즐거움을 물려받은 것이 정말 감사하다.

내게 디자인을 이해하고 디자인을 이용해 세상을 더 나은 곳으로 만드는 법을 알게 해준 카네기 멜론 대학교의 모든 교수와 동급생에게 고마움을 전한다. 이들은 내게 연습할 수 있는 여유와 실수할 수 있는 자신감을 주었다.

나는 경력 대부분을 구글에서 일하는 믿을 수 없을 정도의 행운을 누렸다. 그동안 나는 유능하고 영감을 주는 수많은 사람과 함께 일했다. 그들은 사람들이 사랑하는 제품을 만드는 방법을 내게 가르쳐주었다. 특히 내가 항상 정신을 바짝 차리도록 해주고, 예리하고 솔직하며 유용한 비판을 해준 채드 손턴Chad Thornton, 마이클 레깃, 대런 딜레예Darren Delaye에게 고마운 마음을 전한다.

팀이 힘을 합쳐 놀라운 것을 만들어내도록 돕는 방법을 알려준 조 크라우스에게 감사한다. 수년에 걸친 조의 조언과 지원은 내게 정말 소중했다.

우리는 자질구레한 일 속에서 헤매다 삶에서 정말로 중요한 것들을 놓치기 쉽다. 내 마음이 원하는 대로 하라고 용기를 불어넣어준 옴 말리크Om Malik에게 고맙다는 말을 하고 싶다.

지난해 내 친한 친구들은 수마일을 하이킹하는 동안에도, 맥주를 한잔할 때도, 뒤뜰에서 피크닉을 할 때도 내가 이 책에 관해 늘어놓는 이야기를 들어야 했다. 팻Pat, 어맨다Amanda, 채드Chad, 헤더Heather, 케네스Kenneth, 브렛Brett, 도널Donal, 내 대단한 친구들, 정말로 사랑한다.

무엇보다 구글 벤처스의 팀원 전체에게 감사한다. 제이크, 존, 마이클, 대니얼, 크리스틴, 우리가 맞닥뜨렸던 과제들에 그대들은 최고의 팀이었고 앞으로 닥칠 모험에도 그대들보다 더 나은 동료애를 발휘해 줄 사람들은 아마 없을 것이다.

이미지 저작자

100, 145, 147, 148쪽 사진들: 크리스토프 우Christophe Wu.

69쪽 타임 타이머 사진: 그레이엄 핸콕Graham Hancock.

29쪽 릴레이 로봇 디자인: 에이드리언 카노소.

251쪽 고객 테스트 사진 모델 자원: 하이디 차오Heidi Qiao.

그 외의 모든 사진: 제이크 냅, 브레이든 코위츠, 존 제라츠키.

이미지 편집: 브레이든 코위츠.

삽화: 제이크 냅.

감수의 글

실리콘 밸리 사람들의 특징은 실용적이라는 것이다. 군더더기 없이 일에만 집중한다. 허세를 부리지 않고 본질에만 집중한다. 시간을 낭비하지 않고 문제에만 집중해서 해결하는 것을 좋아한다. 그 과정에서 주먹구구식으로 일하는 것이 아니라 조금이라도 그 과정을 개선할 수 없는지, 체계화할 수 없는지를 고민한다. 항상 더 나은 방법을 찾는다.

또 이들의 강점은 이렇게 해서 찾은 깨달음이나 노하우를 자기만 혼자 쓰는 것이 아니고 주위와 적극적으로 공유해서 퍼뜨린다는 것이다. 본인이 스타트업에서 시행착오를 겪으며 제품의 개발과정을 혁신한 경험을 체계화해서 '린스타트업'이라는 책과 이론으로 만들어 발표한 에릭 리스가 대표적이다.

이 책 《스프린트》를 쓴 제이크 냅, 존 제라츠키, 브레이든 코위츠도 마찬가지다. 이들은 구글의 벤처투자회사인 구글 벤처스(지금은 이름을 GV로 변경했다)에 소속되어 일하는 디자인 파트너들이다. 일반적으로 스타트업에 돈만 투자하고 끝나는 벤처캐피털과 달리 구글 벤처스는 투자한 스타트업의 디자인, 엔지니어링, 마케팅, HR, 운영 등을 도와줄 수 있는 수십 명의 전문가로 구성된 팀을 가지고 있다. 이들은 구글 벤처스가 투자한 포트폴리오 회사들의 일을 자기 일처럼 나서서 도와준다. 스타트업이 핵심에만 집중해 빠르게 성장할 수 있도록 지원하는 것이다.

제이크는 구글 벤처스에 합류하기 전에는 구글에서 일했다. 그러면서 그는 어려운 프로젝트를 빠른 시간 내에 효율적으로 해결해내는 팀 워크숍 방법을 고안해냈다. 그리고 '스프린트'라고 이름 붙였다. 이후 구글 벤처스로 옮긴 그는 스프린트를 구글 벤처스의 투자 스타트업의 문제해결에 적용했고 좋은 결과를 얻었다.

스프린트는 이렇게 진행된다. 어떤 기업의 특정한 문제해결을 위한 아이디어를 내고 검증해보는 스프린트 프로젝트에 필요한 각 분야의 최소한의 인원이 모인다. 보통은 7명 이하로 한다. 이들은 월요일부터 금요일까지 일정을 통째로 비우고 스프린트에 집중해야 한다. 월요일은 문제를 인식하고 목표를 설정한다. 전문가들을 모셔서 의견도 듣는다. 화요일은 각자 아이디어를 쏟아내고 설명하는 시간이다. 아이디어를 빠르게 설명하는 번갯불 데모 시간을 갖는다. 그리고 나온 아이디어 솔루션을 시각적으로 설명하는 스케치 작업을 한다. 수요일에는 어떤 솔루션으로 갈지 투표로 결정하고 그 스토리보드를 만든다. 목요일에는 정해진 스토리보드에 따라 제품이나 아이디어의 프로토타입을 만든다. 금요일에는 이 프로토타입을 잠재 고객 5명에게 각각 보여주면서 고객 인터뷰 시간을 갖는다. 그리고 프로토타입에 대한 고객 반응에 따라 프로젝트의 최종 방향을 결정하게 되는 것이다.

스프린트의 장점은 첫 번째로 확고한 마감 시간이다. 사람은 마감 시간이 확실히 정해져 있어야 일에 집중하고 또 창의적이 될 수 있다는 것을 간파한 것이다. 5일간 매일 해야 할 일이 확실하게 정해져 있고 마감 시간에 맞춰 무슨 일이 있어도 결론을 내릴 수 있도록 해준다. 두 번째 장점은 여러 시행착오를 거쳐서 나온 디테일한 방법론이다. 스프린트에 필요한 화이트보드, 포스트잇, 펜, 작은 점 스티커 등까지 세밀하게 지정되어 있고 각 단계별로 세심하게 마련된 가이드를 따라하면 효율적으로 프로젝트를 진행할 수 있다. 세 번째 장점은 구성원들의 다양한 의견을 듣되 최종적으로는 고객이 결정하도록 하는 프로세스다. 모두 평등하게 의견을 내고 투표를 하지만 CEO 등 중요한 의사결정권자에게는 가중치를 준다. 현실적이다. 하지만 최종 결정은 고객이 내리도록 하는 것도 합리적이다.

《스프린트》는 린스타트업, 디자인씽킹 이론이 생각나게 하는 책이다. 평등하게 아이디어 내기, 속성 데모 데이, 빠르게 솔루션 결정하기, 프로토타입 만들기, 고객 피드백 받고 수정하기 등의 과정이 전형적인 실리콘 밸리 스타트업의 방법론이다.

이 책에서 스프린트를 도입한 사례로 소개된 스타트업 중 하나인 슬랙Slack은 이제는 수조 원의 몸값을 자랑하는 유니콘 스타트업이 됐다. 또 로봇 스타트업 새비오크 등도 큰 관심을 모으고 있는 유망 스타트업이다.

하지만 스프린트는 꼭 스타트업만의 전유물은 아니다. 어떤 프로젝트에 대해 제대로 리뷰하고 올바른 의사결정을 내리기 위해서 대기업에서도 꼭 도입해볼 만한 방식이다. 다만 현업에 바쁜 사람들을 일주일씩이나 빼내서 스프린트 프로세스에 전념할 수 있도록 할 수 있을까가 성공의 관건일 듯싶다. 고민하고 시간을 들인 만큼 좋은 결정이 나온다는 것을 스프린트를 통해서 배울 수 있었으면 한다.

감수를 맡았지만 박우정 님의 꼼꼼한 번역은 워낙 정확해서 내가 도와드릴 만한 내용이 별로 없었다. 번역판도 원문 못지않게 쉽게 읽을 수 있다.

임정욱
(스타트업 얼라이언스 센터장)

찾아보기